D. Hartmann · K. Lehner

Technische Expertensysteme

Grundlagen, Programmiersprachen, Anwendungen

Mit 58 Abbildungen

Springer-Verlag
Berlin Heidelberg NewYork
London Paris Tokyo Hong Kong Barcelona

Prof. Dr.-Ing. Dietrich Hartmann
Dipl.-Inform. Karlheinz Lehner
Fakultät für Bauingenieurwesen
Angewandte Informatik im Bauingenieurwesen
Ruhr-Universität Bochum
Postfach 10 21 48
4630 Bochum 1

ISBN-13: 978-3-540-52155-6   e-ISBN-13: 978-3-642-93453-7
DOI: 10.1007/978-3-642-93453-7

2068/3020-543210 – Gedruckt auf säurefreiem Papier

Vorwort

Computerorientierte Methoden im Ingenieurwesen basierten lange Zeit im wesentlichen auf Algorithmen, was verständlich ist, da die Durchführung von Berechnungen zu einer der Hauptaufgaben des Ingenieurs gehört. Mit zunehmender Leistungsfähigkeit der Computer entwickelte sich ein neuer Trend: Auch allgemeine informationsverarbeitende Prozesse wurden auf Computern abgebildet. Die Entwicklungen in den Bereichen Textverarbeitung, Technische Dokumentation, Datenbanken, Kommunikation, graphische Darstellung belegen dies. Speziell im Ingenieurwesen führte die Einführung von CAD-Systemen zu gravierenden strukturellen Veränderungen; noch weitreichendere Veränderungen sind durch das CIM zu erwarten, mit dem der gesamte Informations- und Datenfluß bei der Herstellung eines technischen Produktes, im Bauwesen eines Bauwerks, konsequent per Computer gesteuert werden soll.

In den letzten Jahren wurde es durch Fortschritte in der sogenannten „Künstlichen Intelligenzforschung" möglich, in verstärktem Maße auch kognitive Fähigkeiten, d.h., eigentlich allein dem Menschen vorbehaltene, „Intelligenz" erfordernde Fähigkeiten computergerecht aufzubereiten und zu verarbeiten. Menschliche Aktivitäten, wie z.B. das Planen, das Erkennen bestimmter Sachverhalte und Zusammenhänge, das Bewerten und Beurteilen aufgrund von Wissen, das Sehen und Sprachverstehen wurden einer Verarbeitung mit Computern zugänglich gemacht.

Eine Sonderstellung innerhalb der kognitiven Informatik haben Expertensysteme, die Thema dieses Buches sind und die man - in aller Kürze - als Programmsysteme definieren kann, mit denen Aufgabenstellungen gelöst werden, für die bislang allein menschliche Spezialisten erforderlich waren. Die Sonderstellung besteht darin, daß sich Expertensysteme - verglichen mit anderen KI-Disziplinen - im praktischen Einsatz hervorragend bewährt haben und inzwischen wirtschaftlich erfolgreich eingesetzt werden. Nicht zuletzt aus diesem Grund werden Expertensysteme auch ungern der KI-Forschung zugeordnet, besser ist es, die Expertensystemtechnologie als eine Softwaretechnik innerhalb der Software-Evolution zu betrachten. Expertensysteme eignen sich im praktischen Einsatz besonders dann, wenn schlecht oder unvollständig strukturierte Lösungskonzepte vorliegen bzw. keine in sich konsistente Algorithmen existieren und vor allem Wissen in genereller Form zur Lösung herangezogen werden muß.

Das vorliegende Buch verfolgt das Ziel, die Expertensystemtechnologie aus Ingenieursicht darzustellen, um so Ingenieuren den Zugang zu dieser neuen Technologie zu ermöglichen, die sich mehr und mehr als eine Art Programmierstil entpuppt und damit weniger dramatisch ist als man allgemein annimmt.

Neben der Darstellung von Grundlagen und neuen Tendenzen wird ein besonderes Schwergewicht auf „regelorientierte Expertensysteme" gelegt. Das hängt damit zusammen, daß regelorientierte Systeme bereits allgemein verbreitet sind und das Expertenwissen zu einem großen Teil in Form von Regeln kodiert ist. Für Ingenieure ist deshalb der Weg zur Beherrschung der Expertentechnologie über das sog. regelorientierte Paradigma besonders gut nachvollziehbar.

Um das Verständnis des Ingenieurs für Expertensysteme zu wecken, enthält das Buch auch eine Reihe von praktischen Anwendungsbeispielen aus dem technischen Bereich, wobei die Umsetzung von Problemstellungen so ausführlich wie möglich behandelt wird. Hierbei wurde der Versuch unternommen, entsprechende Beispiele einfach zu halten und die grundlegenden Ideen offen zu legen - in der Hoffnung, daß der Leser bei der Lösung anstehender eigener Probleme analog vorgehen kann.

Besonderer Dank gilt unseren Mitarbeitern Dipl.-Ing. E. Casper für wertvolle Anregungen und Dipl.-Ing. H.J. Schneider für die sorgfältige Korrekturdurchsicht bei der Erstellung des Buches.

Bochum, im August 1990   Dietrich Hartmann
                                                          Karlheinz Lehner

Inhalt

1 Einführung in Expertensysteme

Expertensysteme werden der sog. Künstlichen Intelligenz zugerechnet. Um die Stellung der Expertensysteme innerhalb der Künstlichen Intelligenz beurteilen zu können, soll deshalb zunächst ein Überblick über die Künstliche Intelligenz mit ihren verschiedenen Teilbereichen, einschließlich eines kurzen, historischen Abrisses gegeben werden. Daran anschließend wird auf den Aufbau von Expertensystemen und ihre Einbettung in die traditionelle Datenverarbeitung (DV) eingegangen. Ziel des ersten Kapitels ist es auch, vor einer vertieften Behandlung von Einzelheiten in den folgenden Kapiteln einen Überblick über die wichtigsten Komponenten von Expertensystemen zu geben und die möglichen Einsatzfelder im Ingenieurwesen herauszukristallisieren. Das erste Kapitel sollte vor allem eine Einführung in das Arbeiten mit der Expertensystemtechnologie sein, und die Motivation liefern, sich auch als Ingenieur mit dieser neuen DV-Technologie auseinanderzusetzen.

1.1 Bemerkungen zur Künstlichen Intelligenz

Expertensysteme sind Programmsysteme, die zunehmend an Aktualität gewinnen. In Computerzeitungen, in der Tagespresse, auf Messen und Konferenzen werden sie als die neue Errungenschaft in der modernen Datenverarbeitung dargestellt. Expertensysteme werden dabei als „Ei des Kolumbus" angesehen, mit denen sich eine ganze Reihe von unterschiedlichsten Problemen lösen lassen - Probleme, die mit der konventionellen Datenverarbeitung bislang nicht oder nur unzulänglich bearbeitet werden konnten. Kurzum, es wird eine völlig neuartige Denkart in der Software-Entwicklung eingeleitet.

Die klassische Datenverarbeitung wird dabei um eine neue Komponente erweitert, nämlich die computergerechte Darstellung und Verarbeitung von Expertenwissen, das in vielfältiger Form vorliegen kann - in Form von

- Fakten,

- Regeln,

- Lösungsprinzipien,

- „Daumenregeln",

- vagem Wissen,

- Erfahrungswerten,

- Problembeschreibungen,

- Objektbeschreibungen,

- Relationen von Objekten zueinander,

- Entscheidungsregeln,

- Hypothesen,

- Situationsbeschreibungen,

- Heuristiken,

- Bedingungen, usw.

Man sieht, daß Wissen in sehr unterschiedlicher Form repräsentiert werden kann. Welches Wissen im Einzelfall am besten zur Beschreibung geeignet ist, hängt vom Wissensgebiet *(knowledge domain)* ab. Ein Wissensgebiet ist dabei ein eng definierter Bereich, in dem Wissen erfaßt werden soll.

Definition: Wissensbasierte Systeme

Expertensysteme sollte man sich vorerst einmal als Programmsysteme vorstellen, mit denen die Fachkompetenz von Experten - die sich auf einem eng umgrenzten Bereich hervorragend auskennen - in einer Wissensbank gebündelt und EDV-gerecht zur Lösung von Problemen bereitgestellt wird. Da das Wissen eine zentrale Rolle spielt, werden Expertensysteme auch als *Wissensbasierte Systeme (Knowledge based systems)* und die Datenverarbeitung mit wissensbasierten Systemen als *Wissensverarbeitung* bezeichnet.

Wissensverarbeitung ist ein Teilgebiet der *Künstlichen Intelligenz*, wobei sich mit dem Wort Künstliche Intelligenz ein gewisses Unbehagen verbindet. Die Verknüpfung mit Intelligenz, die ja nach allgemeiner Meinung bislang allein dem Menschen vorbehalten ist, weckt Kritik, vielleicht auch Aversionen. Diese Aversionen abzubauen, ist ein Ziel dieses Buches: Dazu soll gezeigt werden,

- was Wissensverarbeitung ist,

- wie man sie einsetzt und

- welcher Nutzen vom Einsatz dieser neuartigen Informationstechnik zu erwarten ist.

Da Expertensysteme und Wissensverarbeitung etwas mit „Intelligenz" zu tun haben, ist es zweckmäßig, diesen Begriff genauer zu definieren, um so mit klaren Begriffen operieren zu können.

Definition: Intelligenz

> Unter *Intelligenz* wird die Fähigkeit oder das Vermögen verstanden, Zusammenhänge zwischen einer Vielzahl von Faktoren auf kürzestem Wege zu erkennen.

Das Wort selbst leitet sich aus dem Lateinischen ab und bedeutet soviel wie „Einsicht nehmen". Intelligenz verknüpft somit zwei Dinge miteinander: den Besitz an Wissen in Form von Daten und die Kombination dieser Daten zur Gewinnung neuer Erkenntnisse durch „Überlegung" und „Nachdenken". Der Besitz von Wissen, die Datenfülle, bedeutet demnach allein noch keine Intelligenz - andererseits ist Intelligenz ohne Wissen undenkbar. Die Tatsache, daß Intelligenz und damit auch Künstliche Intelligenz ein relativer Begriff ist, ersieht man daran, daß man vor etwa hundert Jahren auf die Frage, welche Tätigkeiten denn den Menschen von Maschinen unterscheiden, sicherlich die Anwort erhalten hätte: „Menschen führen ‚intelligente' Tätigkeiten aus", wie z.B.

- logische Schlüsse ziehen,

- sich etwas merken,

- zählen und rechnen,

- Probleme lösen und

- Zeichen erkennen.

Heute wissen wir, daß Computer derartige Leistungen vollbringen können - insofern ist es in der Tat berechtigt von, „Künstlicher Intelligenz" zu sprechen, wozu auch die Wissensverarbeitung gehört. Eine präzise Begriffsdefinition für „Künstliche Intelligenz" ist aber umstritten. Sie hängt eben zu sehr vom Standpunkt des Betrachters ab. Aus diesem Grunde existieren unterschiedliche Ansätze einer Definition: In der Philosophie definiert man Künstliche Intelligenz anders als in der Psychologie (Kognitionswissenschaft), in der Linguistik, die ebenfalls im Bereich Sprachverstehen sehr viele Berührungspunkte zur Künstlichen Intelligenz hat, spricht man wiederum eine andere Sprache als im Ingenieurwesen, wo es um die Schaffung „intelligenter", „künstlicher" Systeme geht. Es sollte jedoch deutlich hervorgehoben werden, daß Wissensverarbeitung sich nur mit dem formalisierbaren und manipulierbaren Teil von Intelligenz befaßt (I. Weg der Künstlichen Intelligenz). Die Abbildung von Denkprozessen (Neuroinformatik) ist dagegen nicht Gegenstand der „Expertensysteme" bzw. „Wissensverarbeitung" (II. Weg der Künstlichen Intelligenz).

Die Autoren dieses Buches sind der Meinung, daß für den Ingenieur vor allem der praktische Nutzen der Wissensverarbeitung von Interesse ist. Aus diesem Grunde soll schon an dieser Stelle kurz darauf eingegangen werden, worin der Nutzeffekt der Expertensysteme bzw. Wissensverarbeitung liegt.

Für alle Ingenieure, die auf der Grundlage solider Kenntnisse in ihrem Fachgebiet oder in Abstimmung mit anderen Fachkollegen Entscheidungen treffen müssen, bietet die Wissensverarbeitung neue Chancen

- in der Entscheidungsvorbereitung,

- in der Beratung und Unterweisung,

- in der Prognose,

- in der Fehlerdiagnose,

- in der Überwachung von Prozessen,

- in der Lösung komplexer Probleme,

- im Umgang mit komplexen Systemen.

Im Zusammenwirken mit den konventionellen Techniken der Datenverarbeitung (numerische Methoden, Datenbanken, Graphikeinsatz, usw.) ergeben sich dabei bislang nicht geahnte Lösungsmöglichkeiten. Einige davon lassen sich bereits mit den heutigen Werkzeugen und Methoden realisieren, andere sind aber noch in der Erforschung.

1.2 Historische Entwicklung der Künstlichen Intelligenz

Bei der Vorstellung einer wissenschaftlichen bzw. technischen Disziplin ist es Usus, etwas zur geschichtlichen Entwicklung zu sagen. Hierauf soll auch hier nicht verzichtet werden - aus drei Gründen:

1.   Das Aufzeigen historischer Zusammenhänge erlaubt es, den momentanen Stand der Entwicklung zu erkennen und eine Bewertung zukünftiger Möglichkeiten vorzunehmen.

2.   Die Beschäftigung mit der Geschichte der Künstlichen Intelligenz regt zum Nachdenken an - man erhält neue Anregungen, um vielleicht schon bekannte Probleme besser lösen zu können.

3.   Obwohl seit eh und je über das Wesen der „Intelligenz" nachgedacht wurde, ist die Geschichte der Künstlichen Intelligenz relativ kurz (die letzten 2000 Jahre weisen nur wenige KI-Beispiele auf), so daß man nicht aus Platzgründen auf einen geschichtlichen Abriß verzichten muß.

Wie fast alles, was mit Computern zusammenhängt, begann auch das, was man heute unter „Künstliche Intelligenz" versteht, in den USA, wo sie als *Artificial Intelligence* bezeichnet wird (Kürzel: KI bzw. AI). Der Beginn der KI-Forschung fällt dabei mit der „Geburtsstunde" der ersten Computer zusammen, also in die Zeit um 1950.

Für eine prägnante Darstellung ist es sinnvoll, die Geschichte der KI in 10-Jahressprüngen abzuhandeln, und die „Highlights" der einzelnen Dekaden herauszustellen. Bei der Nennung von Personen und Wissenschaftlern seien dabei nur die namhaftesten erwähnt. Dies wird in Anlehnung an [1.1] vorgenommen. Zunächst aber einige „historische" Eckdaten.

1.2.1 Kurzer historischer Rückblick

1700 v. Christus

Ariadne „erfand" den ersten regelverarbeitenden Algorithmus, der wesentliche Strukturen unserer heutigen wissensverarbeitenden Systeme aufweist: Eine saubere Trennung zwischen Regeln einerseits und der Verarbeitungsvorschrift für diese Regeln andererseits erlaubte es Theseus der Fabel nach, das Labyrinth des Minotaurus zu „meistern". Mit den (hier formalisierten) Regeln

```
Regel 1:
    Wenn   es noch einen ungenützten Weg gibt,
    dann   nimm den nächsten ungenützten Weg,
    und    gehe bis zur nächsten Verzweigung vor.


Regel 2:
    Wenn   es keinen ungenützten Weg mehr gibt,
    dann   gehe zurück zur vorhergehenden Verzweigung.
```

und der Bearbeitungsvorschrift

```
START beim Eingang;
SOLANGE Innenhof mit Minotaurus nicht erreicht
    SELEKTIERE anwendbare Regel und
    WENDE       Regel an;
ENDE
```

konnte das Labyrinth „geknackt" werden.

Andere „KI-Lösungen aus der Antike" sind beispielsweise:

350 v. Christus

Aristoteles entwickelt seine 19 Regeln des Klassenkalküls als Basis des logischen Denkens. Diese Regeln beeinflußten die Entwicklung der modernen mathematischen Logik, die im nächsten Kapitel ausführlicher behandelt wird.

815 n. Christus

Die Erfindung der „0" soll den historischen Rückblick in die Antike abrunden. Al-Khorezmi, Bagdad, gab folgenden Null-Algorithmus an:

```
WENN   in einer Subtraktion nichts übrigbleibt,
DANN   schreibe einen kleinen Kreis (0), so daß der
       Platz nicht leer bleibt.
```

Diese einfache „Regel" war von großer Tragweite, was das Rechnen mit Zahlen angeht. Das Beispiel macht auch deutlich, welche Ausdrucksstärke in der entsprechenden Formalisierung von „Wissen" steckt.

1.2.2 Kybernetische Phase (1950-1960)

Angeregt durch die Entwicklung des Digitalrechners versuchte man, eine „intelligente Maschine" zu bauen, die „Gehirnfunktionen" simulieren konnte. Wortschöpfungen wie *Elektronengehirn* - ein vor einigen Jahren noch viel benutzter, inzwischen verworfener Begriff - zeigen, daß man das Verhalten des Gehirns simulieren wollte (II. Weg der Künstlichen Intelligenz), wenn man an den Digitalrechner dachte. Heute wissen wir, daß man mit den damaligen Riesen-Computern, die aber nicht einmal die Leistungsfähigkeit unserer heutigen Mikrocomputer besaßen, keine wirklich intelligenten Maschinen konstruieren konnte. Ein noch größeres Manko war die fehlende Software, bei der es ja heute noch Probleme gibt. Weil man den zweiten Schritt vor dem ersten tat, mußten alle Anstrengungen scheitern.

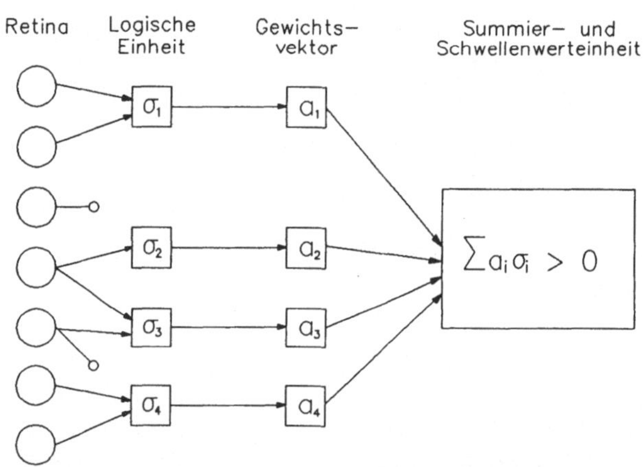

Bild 1.1. PERCEPTRON nach Minsky und Papert

Das Resultat war, daß Maschinen mit nur sehr begrenzter Intelligenz entwickelt werden konnten. Ein Beispiel hierzu sei das System PERCEPTRON, das von Rosenblatt 1957 entwickelt wurde, und ein sehr grobes Modell des menschlichen Auges darstellte (Bild 1.1). Heute würde man dieses Problem dem Bereich der Mustererkennung *(pattern recognition)* zuordnen. Ausgangspunkt von PERCEPTRON (und anderer ähnlicher Systeme) waren dabei die Ideen von Norbert Wiener und Warren McCulloch. Sie waren der Meinung, daß man technische oder andere Systeme nach dem Muster des Gehirns konzipieren könne, wobei man sich das Gehirn mit seinen Nerven- und Sinneszellen als kybernetisches System vorzustellen habe. Dem Bild 1.1 kann man entnehmen, wie das PERCEPTRON von Minsky und Papert konzipiert ist: Die „Retina" empfängt die visuellen Informationen (hell/dunkel, an/aus), die in den logischen Einheiten verknüpft werden. Die Gewichtsvektoren messen den einzelnen Bildeinheiten eine unterschiedliche Bedeutung zu. Schließlich wird im Summenauswerter ein Gesamtergebnis erarbeitet.

Definition: Kybernetik

> *Kybernetik* läßt sich definieren als die Wissenschaft von den Informations-
> strukturen im technischen und außertechnischen Bereich, wobei es allge-
> mein um die Regelung, Informationsübertragung und Informationsverar-
> beitung geht. Je nach Anwendungsfall unterscheidet man dabei verschie-
> dene Formen der Kybernetik, wie z.B. die Biokybernetik, die Ingenieur-
> kybernetik, die Sozio- oder Sozialkybernetik.

Die intelligente Steuerung von elektronischen Rechenmaschinen nach dem Muster
intelligenter Lebewesen war eines der Hauptziele der damaligen Kybernetik. Man
hoffte, bei entsprechender Verbindung von Speicherzellen eines Computers (die mit
den Nervenzellen im Gehirn, den Neuronen, vergleichbar sind) zu einem Netzwerk
(neuronales Netz, *neural net*) mit „Nullwissen" starten zu können, und dann durch
ein Lehrprogramm *(training program)* zu einem lernfähigen System zu kommen, das
der Intelligenz eines menschlichen Individuums nahe kommt. Bedenkt man aber,
daß das menschliche Gehirn über zig-Millionen neuraler Zellen und hochkompli-
zierter Schaltungen verfügt, wird schnell klar, daß alle damaligen Anstrengungen ein
hoffnungsloses Unterfangen bleiben mußten. Erst Ende der achtziger Jahre setzt die
Neuroinformatik erneut an, den II. Weg der KI weiter auszubauen.

Die zu optimistischen Erwartungen in der Zeit um 1950, Künstliche Intelligenz
schnell realisieren zu können, hatten dabei negative Wirkungen, die noch heute
spürbar sind. Aktivitäten auf dem KI-Sektor wurden als „dubios" und Spielerei abge-
tan - viele Wissenschaftler hielten „die KI" für schlichtweg „unseriös". Diese Ein-
stellung mag mit dafür verantwortlich sein, daß man heute den Begriff „Künstliche
Intelligenz" gerne vermeidet. Unproblematischer wäre etwa der Begriff „Kognitive
Informatik".

Wollte man die Dekade von 1950 bis 1960 titulieren, könnte man sie als *kyberneti-
sche Phase* (auch *klassische Phase*) bezeichnen. Das hängt damit zusammen, daß damals die Kybernetik - durch die Arbeiten von Norbert Wiener - als grundlegende
wissenschaftliche Disziplin der Informationsverarbeitung angesehen wurde, und das
Erscheinen des Buches von Wiener 1948 großes Aufsehen erregte. (Titel des
Buches: Kybernetik oder die Regelung und Nachrichtenübertragung in Lebewesen
und Maschinen; Norbert Wiener lehrte seinerzeit Mathematik am berühmten Massachusetts Institute of Technology in den USA). Kybernetik und Künstliche Intelligenz waren somit austauschbare Begriffe.

1.2.3 Heuristische Phase (1960-1970)

Die zweite Phase der KI-Forschung ist - nach dem Scheitern vieler Vorhaben der ersten Phase - dadurch gekennzeichnet, daß man sich kleineren, mehr speziellen Problemen zuwendete. Zu nennen sind hier besonders Newell und Simon von der Carnegie Mellon University, die 1969 ein Problemlösungssystem (General Problem Solver = GPS) vorstellten. Sie erkannten, daß mit der vorhandenen Technologie
„Weltwissen" nicht modellierbar war und keine kybernetischen Modelle á la Wiener

machbar waren. Deshalb wendeten sie sich der Erstellung von einfachen Beweisführungssystemen *(theorem proving programs)* zu, beschäftigten sich mit Computerschach und anschließend mit allgemeinen Problemlösungsprozeduren. Zur gleichen Zeit beschäftigte sich Samuel erfolgreich mit Dame-Spielprogrammen; überhaupt sind Spiele eine wichtige Facette der KI, da Spiele „kleine überschaubare Weltmodelle" darstellen.

Kernpunkt der Überlegungen war der Gedanke, daß die Denkprozesse beim Menschen durch Manipulation von Symbolen geprägt sind, etwa durch das Aufsuchen von Bildern, Symbolen, piktogrammartigen Vorstellungen oder durch das Vergleichen und Modifizieren von Symbolen, usw. Da Symbole als Basiselemente computergerechter sind als „Nerven" und „Nervenschaltungen", war ein derartiger Denkansatz viel besser geeignet als die Idee, ganze Nervensysteme zu simulieren. Interessanterweise ist der Denkansatz „Symbolverarbeitung" heutzutage sehr aktuell. Es ergeben sich Verbindungen zum modernen, intelligenten CAD mit objektorientierten, logischen Programmiersprachen, da auch das Konstruieren als Manipulation von Symbolen auf der Grundlage von Konstruktionsregeln gedeutet werden kann.

Das „Lösen eines Problems" stellten sich Newell und Simon dabei so vor, daß der mögliche Problemlösungsraum mit einer Vielzahl von Lösungen in Teilräume zerlegt wird. Durch Einschaltung von sinnvollen Suchregeln wurde dann in bestimmten Teilräumen gesucht, bis eine Lösung gefunden war. Technisch gesehen bedeutete dies nichts anderes, als die Durchführung typisch ingenieurmäßiger Vorgehensweisen: Ein komplexer Zusammenhang wird in „geeigneter" Weise in überschaubare Teile zergliedert (Subprobleme), bis sich hieraus eine Lösung ergibt. Das GPS-Programm war zwar allgemein ausgelegt, blieb aber auf kleinere Probleme beschränkt. Die jeweilige Problemstellung wurde dabei allgemein beschrieben mit Hilfe von Objekten und Operatoren, die mit den Objekten arbeiten.

Die Suche nach möglichen Lösungen mit GPS hatte aber noch gravierende Nachteile: sie war sehr ineffizient. Die Ineffizienz hängt dabei mit dem Problem der kombinatorischen Explosion zusammen, für die es zwei klassische Beispiele gibt: das Problem der Türme von Hanoi und das Problem des Handlungsreisenden. (Mit *kombinatorischer Explosion* ist gemeint, daß die Anzahl möglicher Lösungen sprunghaft ansteigt, wenn man viele Lösungskombinationen betrachtet.)

Beim Problem des Handlungsreisenden geht es um ein Planungsproblem. Der Wegaufwand bei einer Reise zu verschiedenen Orten ist zu minimieren. Es handelt sich also um eine Aufgabe, die analog bei vielen technischen Problemen auftritt.

Wenn die Anzahl der Orte n ist, dann ist die Anzahl der zugehörigen Kombinationsmöglichkeiten $(n$-1)! (Fakultät von n-1). Ein einfacher Suchalgorithmus, der alle möglichen Kombinationen erzeugen und bewerten muß, hilft in solch einem Fall nicht mehr weiter, da der Suchaufwand proportional zu $(n$-1)! wächst. Tabelle 1.1 zeigt, wie die Anzahl der Kombinationsmöglichkeiten ansteigt, wenn ein Problem kombinatorisch anwächst.

Tabelle 1.1. Fakultäten von n

n	(n-1)!
3	1*2 = 2
4	1*2*3 = 6
5	1*2*3*4 = 24
6	1*2*3*4*5 = 120
.	.
11	3.628.800
13	479.001.600
.	.
.	.

Man sieht, daß der Aufwand immens anwächst; so würde also die Rechenzeit bei einer Erhöhung der Anzahl n von 6 auf 11 oder gar 13 bei einem Aufwand von 1 Sekunde pro Kombination zu den in Tabelle 1.2 angegebenen Rechenzeiten führen.

Tabelle 1.2. Berechnungszeit von $(n-1)!$

n	Berechnungszeit von (n-1)!
6	120 s = 2 min
11	1,4 Monate
13	15,2 Jahre !

Bei Problemen der oben beschriebenen Art kommt es also darauf an, durch Einbindung von intelligenten Abkürzungen zu vernünftigem Lösungsverhalten zu kommen. Man erhält auf diese Weise zwar nicht die beste Lösung, die möglich ist, sondern „nur" eine gute Lösung. Nach dem derzeitigen Stand der Technik ist es aber nicht möglich, die beste Lösung in vernünftiger Zeit zu finden.

Definition: Heuristik

Ein Verfahren, durch das man in effizienter Weise wenigstens eine brauchbare Lösung bekommt (z.B. durch gezieltes Suchen), nennt man ein *heuristisches Verfahren* (griechisch *heuristikein* = entdecken). Dabei wird nicht garantiert, daß das heuristische Verfahren in allen Fällen ein exaktes Resultat liefert, vielmehr soll es schnell eine annehmbare Lösung finden.

Da in der Zeit von 1960 bis 1970 eine Reihe von Methoden entwickelt wurden, die nach dem heuristischen Konzept arbeiten, ist es angebracht, die Dekade von 1960 bis 1970 als *heuristische Phase* zu bezeichnen. Manchmal wird diese Dekade auch als *romantische Phase* bezeichnet.

1.2.4 Wissensrepräsentationsphase (1970-1980)

Die Überlegungen, die zum GPS führten, waren zwar wegweisend, jedoch konnte man damit keine tatsächlich auftretenden Probleme (real world problems) lösen, weil dann der Aufwand zu groß wurde. Arbeiten an der Stanford University, die unter der Leitung von Ed Feigenbaum standen, sorgten für Abhilfe. Die Arbeitsgruppe in Stanford erkannte, daß man die Problemlösung in geeigneter Weise mit vorhandenem Wissen verketten muß, um die kombinatorische Explosion einzudämmen. Man fand heraus, daß die Einbindung einer Vielzahl von Regeln bzw. Daumenregeln und Erfahrungstatsachen zu einer Reduzierung der kombinatorischen Fülle führte. Schon eine Reduzierung der kombinatorischen Vielfalt auf ein nur exponentielles Anwachsen der Möglichkeiten erbringt nämlich Verbesserungen - noch besser wäre natürlich ein nur quadratisches oder gar lineares Wachstum (siehe Beispiel in Tabelle 1.3).

Tabelle 1.3.   Verschiedene Wachstumsraten

n	$n!$	e^n	n^2
1	1	3	1
2	2	7	4
5	120	148	25
10	3628800	22026	100
12	479001600	162755	144

Damit war die Idee für die heutigen Expertensysteme gefunden: Anstatt *verschiedene* Problemlösungsmechanismen mit heuristischem Charakter zu entwickeln, wurde das *Know-how* bei der Lösung von Problemen betont, und die Wissensbasis zu einem zentralen Punkt der Forschung. Ein allgemein ausgelegter Problemlösungsmechanismus (Schlußfolgerungsmechanismus oder Inferenz genannt) war zwar nach wie vor erforderlich, in Verbindung mit einer vom Algorithmus getrennt gehaltenen Wissensbank konnte man aber größere Probleme lösen, wodurch man wesentlich mehr Flexibilität gewann als beim konventionellen Programmieren mit starren Verarbeitungsvorschriften.

Aufbauend auf dem Konzept von Feigenbaum entstanden eine ganze Reihe von Computersystemen, die wir heute als Expertensysteme bzw. Wissensbasierte Systeme bezeichnen. Genannt seien hier die folgenden exemplarischen Beispiele:

DENDRAL (Feigenbaum, 1971)

Ein Programm aus dem Bereich der Chemie, mit dem man in die Lage versetzt wird, aufgrund von physikalisch vorgegebenen Daten auf die chemische Struktur einer Probe zu schließen. Bei diesem Problemkreis handelt es sich um ein Interpretationsproblem bzw. Diagnoseproblem.

MYCIN (Shortliffe, 1976)

Diagnoseprobleme spielen naturgemäß in der Medizin eine große Rolle; ein entsprechendes Expertensystem kann hierbei eine wertvolle Hilfe sein, um Krankheiten zu erkennen. MYCIN ist ein solches Diagnosesystem, das zur Erkennung von Infektionskrankheiten im Blut entwickelt wurde. Es schlägt eine medikamentöse Therapie vor und wurde im praktischen Einsatz erprobt (Pacific Medical Center, San

Francisco). MYCIN enthält - computertechnisch gesehen - bereits alle Basiselemente, die ein modernes Expertensystem auszeichnen; im einzelnen:

a)	Eine Wissensbasis mit einigen Hundert Regeln, wobei die einzelnen Regeln etwa folgenden Aufbau haben:

```
IF (1)    Infektion ist bakteriös, und
   (2)    eine sterile Bakterienkultur liegt vor, und
   (3)    die Bakterienkultur stammt aus einer
          Gewebsprobe im Magenbereich

THEN      Es ist mit einer Wahrscheinlichkeit
          von 70% folgender Fall anzunehmen:...
```

Regeln der obigen Form nennt man Produktionsregeln *(production rules)*, weil sie aus Voraussetzungen oder Bedingungen neue Fakten produzieren. Alle Regeln der Wissensbank sind nach dem gleichen Prinzip aufgebaut, wobei es allerdings sinnvoll ist, zur Erreichung eines Gesamtzieles einzelne Teilziele zu definieren (Etappen), um die Wissensbank strukturieren zu können. (Bei MYCIN z.B.: Patientendaten, Infektionsdaten, Erregerdaten, Medikamentendaten, Auswahl von Medikamenten).

b)	MYCIN enthält außerdem wahrscheinlichkeitsbehaftete Regeln (Ungewißheitsfaktoren), um auch Entscheidungen treffen zu können, die nicht 100-prozentig zutreffen, sondern - unter Berücksichtigung nur vage vorhandenen Wissens - mit z.B. nur 80% abgesichert sind. In der Sprache der Expertensysteme spricht man von Verarbeitung unsicheren, vagen bzw. diffusen, nicht unbedingt vollständigen Wissens, für das es - wie noch gezeigt wird - verschiedene Methoden der Repräsentation gibt (z.B. Bestimmtheitsfaktoren, Wahrscheinlichkeitswerte nach Bayes, Fuzzy Theory, Dempster/Shafer Ansätze).

c)	Als dritten wesentlichen Bestandteil enthält MYCIN die Möglichkeit, Entscheidungsfindungen zu begründen (Erklärungskomponente = *explanation facility*). Hiermit erhalten Ärzte als Nutzer von MYCIN die Möglichkeit, eine Diagnose genau erklärt zu bekommen, um evtl. kostspielige oder gefährliche Therapien verantworten zu können. Eine Erklärungskomponente dient also als Argumentationshilfe, wenn eine Entscheidung begründet werden muß. Die Erklärung, warum eine Lösung vorgeschlagen wird, ist dabei von unschätzbarem Wert für die Akzeptanz eines Programms - bei konventionellen DV-Programmen dagegen kann nur der Programmersteller, der meistens aber nicht zugegen ist, Lösungen erklären.

MACSYMA (Martin, Fateman, 1971)

MACSYMA ist ein mathematisches Expertensystem, mit dem hochkomplexe Aufgaben gelöst werden können. Die Lösung erfolgt aber nicht numerisch, sondern symbolisch. Das heißt, es wird eine geschlossene Lösung erarbeitet, die einen vollen Einblick in die Struktur eines mathematischen Problems gestattet. MACSYMA wird inzwischen in der Mathematik, in der Physik und in den Ingenieurwissenschaften als Arbeitshilfe eingesetzt. Es umfaßt ca. 300.000 Zeilen LISP-Code, (LISP, Programmiersprache für Aufgaben im KI-Bereich) und repräsentiert einen Entwicklungsaufwand von ca. 100 Mann-Jahren.

MACSYMA ist ein interaktiv arbeitendes System, das Lösungen ableitet (in symbolischer Form) und auch Lösungen begründet. Gearbeitet wird mit Formeln in der üblichen mathematischen Notation. Zur Prüfung von Lösungen können aber - nach Lösung eines Problems - jederzeit Zahlenwerte eingegeben werden, so daß auch eine numerische Auswertung möglich ist.

Der Benutzer hat mit MACSYMA einen dialogfähigen Mathematikexperten zur Seite, der eine große Menge mathematischer Regeln und Lösungsprinzipien kennt. Aufbauend auf diesem Wissen lassen sich Probleme der linearen Algebra, der Differentiation und Integration, ja sogar komplizierte Differentialgleichungen lösen.

Beispiel

Will man die Differentialgleichung

$$x^2 \, y'' - x \, y' + y = 0$$

lösen, so lautet die Eingabe für MACSYMA[1]

```
ODE2 (X**2 * DIFF(Y,X,2) - X * DIFF(Y,X) + Y= 0,Y,X
```

wobei 0 die rechte Seite definiert, und Y bzw. X die Ableitungsvariablen sind. Die Antwort lautet:

```
Y = X * (K2 * LOG (X) + K1)
```

wobei K1 und K2 die beiden Integrationskonstanten sind.

Aus dem Beispiel wird ersichtlich, daß die Zielsetzung eines Expertensystems nicht so sehr die Errechnung von Zahlen ist, sondern die Gewinnung von Einsichten in ein Problem. Es ist zu erwarten, daß mit Hilfe derartiger mathematischer Expertensysteme viele Anwendungen in der mathematischen Physik und in den Ingenieurwissenschaften (man denke etwa an die Lösung von Differentialgleichungen, die heute hauptsächlich mit FEM-Paketen gelöst werden) unter einem neuen Blickwinkel gesehen werden müssen: Mit Hilfe von MACSYMA sind komplizierte ma-

---

[1]   ODE2 = Ordinary Differential Equation of 2nd Degree

thematische Aufgaben relativ schnell und symbolisch lösbar: Man gewinnt Lösungen in geschlossener Form, nach denen teilweise ganze Generationen von Mathematikern gesucht haben!

Die Beispiele zu den Systemen DENDRAL, MYCIN und MACSYMA sollen zunächst einmal ausreichen, eine erste Vorstellung von möglichen Anwendungen zu erhalten; bei Interesse an weiteren Beispielen aus diversen Bereichen sei auf das Buch von Cohen und Feigenbaum [1.2] verwiesen.

1.2.5 Lernfähige Systeme (1980-1990)

Mit der DV-gerechten Einbettung von Wissen in Expertensysteme besitzt man eine wichtige Grundlage für weitere Arbeiten. Die Dekade (1980-1990) ist dabei dadurch gekennzeichnet, daß man versucht, die Lernfähigkeit wissensbasierter Systeme auszubauen - insofern ist es auch folgerichtig, diese Phase als die Phase der Lernfähigen Systeme zu charakterisieren. Ein Abschluß dieser Phase ist jedoch nicht abzusehen.

Definition: Lernfähigkeit

Unter *Lernfähigkeit* versteht man dabei allgemein die Eigenschaft, daß aus Erfahrungen gewonnene Fakten und Resultate zu einer Modifizierung und Erweiterung des vorhandenen Wissens führen.

Beispielsweise kann ein lernfähiges System erkennen, daß bestimmte Regeln sinnlos sind, daß bestimmte Regeln weniger oft verwandt werden als andere, daß andere Regeln durch bessere Regeln ersetzt werden sollten, daß bestimmte Lösungswege - etwa auf Grund von statistischen Beobachtungen - schneller zum Erfolg führen als andere, usw.

Zu unterscheiden ist dabei zwischen *aktiver* und *passiver* Lernfähigkeit. Aktive Lernfähigkeit meint, daß ein System automatisch Wissen modifiziert und adaptiert, passive Lernfähigkeit dagegen besagt, daß man ein System durch entsprechenden Eingriff problemlos modifizieren, erweitern, pflegen und warten kann (was bei den Expertensystemen durch eine speziell dafür vorgesehene Komponente, die Wissenserwerbskomponente, geregelt wird).

An automatisch lernfähigen Systemen wird derzeit intensiv in den USA und Japan gearbeitet - exemplarisch seien hier die Arbeiten von Doug Lenat genannt, der in der KI-Hochburg Stanford 1982 den Prototyp einer Lernmaschine entwickelt hat. (Name der Lernmaschine: EURISKO). Daß es sich hierbei nicht nur um Spielerei handelt, ist daran zu erkennen, daß mit EURISKO ein Durchbruch bei der praktischen Entwicklung komplizierter 3-dimensionaler Computerschaltkreise gelungen ist.

Vom DV-technischen Standpunkt aus betrachtet, kann die Zeitspanne von 1980-1990 auch als Konsolidierungsphase bezeichnet werden. Es zeigt sich nämlich in zunehmendem Maße, daß bestimmte Teildisziplinen der KI-Technologie praktikabel werden: Seit den achtziger Jahren steht für den industriellen Einsatz geeignete, spezielle KI-Hardware (z.B. Symbolics, Tektronics u.a.m.), aber auch leistungsfähige konventionelle Hardware (80386 und 68030 Prozessoren) zur Verfügung, ebenso werden überall spezielle KI-Programme und Expertensysteme angeboten. Von weitreichender Bedeutung ist dabei die Tatsache, daß auch Personalcomputer-Anwendungen für Teilgebiete im KI-Bereich möglich sind. Hiermit ist sichergestellt, daß sich die KI-Technologie auf breiter Basis entwickeln kann. In den nächsten Jahren ist damit zu rechnen, daß eine ganze Reihe von Standardwerkzeugen der KI-Technologie - wobei insbesondere Expertensysteme zu nennen sind - entstehen, die relativ preisgünstig auf den derzeit gängigen Computersystemen eingesetzt werden können.

Fassen wir zusammen: Expertensysteme sind heute die verbreiteste Form der Anwendung im Bereich der Künstlichen Intelligenz. Mit der Entwicklung derartiger Systeme wurde ein erster praktikabler Schritt in Richtung des Zieles getan, das man schon in der kybernetischen Phase (1950-1960) im Auge hatte: das menschliche Problemlösungsverhalten zu simulieren, wobei größere Datenmengen und Wissen über die Beziehungen dieser Daten zu verwalten und in abstrakte Kategorien einzuordnen sind, um dann hieraus Lösungen für bestimmte Probleme ableiten zu können.

1.2.6 Laufende Forschungsarbeiten

Weitere Fortschritte in der KI-Technologie werden in erster Linie vom erfolgreichen Abschluß derzeitig in aller Welt laufender KI-Forschungsprojekte abhängen. Der hohe Anspruch dieser Projekte hat dazu geführt, daß die Künstliche Intelligenz innerhalb kürzester Zeit aus ihrem früheren Schattendasein herausgetreten ist. Überall auf der Welt werden hochkarätige Forschungs- und Entwicklungszentren eingerichtet, in denen man sich intensiv mit KI-Problemen beschäftigt. Hauptgrund: Man erwartet enorme Umsätze und qualitative Verbesserungen gegenüber der herkömmlichen Datenverarbeitung.

Die 5. Computer-Generation

Den Startschuß für diesen Wettlauf haben dabei die Japaner mit ihrem Projekt „5. Computer-Generation" gegeben. Seit der Ankündigung des Japanischen Ministeriums für Handel und Industrie, ab 1982 intensiv KI-Forschung zu betreiben, wurde ein sich immer schneller drehendes Forschungskarussell in Gang gesetzt.

Das Projekt „5. Computer-Generation" ist sehr breit angelegt. Einerseits soll eine neuartige, den KI-Aufgaben angepaßte Hardware-Architektur entwickelt werden, andererseits sollen neuartige Software-Konzepte entworfen werden. Nur so ist es möglich, die bislang aufgetretenen Hindernisse im Hard- und Software-Bereich zu beseitigen. Wie auch schon in der Darstellung der geschichtlichen Entwicklung der Künstlichen Intelligenz angeklungen ist, verlangen umfangreiche Problemlösungen im KI-Bereich Rechnerarchitekturen, die durch unsere heutigen Rechner (von-Neumann-Rechner mit sequentiellen Konzept) nur unbefriedigend gelöst werden können. Was benötigt wird, sind Parallelrechner mit intelligenten Netzwerkarchitekturen, womit man den ursprünglichen Vorstellungen der Kybernetiker sehr nahe kommt. Mit den heutigen technischen Mitteln der Mikroelektronik hat man erstmalig die Chance, entsprechende KI-Hardware zu realisieren.

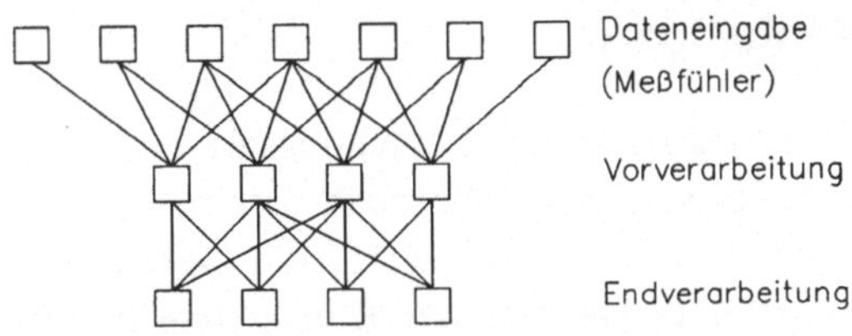

Bild 1.2.   Neuronales Netz für eine Konstruktion

Neuronale Computersysteme besitzen eine von der konventionellen Computerarchitektur abweichende Konstruktionslogik. Sie bestehen aus einer sehr großen Zahl von - allerdings einfachen - Prozessoren, die netzartig miteinander verbunden sind. Am besten stellt man sich die Prozessoren als Superspeicherzellen mit elementarer Intelligenz für das Speichern von Informationen und für das einfache Rechnen vor. Die einzelnen Zellen haben Verbindungen untereinander. Diese Netzwerk-Architektur ist für Suchaufgaben besser geeignet als seriell arbeitende Rechner, bei denen die Zeit zum Durchsuchen einer Zahl von Speicherzellen im einfachsten Fall linear mit der Zahl der Speicherinhalte wächst. Durch die direkte Assoziierung von Speicherzellen zueinander ergibt sich dagegen ein erheblich verbessertes Zeitverhalten (vgl. Bild 1.2 mit Superspeicherzellen als Knoten eines Netzes). Ein neuronales Netz erlaubt - wie man leicht in Bild 1.2 erkennen kann - ein direktes Ansprechen von Informationen.

Einhergehend mit der Verbesserung der Hardware sind jedoch auch noch andere Verbesserungen in der Software-Erstellung erforderlich - schließlich wissen wir alle, daß die Software-Entwicklung der letzten Jahre sehr viele Mängel hatte, man denke nur an Begriffe wie Software-Krise und die vielen Maßnahmen im Software-Engineering-Bereich zur Beseitigung dieser Mängeln.

Das Japanische KI-Programm hatte zur Folge, daß in den USA und Europa innerhalb kürzester Zeit ähnliche KI-Programme ins Leben gerufen wurden. In den USA wurden über das Pentagon innerhalb kürzester Zeit allein 600 Mio. Dollar in KI-Programme investiert, ebenso wurden die Forschungsaktivitäten der KI-Universitäten Carnegie Mellon, MIT und Stanford unterstützt, und auch die führenden Computerfirmen in den USA wendeten - als direkte Antwort auf die japanische Herausforderung - immense Beträge für ihre KI-Forschung auf. In Europa wurde das internationale ESPRIT-Programm (European Strategic Program for Research in Information) ins Leben gerufen und hierfür 1,3 Millarden Dollar bereitgestellt. Desweiteren gibt es eine Reihe von nationalen Forschungsprojekten, und auch in Europa haben sich Computerfirmen (z.B. ICL, Siemens, Nixdorf, Olivetti, Bull) zusammengetan, um ihre KI-Forschung zu koordinieren.

Es ist deshalb angesichts der Fülle von Forschungs- und Entwicklungsprojekten zu erwarten, daß auf dem KI-Gebiet in nächster Zukunft erhebliche Fortschritte gemacht werden. Als Ingenieur muß man hierüber informiert sein, da die KI-Technologie durch eine neue Art der Automatisierung in erheblicher Weise unsere Denk- und Arbeitswelt verändern wird. Nur dadurch, daß man sich rechtzeitig informiert, können KI-Technologien sinnvoll eingesetzt und somit Fehlentwicklungen verhindert werden.

1.3 Teilgebiete der Künstlichen Intelligenz

Mit dem historischen Abriß und der Darstellung laufender Forschungsprojekte sind bereits viele mögliche Teilgebiete genannt worden, jedoch geschah dies mehr oder weniger ungeordnet. In diesem Kapitel sollen deshalb - selbst auf die Gefahr von Wiederholungen - noch einmal die wichtigsten Teilgebiete der Künstlichen Intelligenz zusammengestellt werden.

Die wichtigsten Teilgebiete sind:

- das Verstehen natürlicher Sprache (sprechen und lesen),

- die Übersetzung von Texten einer Sprache in andere,

- das Erkennen von Bildern und Bildfolgen,

- die Robotik,

- die Entwicklung von intelligenten Programmen (z.B. Schachprogramme),

- die Entwicklung von intelligenten Schnittstellen für traditionelle Computerapplikationen,

- das automatische Finden und Beweisen logischer und mathematischer Sätze,

- die Ableitung von Formeln und/oder Zusammenhängen,

- die symbolische Lösung von mathematischen Problemen,

- die Entwicklung von Computersystemen (Expertensysteme), die auf einem Wissensgebiet die Fach- und Sachkompetenz von Experten verfügbar machen und Probleme lösen.

Das Gesamtspektrum der Teilgebiete der Künstlichen Intelligenz läßt sich am besten dadurch erfassen, daß man die im KI-Programm der Japaner (Programm „5. Computer-Generation") genannten Teilforschungsgebiete auflistet. Das Projekt enthält eine ganze Reihe von Problemstellungen, die mit großem Aufwand (mehrere tausend Mann-Monate sind veranschlagt) erforscht werden sollen. Im einzelnen lassen sich sieben Hauptthemen herauskristallisieren, die in Tabelle 1.4 aufgeführt sind. Eine gute Darstellung der einzelnen Disziplinen findet man auch in dem Buch von Schnupp und Leibrandt [1.3].

Tabelle 1.4. Teilgebiete der Künstlichen Intelligenz

1. Bereich: Anwendungssysteme	1.1 Computergestützte Sprachübersetzung 1.2 Fragebeantwortungssysteme 1.3 Verstehen natürlicher Sprachen 1.4 Bild- und Mustererkennung 1.5 Problemlösungssysteme
2. Bereich: Basis-Software	2.1 Managementsysteme für Wissensbanken 2.2 Schlußfolgerungsmechanismen 2.3 Intelligente Schnittstellen
3. Bereich: Neue Hardware Architekturen	3.1 Logische Prozessoren 3.2 Funktionsprozessoren 3.3 Prozessoren für Algebra 3.4 Prozessoren für Datenbanksysteme 3.5 Verbesserte von-Neumann Architekturen
4. Bereich: verteilte Rechnerfunktionen (distributed processing)	4.1 Netzwerkarchitekturen 4.2 Datenbankarchitekturen 4.3 Hochleistungsprozessoren für Numerik 4.4 Kommunikationsprozessoren
5. Bereich: Schaltungsarchitektur	5.1 VLSI-Entwurfskonzepte 5.2 VLSI-Entwurfskonzepte für intelligentes CAD
6. Bereich: Methodenentwicklung Techniken der KI	6.1.Logische Programmierungsmethoden 6.2 Methoden für die Erstellung von Wissensbanken 6.3 Datenbanktechniken
7. Bereich: Hilfstechniken	7.1 Software-Entwicklungshilfen 7.2 Konfigurierungshilfen

Wie man aus der tabellarischen Zusammenstellung erkennt, wird das Ziel verfolgt, dem Benutzer letztendlich hochintelligente Rechnersysteme zur Verfügung zu stellen, mit denen direkt Sprache und Bilder verarbeitet werden.

Im Rahmen dieses Buches soll nur ein Teilgebiet der Künstlichen Intelligenz, Expertensysteme bzw. Wissensverarbeitung mit Expertensystemen, behandelt werden. Expertensysteme sind zur Zeit das am besten ausgereifte Teilgebiet der Künstlichen Intelligenz, deren Einsatz inzwischen auch wirtschaftlich ist.

1.4 Aufbau von Expertensystemen

Expertensysteme *(expert systems)*, auch Wissensbasierte Systeme *(knowledge based systems)* genannt, sind Programmsysteme, die im einfachsten Fall zwei Komponenten enthalten (Bild 1.3):

- eine Wissensbasis oder Wissensbank *(knowledge base)*,

- einen Schlußfolgerungs- bzw. Inferenzmechanismus *(inference engine)*.

Die Wissensbasis besteht aus einer Ansammlung von Wissen über ein Wissensgebiet *(knowledge domain)*. Bislang wurde das Wissen dabei hauptsächlich in Form von Regeln und Hypothesen *(rules and goals)* dargestellt („Expertensysteme I. Generation"); neuerdings werden aber auch andere Repräsentationsformen (objektbezogenes Wissen, sog. Frames bzw. semantische Netze, usw.) eingesetzt, worauf noch im einzelnen eingegangen wird.

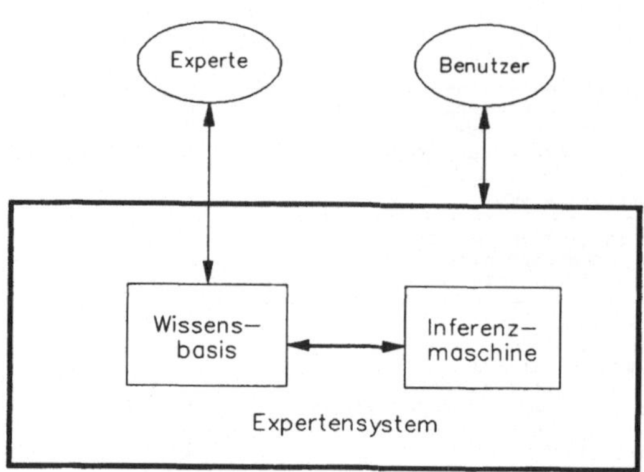

Bild 1.3.   Ein einfaches Expertensystem

Der Begriff „wissensbasiert" soll auch deutlich machen, daß Querverbindungen zu konventionellen DV-Systemen existieren, die ebenfalls Wissen enthalten. Gerade im Ingenieurwesen ist eine direkte Kopplung von wissensbasiertem Vorgehen mit algorithmischen, graphischen oder datenbankorientierten DV-Systemen unerläßlich. Eine rein regelorientierte Betrachtungsweise (wie in Expertensystemen der ersten Stunde) läßt sich im Ingenieurbereich nur in Sonderfällen erreichen.

Mit Hilfe der Inferenzkomponente werden für ein vorgegebenes Problem - auf der Grundlage des Wissens in der Wissensbank - entsprechende Schlußfolgerungen gezogen und eine Problemlösung vorgeschlagen. Die Inferenzkomponente ist eine Verarbeitungsstrategie, die Fähigkeiten elementaren „Denkens" besitzt, aber selbst über kein „Wissen" verfügt.

Mit der Konzeption

Wissen + Inferenz = Programmsystem

verbindet sich eine völlig neuartige Software-Logik, die neben das traditionelle Software-Konzept

Algorithmus + Daten = Programm

tritt, dieses ergänzt und so zu einer veränderten Situation bei der Software-Erstellung führt - mit revolutionären Konsequenzen: Zum ersten Mal gibt es Computersysteme, die aufgrund des in ihnen akkumulierten Wissens bestimmten Fachleuten überlegen sein können, da sie mehr Wissen in sich vereinigen können als die einzelnen Fachexperten selbst.

Auf den ersten Blick ist nicht zu ersehen, warum das wissensbasierte Konzept der Expertensysteme derartige Veränderungen erwarten läßt. Schließlich wurde ja auch bei der traditionellen Software-Erstellung Wissen in Programme eingebunden. Und auch das Sammeln von Daten in einer Datenbank mit anschließendem Abruf dieser Daten über ein Abfragesystem *(query language)*, ist ja eine Art Wissensverarbeitung. Es stellt sich also in der Tat die Frage, wodurch sich konventionelle Programme/Programmsysteme, also „normale Anwendungssoftware", von Expertensystemen unterscheiden.

Die Stärke der Wissensverarbeitung, verglichen mit konventionellen Lösungsansätzen, liegt vor allen Dingen darin, daß man sich mit der Entwicklung von Expertensystemen - auf entsprechend prädestinierten Teilgebieten - eine Problemlösungskompetenz schafft; in ähnlicher Weise wie Maschinen die Muskelkraft substituieren sollen, oder Computer rechentechnische Fähigkeiten, so sollen Expertensysteme das (computerisierbare) Denken simulieren bzw. übernehmen. Hierbei ergeben sich aus der expliziten Darstellung und der Verfügbarkeit des relevanten Wissens (Wissensbank), zusammen mit der Kraft des Problemlösens (Inferenzkomponente) - und weniger durch ausgeklügelte Algorithmen (konventionelle DV) - völlig neue Möglichkeiten zur Lösung anstehender Probleme.

Der Unterschied zwischen Expertensystemen und Nicht-Expertensystemen läßt sich am besten durch den folgenden Vergleich zwischen einem Nicht-Experten und einem Experten deutlich machen:

„Einem Nicht-Experten muß man exakt vorschreiben, was er tun soll. Er tut dann vielleicht genau das, was er tun soll und nicht mehr!"

„Einem Experten gibt man zur Lösung eines Problems die gewünschten Ziele an; dieses Problem wird auch dann gelöst, wenn ‚Unvorhergesehenes' eintritt. Er tut also alles, was zur Lösung erforderlich ist".

Man bedenke aber: Die Erstellung eines „intelligenten" Systems, welches „Unvorhergesehenes" korrekt erfaßt und auswertet, erfordert viel Entwicklungsarbeit.

Über eine längere Zeit hinweg bereitet die genaue Definition, was ein Expertensystem ist, Schwierigkeiten, da noch vieles „im Fluß" war. Diese Tatsache hat zu einer merkwürdigen Situation geführt: Eine ganze Reihe von Software-Produkten, die in irgendeiner Form als intelligent angesehen werden können (etwa weil die Eingabe halbwegs intelligent vorgenommen wird), werden aus „Attraktivitätsgründen" als Expertensysteme tituliert. Es gibt jedoch einige Kriterien, an denen man genau erkennt, ob es sich bei einem Programmsystem um ein „echtes" Expertensystem handelt oder nicht. Haupt-Charakteristikum ist die klare Trennung zwischen Problemwissen einerseits und Problemverarbeitungsoperationen für dieses Wissen andererseits. Weitere Unterscheidungskriterien lassen sich ableiten, wenn man einen Mindestkatalog an Anforderungen aufstellt, aus dem hervorgeht, welche Bausteine ein echtes Expertensystem besitzen muß, um sich von konventionellen Programmen mit implizierter „Wissenseinbettung" zu unterscheiden. Bevor jedoch auf weitere Expertensystem-Bausteine eingegangen wird, soll jedoch kurz auf klassische Programmierkonzepte eingegangen werden. Es läßt sich nämlich zeigen, daß zwischen dem klassischen Konzept und dem Expertensystemansatz Querverbindungen bestehen.

1.4.1 Klassische Programmierkonzepte

Jeder weiß, daß das Programmieren von konventioneller Software schwierig ist. Wer selbst Programme erstellen will, braucht gleichzeitig eine ganze Reihe von spezifischen Kenntnissen: Hardware- und Betriebssystemkenntnisse, vertiefte Fachkenntnisse auf dem Gebiet, für welches das Programm eingesetzt werden soll, Kenntnisse über die eingesetzte Programmiersprache (z.B. FORTRAN, BASIC, C usw.), Kenntnisse über Utilities (Hilfsprogramme), aber auch über Datenstrukturen, ohne die der erstellte Algorithmus kein lauffähiges Programm ist.

Es ist hinlänglich bekannt, daß diese Situation zu Problemen geführt hat. Der Begriff „Software Krise" deutet dies an. Um die Probleme zu meistern, wurde das Software-Engineering eingesetzt, mit dem Ziel, für die Software-Erstellung eine rationale Basis zu schaffen: Software darf nicht mehr nach Belieben erstellt werden. Software muß nach konstruktiven Gesichtspunkten gefertigt werden, so wie andere technische Produkte und Objekte auch. Mit der Einführung und Vorgabe der Prinzipe (Modularisierung, Hierachische Strukturen, usw.) und Methoden (strukturiertes Entwerfen, Top-Down-Prinzip, usw.) des Software-Engineering wollte man das Auffinden und Beseitigen von Fehlern, also die Software-Qualität, vor allem jedoch die Pflege und Wartung von Programmen verbessern.

Obwohl aber das Software-Engineering viele Verbesserungen erbrachte, konnte ein grundlegendes Problem nicht beseitigt werden: Fachwissen (Logik) und DV-Wissen (Steuerung) sind bei konventionellen Programmen direkt miteinander verzahnt und beeinflussen sich - schon bei den kleinsten Änderungen - gegenseitig .

Beispiele:

a) Will man in ein Finite-Element Programmsystem ein neues Element einfügen, muß dies sehr sorgfältig geschehen, da die Vorgaben des vorliegenden Programmes (Parametersteuerung, Dimensionierung von Feldern, usw.) exakt eingehalten werden müssen. Werden die vorhandenen Vorgaben nicht exakt beachtet, „läuft das Programm nicht mehr". Noch schwieriger wird es, wenn man etwa Teile von Lösungsprozeduren des Programmsystems (z.B. den Gleichungssystemlöser) auswechseln will: In diesem Fall können erhebliche Eingriffe in das Programm und damit Umprogrammierungen erforderlich werden.

b) Veränderungen in den Eingabedaten für ein Finite-Element Programm können möglicherweise ein völlig anderes Verhalten einer Software zur Folge haben - sogar unsinniges Verhalten ist möglich, wenn Daten eingegeben werden, für die das Programm nicht mehr gültig ist. (Etwa bei Eingabe hoher Lasten, die Instabilitäten zur Folge haben, das Programm aber stabiles Verhalten unterstellt).

Um die Verhältnisse weiter zu veranschaulichen, möge folgende Analogie dienen: In konventionellen „DV-Programmen" ist Fachwissen „hardcoded" eingebettet, wie Atome in eine kristalline Struktur. Die Folge ist, daß bei Veränderungen der Struktur schwer zu überblickende Versetzungen eintreten können. Noch unübersichtlicher wird es, wenn Software umfangreich ist und deshalb verschiedene Fachexperten und DV-Fachleute an einem Produkt arbeiten: In diesem Fall ergeben sich auch erhebliche Kommunikationsschwierigkeiten unter den beteiligten Fachleuten.

Klassische Programmierkonzepte sind - trotz der bekannten Schwierigkeiten - hervorragend geeignet, Berechnungen durchzuführen, vorausgesetzt, die Berechnungsvorgänge beruhen auf einer konsistenten, exakt abgesicherten und wohl definierten Theorie (wie beispielsweise matriziell formulierbare Finite Element Analysen auf einer Elastizitäts- bzw. Plastizitätstheorie beruhen, oder CAD-Systeme auf der matriziell beschreibaren konstruktiven Geometrie). Im Vordergrund der Betrachtung steht dabei das bereits in Abschnitt 1.4 erwähnte Softwarekonzept

> Algorithmus + Daten = Programm,

wobei insbesondere dem Algorithmus eine dominierende, zentrale Rolle zufällt. Mit der Betonung des Algorithmus, auf den alle traditionellen Programmiersprachen (FORTRAN, ALGOL, BASIC, PASCAL, usw.) abgestellt sind, steht die Codierung der Ablauflogik im Brennpunkt der Programmierung. Folglich enthalten die traditionellen Progammiersprachen im wesentlichen Sprachkonstrukte, die den Ablauf eines Programms durch Prozeduren umsetzen (prozedurale Programme). Typische Ablaufkonstrukte sind: Sequenz, Iteration (repeat-until, do-while), Alternative (if-then-else), Fallunterscheidung (case, switch) und Rekursion. Die algorithmische Sicht führt dazu, daß Datenmodelle und -strukturen nur elementar realisierbar sind. Dies ist bedauerlich, da ja auch in „Daten" logische Informationen enthalten sind. Je elementarer dabei die vom Algorithmus zugelassenen Datenstrukturen sind, desto mehr strukturelle Information - und damit Wissen - geht verloren.

Um diese Nachteile besser auffangen zu können, wurden mit Datenbanksystemen (DBS) die Daten und Datentypdefinitionen aus den Algorithmen herausgenommen und einer eigenen Speicherung und Verarbeitung zugeführt. In diesem Zusammenhang sind insbesondere relationale Datenbanksysteme zu nennen, die als erste das logische Datenmodell geschaffen haben und damit die Objekte der Datenverarbeitung akzentuieren. Die objektorientierte Sicht ist - wie wir noch sehen werden - für Expertensysteme von fundamentaler Bedeutung. Es zeigt sich also, daß logische Zusammenhänge - und damit Wissen - auch in Daten verborgen sind, und nicht nur in der Ablauflogik eines Algorithmus. Konzentriert man sich auf die Teile traditioneller Programme, die auf Wissen aufbauen bzw. Wissen enthalten, kommt man auf ganz natürliche Weise zu einer wissensorientierten Sicht, bei der neben prozeduralen Aspekten (prozedurales Wissen) auch Wissen beschreibende Sachverhalte (deklaratives Wissen) betont werden. Damit ist der Übergang von klassischen Konzepten zum Expertensystemkonzept vorgezeichnet; er wird im nachfolgenden Kapitel explizit vollzogen, um zu zeigen, daß die Expertensystemtechnologie in der Evolution der allgemeinen Datenverarbeitung steht. Es ist dabei der besondere Verdienst der wissensbasierten Programmierung, den Blick für unterschiedliche Programmiersichten geschärft zu haben (Algorithmen - prozeduraler Stil, DBS - dispositiver Stil, Expertensysteme - strategischer Stil).

1.4.2 Expertensystemkonzepte und ihre Herleitung

Betrachtet man den traditionellen Ansatz

Algorithmus + Daten = Programm

unter dem Gesichtspunkt „Wo ist überall Logik enthalten?", ist es möglich, rein abstrakt das methodische Konzept der Expertensystemtechnologie aus dem klassischen DV-Konzept abzuleiten. Anders ausgedrückt: Expertensysteme lassen sich quasi als Umdeutung und Fortschreibung der klassischen Programmierung interpretieren.

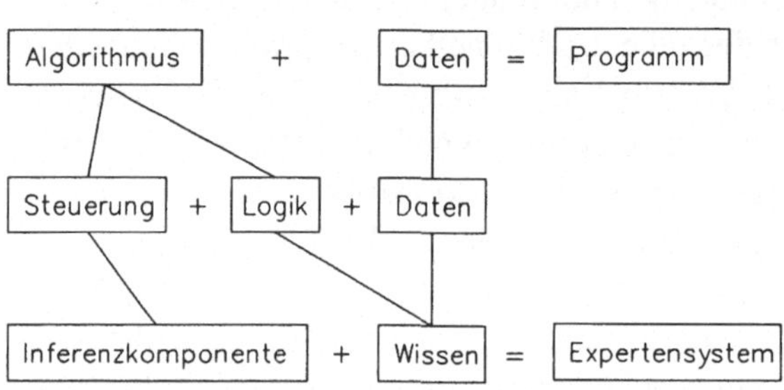

Bild 1.4. Herleitung von Expertensystemen

Eine genaue Analyse des Algorithmus ergibt, daß in ihm eine Logik- *und* eine Steuerungskomponente, die den Kontrollfluß steuert, enthalten sind. Mit der Logikkomponente wird festgelegt, welches Wissen dem Algorithmus zugrunde liegt und was die Lösungsziele sind (bei FE-Systemen z.B. das matriziell formulierte Verhalten eines Tragwerks). Bei der Software-Erstellung werden Details in den Software-Entwicklungsphasen „Problemanalyse und -spezifikation" definiert. Die Steuerungskomponente legt dagegen die Strategie des Lösungsweges fest; sie sagt etwas darüber aus, wie die Logikkomponenten eingesetzt werden (z.B. bei FE-Systemen, wann die Eingabe erfolgt, wie der Gleichungslöser mit Daten versorgt wird, usw.). Obwohl in klassischen Programmen beide Komponenten direkt miteinander verzahnt sind, kann man sie begrifflich getrennt sehen.

Da auch Daten natürliche Bestandteile der logischen Struktur eines Problems sind, liegt es nahe, für neue, der rein algorithmischen Lösung nicht zugängliche Problemklassen, alle Logik repräsentierenden Komponenten zusammenzufassen. Rein abstrakt kommt man sozusagen zu der formalen „Gleichungskette", die in Bild 1.4 dargestellt ist.

Die Zusammenfassung von „Logik" und „Daten" repräsentiert dabei „Wissen" in einer tieferen Darstellungsform als beim traditionellen Ansatz. Die „Steuerung" dient zur Bearbeitung des oben gerade definierten Wissens und stellt entsprechende Mechanismen der Verarbeitung bereit. Damit entspricht die Steuerung in der wissensbasierten Sicht der Inferenzkomponente. In der Tat lassen sich also die beiden elementaren Komponenten eines Expertensystems (Wissensbasis und Inferenzkomponente) aus klassischen Programmierkonzepten ableiten.

Die Idee, das „Wissen" vom Algorithmus zu trennen, indem man - separat von später durchzuführenden Operationen im Rechner - eine Wissensbasis schafft, erlaubt es dabei, komplexe Probleme in Angriff zu nehmen, für die es bislang keine algorithmischen Lösungen gibt. Es sind dies Probleme, für die keine gesicherten Theoriegebäude existieren, die schlecht strukturiert sind, konfliktiv sind, eine sehr große Zahl von Lösungsalternativen zulassen, oder nur durch vages bzw. unvollständiges Wissen charakterisiert sind. Das soll aber nicht heißen, daß man Probleme, über die man wenig weiß, mit Expertensystemen lösen kann. Nach wie vor muß man sich über eine zu lösende Aufgabe ausreichende Klarheit verschaffen. Expertensysteme bieten jedoch eine Chance, aus der Sackgasse traditioneller Konzepte herauszukommen und vorhandene Zwänge zu kompensieren.

Die Trennung in eine Inferenzkomponente (Verarbeitungsteil) und eine Wissensbasis hat dabei auch Vorteile für die Programmierung selbst. Für die Wissensbank und die dort gespeicherten Daten (die Wissen repräsentieren) ist der Fachexperte *(domain expert)* zuständig, also etwa der Ingenieur für die Wissensbank, mit der Bemessungsaufgaben durchgeführt werden, oder der Arzt, der ein Diagnosesystem aufbauen will. Die Aufgabe der Fachexperten ist es, ihr Wissen in computerisierbarer Form (z.B. in Form von Regeln, Fakten, vagem Wissen, usw.) darzustellen und in die Wissensbasis einzubinden. Dazu wird natürlich eine geeignete Wissensrepräsentationssprache benötigt, die sich - um den Fachexperten nicht unnötig mit DV-Problemen zu konfrontieren - möglichst an Fachausdrücken des jeweiigen Fachgebietes orientieren sollte.

Beispiele:

- DV-Sprache mit den mathematischen Formeln ähnlicher Notation.

- CAD-Sprache, die Sprachelemente enthält, mit denen die Operationen eines Konstruktionsvorganges beschrieben werden können.

Auf der anderen Seite ist es die Aufgabe der DV-Experten, sich um die Verarbeitungsstrategie (Inferenzalgorithmus bzw. -komponente) zu kümmern. Hierbei geht es darum, möglichst effiziente und allgemeingültige Schlußfolgerungsmechanismen zu entwickeln, die auf das Wissen der Wissensbank zugreifen und Probleme lösen können.

Mit der klaren Trennung zwischen Fachwissen und Inferenzalgorithmus entfallen alle Nachteile der traditionellen Software-Herstellung: Änderungen der Wissensbasis sind unproblematischer, ein Großteil der Kommunikationsprobleme unter den beteiligten Fachleuten entfallen. Die zur Veranschaulichung herangezogene Analogie, daß „Atome in einem Kristall" der Einbettung von Fachwissen in traditionelle Programme entsprechen, kann für Expertensysteme umgedeutet werden: Das Wissen in einem Expertensystem könnte man mit „den Molekülen in diesem Gas" vergleichen, die wesentlich flexibler auf Veränderungen reagieren als „Kristallatome".

1.4.3 Komponenten eines Expertensystems

Um mit einem Expertensystem praktisch arbeiten zu können, braucht man neben den beiden Grundkomponenten Wissensbasis und Inferenzkomponente weitere Komponenten, die ein wirkliches Expertensystem ausmachen und zur Abgrenzung gegenüber konventioneller Software herangezogen werden können; sie sollten deshalb Bestandteil eines Mindestanforderungskatalogs sein.

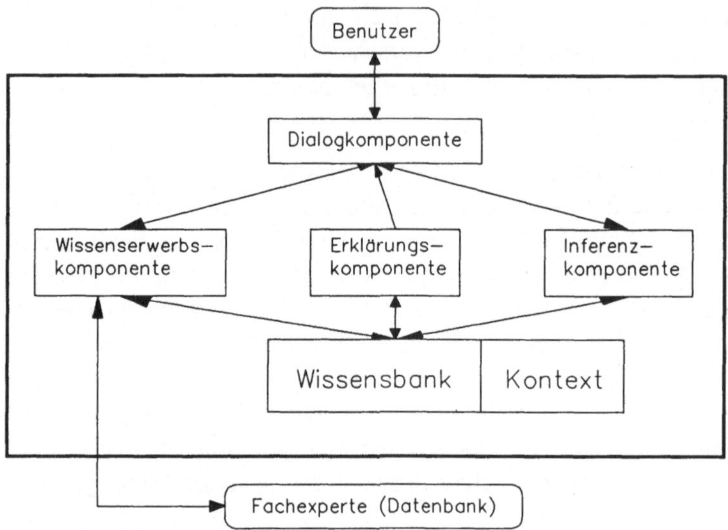

Bild 1.5.   Bausteine eines Expertensystems

Hierzu gehören im einzelnen folgende Komponenten (Bild 1.5):

Wissenserwerbskomponente (knowledge acquisition facility)

Sie sorgt dafür, daß Wissen von Fachleuten oder aus Datenbanken akquiriert werden kann. Dazu müssen Werkzeuge (in Form von Kommandos) vorhanden sein, mit denen Wissen adäquat und lesbar beschrieben, aktualisiert, modifiziert, gepflegt und gewartet werden kann. Eine solche Komponente ist sehr wichtig, da die Aufbereitung von Wissen keine leichte Angelegenheit ist. Jeder Experte erkennt beispielsweise sofort, wenn bei der Lösung einer Aufgabe Fehler gemacht wurden; er tut sich aber sehr schwer, mit Worten zu beschreiben, warum er diesen „Fehler" sofort erkannt hat. Gute Wissenserwerbskomponenten überprüfen eingegebenes Wissen auf ihre innere Logik und Plausibilität, ob beispielsweise neue Regeln syntaktisch korrekt oder unvollständig sind, oder sich Widersprüche ergeben. Wichtig sind auch graphische oder textuelle Dokumentationswerkzeuge, um den Aufbau der Wissensbasis zu veranschaulichen (z.B. hierarchische Darstellung von Regeln, Auflistung der Referenzen von Regeln, Darstellung von Relationen, usw.).

Erklärungskomponente (explanation facility)

Hiermit wird dem Anwender erklärt und begründet, auf welche Weise Wissen (Fakten, Regeln, usw.) durch Verknüpfung zu einer Lösung geführt hat. Der Lösungsweg kann dabei in allen Details transparent gemacht werden (Wie-, Warum-Anfragen). Dies ist ein entscheidender Vorteil gegenüber traditionellen Software-Systemen, wo allein der Programmierer (ein Benutzer erst durch intensives Studium der Programmdokumentation) erklären kann, wie und warum ein Ergebnis zustande gekommen ist. Durch die Erklärungskomponente ist ein Expertensystem sogar dem einzelnen Fachexperten überlegen, da es jederzeit alle Erklärungen sofort parat hat, während der Fachexperte zwar weiß, daß etwas „so oder so" gemacht werden sollte, dies aber nicht immer ohne weiteres verständlich erklären kann.

Dialogkomponente (user input/output interface)

Sie ist für die Kommunikation zwischen dem Benutzer und dem Expertensystem zuständig. Die Dialogkomponente stellt nach Starten des Expertensystems dem Benutzer Fragen zum konkreten Problem und leitet seine Antworten an die anderen gerade aktiven Komponenten des Expertensystems weiter. Ebenso sorgt die Dialogkomponente für das Führen des Benutzers beim Betreiben des Systems (mit Funktionstasten Menüs oder unter Einsatz von Graphik, Icons oder Windows); außerdem werden die Ergebnisse des Lösungsprozesses über die Dialogkomponente aufbereitet.

Kontextkomponente

In der Kontextkomponente *(context component)* werden alle Fakten und Zwischenergebnisse für das gerade behandelte Problem mitnotiert. Sie kann als Datenbasis oder „Notizblock" aufgefaßt werden, in der Fakten als Tupel abgelegt sind.

Schnittstellen zur Außenwelt

Mit Schnittstellen zur Außenwelt wird dafür gesorgt, daß die Wissensbank und Inferenzkomponente in die konventionelle DV-Umgebung eingebunden wird bzw. mit dieser Umgebung kommunizieren kann (Bild 1.6). Integrierbarkeit und Kommunikationsfähigkeit mit vorhandenen Programmen (DV-Systemen) bzw. Datenbanken haben - gerade für den Ingenieurbereich - zentrale Bedeutung.

Ein mit den genannten Komponenten ausgestattetes Expertensystem versucht nun, über die der Inferenzkomponente zugrundeliegenden Schlußfolgerungsstrategien das für ein konkretes Problem erfragte Wissen in Übereinstimmung zu bringen mit dem Wissen in der Wissensbank. Fehlendes Wissen wird über die Dialogkomponente nachgefragt, bis Schlußfolgerungen und Ableitungen zu einem Lösungsvorschlag führen. Dieser Lösungsvorschlag kann mit Hilfe der Erklärungskomponente über die Dialogschnittstelle kontrolliert werden.

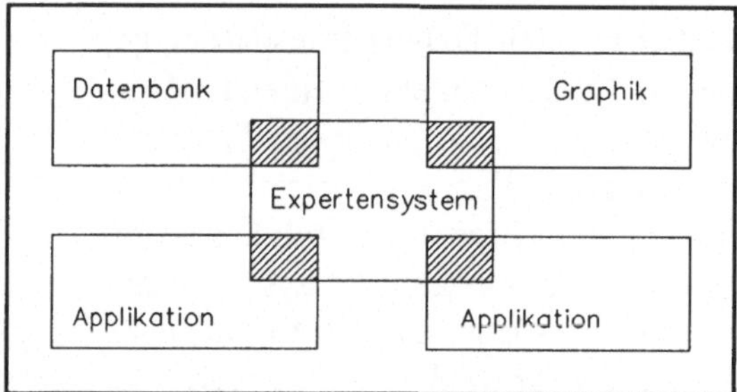

Bild 1.6.   Schnittstellen zur Einbindung in die vorhandene DV-Welt

Das Vorhandensein der o.g. Komponenten erlaubt dabei ein Experimentieren mit „was-wäre-wenn-Szenarien". Das bedeutet, daß der Benutzer eines „echten" Expertensystems auf einfache Weise neue Fakten bzw. Regeln in das System eingeben, andere dagegen löschen kann. Ist das Durchspielen von Szenarien nicht möglich, ist ein Programmsystem per definitionem kein echtes Expertensystem.

Desweiteren sollte ein Expertensystem Inferenzen bzw. Schlußfolgerungen unter Unsicherheit vornehmen können. Mit anderen Worten - es muß möglich sein, Regeln und Fakten mit Wahrscheinlichkeiten bzw. unsicherem Wissen zu verknüpfen, die dann durch den Inferenzalgorithmus mit einem Auswertemechanismus ausgewertet werden.

Zuweilen wird auch gefordert, daß ein Expertensystem die Fähigkeit haben sollte, aktiv lernfähig zu sein. Aktive Lernfähigkeit ist noch Gegenstand intensiver Forschung - passive Lernfähigkeit (Erweiterungsmöglichkeit) dagegen ist unabdingbar. Letztere Bedingung wird aber dadurch sichergestellt, daß eine Wissenserwerbs- bzw. Wissensakquisitionskomponente in der Liste der Mindestforderungen aufgeführt ist.

Ist die Wissensbasis für ein bestimmtes Anwendungsgebiet bereits vorhanden, liegt ein einsatzfähiges Expertensystem vor (Anwendungssoftware). Auf der anderen Seite gibt es unter dem Namen Expertensystem eine Reihe von Systemen, die alle Komponenten des Expertensystems haben, bis auf die Wissensbank. In diesem Fall spricht man besser von einer Expertensystemschale *(expert system shell)*. Es ist dann die Sache des Fachexperten, ein voll funktionierendes Expertensystem durch Programmierung der Wissensbank aufzubauen, das für seine speziellen Anwendungen geeignet ist. Das Thema Expertensystemschalen wird später nochmals im Kapitel 3 aufgegriffen.

1.5 Typische Einsatzgebiete für Expertensysteme

Wo lassen sich Expertensysteme heute einsetzen? Mit der Beantwortung dieser Frage kommen wir zurück auf den eingangs erwähnten Nutzeffekt von Expertensystemen.

Expertensysteme werden für Probleme eingesetzt, für die es (noch) keine exakten Theorien und keine ausgearbeiteten Algorithmen gibt. Es wäre demnach nicht sinnvoll, erprobte Berechnungsalgorithmen - man denke etwa an die Algorithmen zur Lösung von linearen Gleichungssystemen oder an bewährte Numerikprozesse in Finite Element Berechnungen - durch Expertensysteme zu ersetzen. Etwas anderes ist es dagegen, wenn man beispielsweise - wie auch schon erwähnt - die formale Ableitung von allgemeinen Elementmatrizen (Steifigkeitsmatrizen) mit Hilfe von Expertensystemen vornehmen würde. Das Expertensystem könnte dabei - aufbauend auf Ableitungsregeln - als regelbasiertes Deduktionssystem *(rule based system)* eingesetzt werden, das Elementmatrizen in symbolischer Form generiert.

Beispiel: Normalkraftbelasteter Stab

Die Elementsteifigkeitsmatrix k^e des Elements e mit der Dehnsteifigkeit EA lautet in diesem einfachen Fall bekanntlich:

$$k^e = \begin{bmatrix} k_{11} & k_{12} \\ k_{21} & k_{22} \end{bmatrix}^e = \frac{EA}{L} \begin{bmatrix} 1 & -1 \\ -1 & 1 \end{bmatrix}^e .$$

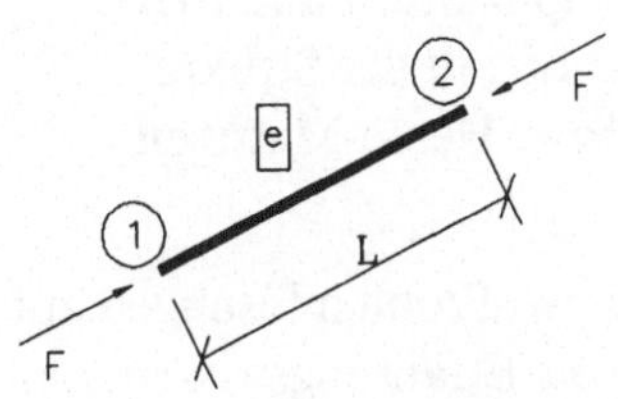

Bild 1.7. Normalkraftbelasteter Stab

Die Steifigkeitsmatrix k^e läßt sich aus Ableitungsoperationen am Ausdruck des elastischen Potentials gewinnen, wobei diese Operationen als Regeln formulierbar sind.

Es gilt bekanntlich folgende Vorschrift für die Steifigkeitsmatrix k^e:

$$k^e = \int_0^L B^T D B \, dx,$$

wobei die Matrix **B** die Ableitung der Matrix der Formfunktionen ist, und **D** die Elastizitätsmatrix darstellt. Es gilt:

$$B = \frac{d}{dx} \begin{bmatrix} N_1(x) & | & N_2(x) \end{bmatrix} \; ; \quad D = EA \begin{bmatrix} 1 & 0 \\ 0 & 1 \end{bmatrix} .$$

Die Formfunktionen für den normalkraftbelasteten Stab $N_i(x)$, $i = 1, 2$ lauten:

$$N_1(x) = 1 - \frac{x}{L}; \qquad N_2(x) = \frac{x}{L} .$$

Mit dem Bildungsgesetz für k^e lassen sich Ableitungsregeln für die Steifigkeitskoeffizienten k_{ij}, $i = 1, 2$; $j = 1, 2$ der folgenden Art aufbauen:

$$k^e_{ij} = EA \int_0^L N'_i(x) \cdot N'_j(x) \; dx.$$

So hat etwa der Koeffizient k_{11} folgenden Wert:

$$k^e_{11} = EA \int_0^L \frac{d}{dx}(1 - \frac{x}{L}) \cdot \frac{d}{dx}(1 - \frac{x}{L}) \; dx = \frac{EA}{L^2} \left[x \right]_0^L = \frac{EA}{L}.$$

Die Ableitungsregeln können durch ein symbolverarbeitendes Regelsystem - ähnlich dem MACSYMA Expertensystem - zur allgemeinen formelmäßigen, d.h. *nicht* numerischen Herleitung von Steifigkeitsmatrizen herangezogen werden können. Das hier behandelte Beispiel ist zwar trivial - deshalb würde man die Ableitung auch besser per Handrechnung durchführen - die gleiche Logik läßt sich aber für komplizierte Fälle (bei linearen/nichtlinearen Mechanikproblemen, o.ä. [1.4, 1.5], in der Strukturoptimierung für die Bestimmung von Gradienten bzw. Hesse-Matrizen [1.6]) anwenden.

Die eigentliche Stärke der Expertensysteme liegt aber dort, wo Problemlösungen auf unvollständigen Theorien basieren, das Wissen in Form von Erfahrungswissen vorliegt, oder nur vages bzw. diffuses Wissen existiert, das nur fragmentarisch über Regeln und Heuristiken formuliert werden kann. In diesen Fällen ist das vorhandene Wissen nicht so aufbereitet, daß man generell ausgelegte Algorithmen in konventioneller Form aufbauen könnte, es fehlt eine algorithmisierbare Ordnung des Wissens.

Charakteristisch für diese Art von Problemklassen sind im Ingenieurwesen Bereiche, in denen es um die Modellierung von technischen Systemen (Berechnungsmodellen, Gebäude/Geländemodellen, usw.) bzw. technischen Prozessen geht. Bekanntlich ist hierzu viel Erfahrung, Intuition und Fachkompetenz erforderlich. Zur Modellierung gehört einerseits der Aufbau eines adäquaten Computermodells, aber auch die Auswahl geeigneter Bearbeitungsmethoden. Hierzu zwei konkrete Expertensystemapplikationen: zum einen ein Prototyp-Expertensystem (SACON), das die Programmierung von Finite Element Systemen unterstützt, zum anderen ein Beratungssystem zur Auswahl numerischer Berechnungsstrategien.

Assistenzsystem SACON zur Unterstüztung in der Strukturanalyse

Jeder, der einmal mit Finite Element Programmen zu tun gehabt hat, weiß, daß die Einarbeitung in ein solches Programm sehr aufwendig und die richtige Bedienung fehleranfällig ist. Auch die Interpretation anfallender Resultate ist schwierig, besonders Neulinge sind auf fachkundige Hilfe angewiesen. Vor diesem Hintergrund wurde das Expertensystem SACON [1.7] von J. Bennent, L. Creary, R. Englemore, R. Melosh an der Stanford University entwickelt.

Die Konzeption von SACON sieht vor, das SACON als „automatischer Berater"
(automated consultant) für den mit Finite Element Berechnungen weniger vertrauten
Ingenieur fungiert. Vorausgesetzt wird aber, daß der Benutzer über solide Mecha-
nikkenntnisse verfügt *(knowledgable user)*. Zu erwähnen ist, daß SACON nicht für
beliebige Finite Element Programme zugeschnitten ist, sondern nur für ein ganz bestimmtes System (MARC).

Das zur Bedienung von MARC erforderliche Wissen wurde dabei unter Verwendung der bereits erwähnten Expertensystemschale EMYCIN computergerecht aufbereitet. In SACON wurde somit die in MYCIN vorhandene medizinische Wissensbasis durch eine strukturmechanisch orientierte Wissensbasis ersetzt, die FEM-
spezifische Regeln für den Einsatz von MARC enthält. SACON ist somit ein Beweis
dafür, daß die wissensbasierte Konzeption eine schnelle Anpassung an neue
Aufgabenstellungen ermöglicht: Durch „einfachen" Austausch der Wissensbank
können relativ rasch neue, ähnlich strukturierte Problemklassen in Angriff genommen werden, wobei die gleiche Expertensystemschale verwendet werden kann.

Strukturmechanisches Wissen wird in SACON intern durch LISP-Konstrukte dargestellt, mit denen Situation-Aktion-Szenarien abgebildet werden, die Regeln darstellen. Jede Regel besteht aus einer Situationsbeschreibung - eingeleitet durch das
Schlüsselwort PREMISE (Bedingung) - und aus einer Aktionsbeschreibung - eingeleitet durch das Schlüsselwort ACTION (Aktion):

```
PREMISE:   (LISP-STRUCTURE)
ACTION:    (LISP-STRUCTURE)
```

Die Situations- bzw. Aktionsbeschreibungen erfolgen dabei durch LISP-Strukturen,
die unter Verwendung der typischen LISP-Klammern beliebig geschachtelt sein
können. Die Klassifizierung eines Spannungsproblems beispielsweise hat folgendes
Aussehen:

```
RULE 050

PREMISE: (AND (SAME STRUCTURE MATERIAL (LISTOF METALS))
              (BETWEEN* STRUCTURE ERROR 5 30)
              (GREATERP* STRUCTURE ND-STRESS .9)
              (BETWEEN* STRUCTURE CYCLES 1000 10000)

ACTION:   (CONCLUDE SS-STRESS FATIGUE TALLY 1.0)
```

was sich natürlichsprachlich wie folgt darstellt:

```
Regel 050:
    Wenn: 1) das Material der gerade betrachteten Struktur
             aus der Liste der Metalle ist,
    und   2) der prozentuale Fehler der Strukturanalyse
             zwischen 5% und 30% liegen darf,
    und   3) die bezogene (dimensionslose) Spannung größer
             als 0.9 ist (Maximum 1.0)
    und   4) die Anzahl der Lastzyklen zwischen 1000 und
             10000 liegt
    dann:    Es ist (mit Vertrauensfaktor 1.0) anzunehmen,
             daß Ermüdungsbruch (stress behavior: fatigue)
             in der gerade betrachten Struktur auftreten
             wird.
```

Im hier betrachteten Fall besteht der Aktionsteil der Regel aus einer einfachen Schlußfolgerung *(conclusion)*, die dann greift, wenn die unter PREMISE spezifizierten Bedingungen erfüllt sind. Die Wissensbasis umfaßt Regeln und Fakten über

- die Einteilung in Problemklassen,

- die Charakterisierung des Materialverhaltens,

- die Aufteilung einer Struktur in Unterstrukturen,

- die Definition von Lastfällen,

- den Einsatz von einfachen Formeln zum Abschätzen von mechanischen Größen sowie

- Empfehlungen für bestimmte Berechnungskonzepte.

Die Wissensbank enthält in ihrer ursprünglichen Form ca. 170 Regeln und 36 unterschiedliche Konzeptionsvorschläge. SACON zeigt, daß Expertensysteme in der Lage sind, kognitive Prozesse, deren Durchführung bislang allein menschlichen Experten oblag, zu simulieren und sachgerechte Lösungen zu erarbeiten.

Beispiel: Auswahl numerischer Berechnungsstrategien

Im Bereich der technischen Anwendungen stellt sich desöfteren das Problem, daß man für eine konkrete Aufgabenstellung mehrere numerische Lösungsstrategien zur Verfügung hat, oder bestimmte alternative Versionen eines Verfahrens auswählen muß. Derartige Probleme treten im Ingenieurbereich etwa bei Finite-Element Berechnungen im Zusammenhang mit der Festlegung eines bestimmten Gleichungssystemlösers auf (Verfahrensalternativen: Crout, Banachiewicz, Gauß, Cholesky, Frontal Solver, Skyline Solver, Band Solver, usw.), insbesondere auch bei der Technischen Optimierung. Im letzteren Fall ist das Auswahlproblem insofern schwierig, als es eine nahezu unübersehbare Fülle von Lösungskonzepten, Verfahrensalternativen und unterschiedlichen Methoden bzw. Varianten dieser Methoden gibt (Bild 1.8).

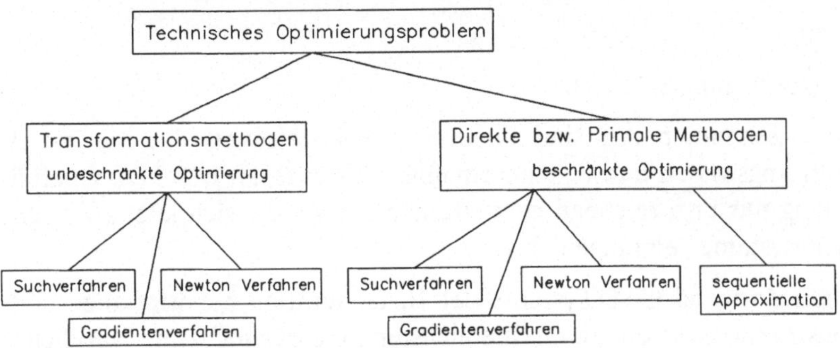

Bild 1.8. Übersichtsschema über nichtlineare Optimierungsmethoden

Der „normale" Ingenieur, der nicht die Zeit besitzt, sich in die Technische Optimierung und ihre zahlreichen Konzepte, Strategien und Methoden einzuarbeiten, ist überfordert, die richtige Auswahl zu treffen. Hier helfen Expertensysteme, in die das langjährige Erfahrungswissen von Optimierungsexperten einfließen kann. Ein konkreter Fall: Als Experte auf dem Gebiet der numerischen Optimierung weiß man zum Beispiel, daß ein Verfahren X dann gut geeignet ist, wenn in der Regel nicht mehr als 200 Optimierungsvariable sowie Restriktionen auftreten, und alle Größen des Optimierungsmodells stetig differenzierbare Funktionen sind. Diese Aussage als Regel formuliert, wird dann in ein Beratungssystem eingebracht und dient dazu - zusammen mit anderen Regeln - „das richtige Verfahren" für die Lösung eines bestimmten Problems ausfindig zu machen.

Ein anderer lohnender Einsatzbereich sind auch solche Probleme, die sich zwar als Algorithmen aufbereiten und programmieren lassen, aber zu derartig vielen Kombinationsmöglichkeiten führen, daß es praktisch unmöglich ist, alle Fälle durch zurechnen. So wurde schon das Problem des Handlungsreisenden erwähnt, auch das Expertensystem DENDRAL zur Bestimmung chemischer Strukturen zählt zu dieser Kategorie. In beiden Fällen kann erst durch Wissen in Form von Fakten und Regeln die nahezu unendliche Vielfalt bewältigt werden.

Ein ebenfalls wichtiger Anwendungsbereich ist das Computer Aided Design (CAD). Fast alle heute eingesetzten CAD-Systeme sind CAD-Systeme der I. Generation, womit zum Ausdruck gebracht wird, daß es sich um mehr zeichnungsorientierte Systeme und nicht so sehr um echte Konstruktionssysteme handelt. Jeder mit Konstruktionsaufgaben befaßte Ingenieur weiß aber, daß Konstruieren nicht nur Rechnen und Zeichnen bedeutet, sondern mehr ist. Zum Konstruieren gehören Aktivitäten, wie beispielsweise:

- Syntheseoperationen,

- Evaluierung,

- Modellierung

- Kombinieren,

- qualitative Überlegungen, u.a.m.

Aktivitäten der genannten Art sind dadurch gekennzeichnet, daß sie hauptsächlich auf Erfahrungswissen und ingenieurmäßiger Urteilskraft beruhen, Qualitäten also, die bislang nur unzureichend computerisierbar waren, sich jetzt aber sehr gut durch Expertensysteme „einfangen" lassen.

Deshalb werden dringend CAD-Systeme der II. Generation benötigt, die - aufbauend auf Konstruktionswissen unterschiedlichster Ausprägung - ein wirkliches Konstruieren erlauben. Das ist nur dann möglich, wenn die bisherige Vorgehensweise, den CAD-Prozeß als rein algorithmisch ausgeprägten Datenverarbeitungsprozeß zu betrachten, aufgegeben wird. Statt Daten mit Algorithmen zu verarbeiten, müssen vorrangig die einzelnen Konstruktionsobjekte (z.B. Träger mit Bohrungen, die zu bestimmten anderen Trägern passen) gesehen werden. Hierbei kommt es auf die konstruktionsgerechte Spezifikation der Konstruktionsteile an: Es muß das Verhalten der einzelnen Objekte in Relation zu anderen beschrieben werden, es muß die Art und Weise, wie die einzelnen Teile einer Konstruktion auf Änderungen reagieren, erfaßt werden können. Was man folglich braucht, ist eine logische/objektorientierte Sprach- und Graphikumgebung für die Einbindung von Konstruktionswissen. Kurzum, man braucht ein wissensbasiertes CAD (expertensystemgestütztes CAD).

Beispiel: „Intelligentes" CAD mit ICAD

ICAD ist eines der ersten CAD-Systeme, dessen Datenstrukturen sich an den Merkmalen der Konstruktionsobjekte orientieren und das sich bereits im praktischen Einsatz bewährt hat. Vor allem dann, wenn es um sehr komplexe CAD Probleme mit einer großen Anzahl von Bauteilen geht, zeigen sich die Vorteile dieses modernen CAD-Systems. Das ICAD-System hat folgende Merkmale:

- es ist vollständig mit Hilfe der KI-Programmiersprache LISP entwickelt worden,

- es verwendet die (konstruktions)objekt-orientierte Programmierung, die dem natürlichen Konstruktionsprozeß weitgehend ähnelt und angepaßt ist,

- es ist bedarfsorientiert, das heißt, es wird nur auf solche Teile der Datenbasis zurückgegriffen, die für die Beantwortung einer bestimmten Frage erforderlich sind (womit das System auch bei komplexen Aufgaben schnell bleibt - konventionelle CAD-Systeme dagegen zeigen erhebliche „Lähmungserscheinungen").

Die KI-Sprache LISP ist dabei eine Sprache, die Symbolverarbeitung unterstützt, was dem Konstruktionsvorgang sehr entgegenkommt: Genau betrachtet ist „Konstruieren" eigentlich nichts anderes als das Manipulieren von Symbolen in Form von Bildelementen, Zahlen, Wörtern, Formeln (Regeln), Merkmalen, usw. Da

LISP für den Ingenieur schwer zu handhaben ist, wurde - was mit LISP leicht möglich ist, da auch Sprache eine Art von Symbolverarbeitung darstellt - die Symbolverarbeitungssprache ICAD definiert, die leichter verständlich ist.

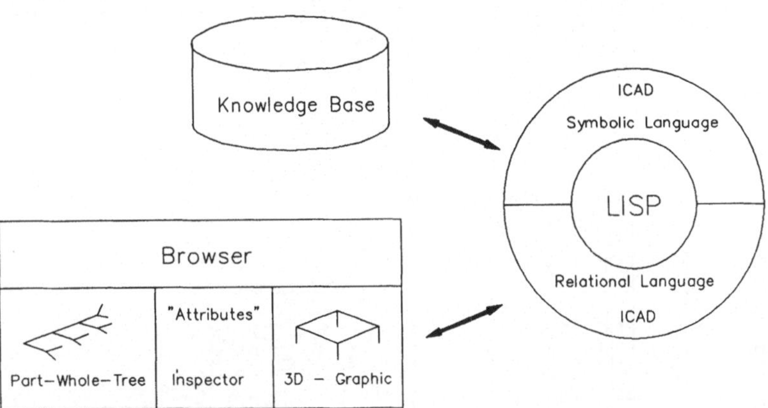

Bild 1.9. Die ICAD Struktur

Mit Hilfe von ICAD wird jedes Konstruktionsteil so entworfen, daß Merkmale (eben die Objekte) und die Regeln für die Verbindung des Objektes im Gesamtzusammenhang definiert werden (part-whole-representation). Jedes Bauteil ist somit ein Objekt, das mit anderen Objekten verbunden ist, was genau dem Denkprozeß beim Konstruieren entspricht. Statt - wie traditionell üblich - nur mit passiven Datenmodellen als Basis zu arbeiten, wird mit aktiven Objekten gearbeitet. Hierbei werden verschiedene Wissensbanken eingesetzt, in denen das gesamte Konstruktionswissen über die Objekte und ihr Verhalten bei Veränderung abgespeichert ist. Es wird primär mit Entwurfszielen und Konstruktionsregeln gearbeitet, die in für die Wissensauswertung adäquater Form strukturiert sind.

Parallel zur Symbolverarbeitungssprache ICAD gibt es noch eine relationale Abfragesprache (query language), mit der Abfragen aus entsprechenden Datenbanken organisiert werden können (Bild 1.9).

Für die Kontrolle des Modellier- und Konstruktionsvorgangs steht ein graphikorientierter *Browser* zur Verfügung. Der Browser besteht aus drei Komponenten: Einer visuellen Darstellung der Konstruktionsabhängigkeiten in Form eines Entscheidungsbaumes (*part-whole-tree*, rechts unten im Bild 1.10). Außerdem ist ein sogenannter *Inspektor* vorhanden, mit dem Attribute einzelner Konstruktionsteile definiert werden können (rechts oben in Bild 1.10). Schließlich sorgt eine 3D-Graphik für die graphische Darstellung der erstellten oder in der Entstehung befindlichen Konstruktion. Das Funktionieren der einzelnen Komponenten für ein konkretes CAD-Objekt (Maschinenbauteil) ist links im Bild 1.10 zu sehen.

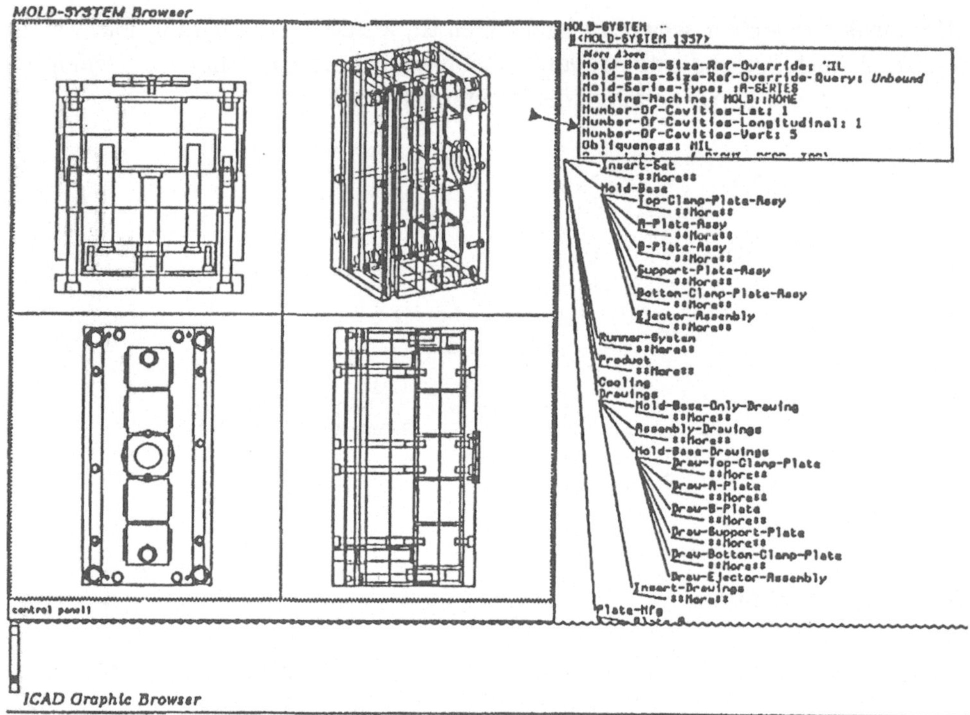

Bild 1.10.   ICAD Graphic Browser (Quelle: ICAD GmbH)

Die Reihe konkreter Anwendungsbeispiele für den Einsatz von Expertensystemen ließe sich noch weiter fortsetzen, was jedoch den Rahmen dieses mehr als Einleitung gedachten Kapitels sprengen würde. Ohne ausführliche Detaillierung sollen dennoch kurz weitere wichtige Einsatzmöglichkeiten von Expertensystemen (zusammen mit bereits genannten) zusammengestellt werden. Zu nennen sind:

- Analyse und Interpretation von technischen Daten (z.B. FEM-Resultate),

- Diagnose von Systemzuständen (z.B. Diagnose von Fehlermeldungen bei Berechnungsprozessen),

- Überwachung von numerischen Iterationsprozessen (z.B. bei Optimierungsprozessen oder im Bereich nichtlinearer Mechanik),

- Selektion von Verfahren oder Alternativen (z.B. Auswahl von numerischen Verfahren, Auswahl von Konstruktionsvarianten),

- Überwachung von technischen Produktionsprozessen (z.B. Bauablaufssteuerung, Maschineneinsatzsteuerung),

- Steuerung von Verfahrensabläufen (z.B. intelligente Bemessungsprozeduren unter Beachtung von Gesetzestexten und Normen),

- Beratung und Unterweisung (z.B. Beratungsexperte für diverse FEM-Programmpakete mit dem Ziel, „Anfänger" in das Arbeiten mit FEM-Programmen gezielt einzuarbeiten),

- Planung von Projekten (z.B. Finanzierungsplanungen unter Unsicherheit, Prognosesysteme für zukünftige wirtschaftliche Entwicklungen, Verkehrsplanung),

- Entwerfen, Entwickeln und Konstruieren (z.B. intelligentes CAD, Integration von Insellösungen im CAE zu Gesamtprozessen),

- Schulung und Training von Mitarbeitern für bestimmte Aktivitäten (z.B. Simulieren von Unfällen und Bekämpfung von Schadensfällen),

- Akkumulation von Wissen (z.B. Sammlung von Erfahrungswissen bewährter Mitarbeiter, die - aus welchen Gründen auch immer - nicht immer oder irgendwann nicht mehr verfügbar sind),

- Nachweis und Beweis der Richtigkeit von Annahmen oder Aktionen (z.B. Deduktionssysteme, Symbolische Mathematik, Logiksysteme),

- Ableitung von Fertigungsvorschriften aufgrund von Objekt- bzw. Produktbeschreibungen (z.B. Fertigung von Bauteilen),

- Entwicklung von Produktvarianten aufgrund spezifischer Randbedingungen (z.B. automatischer Verkaufssachbearbeiter),

- Qualitätskontrolle und -prüfung (z.B. System zur Aufspürung von Schwachstellen in einer Konstruktion, etwa bei Brückensystemen),

Die vielfältigen Einsatzmöglichkeiten sollten jedoch über eines nicht hinwegtäuschen: Expertensysteme bergen auch viele Gefahren in sich! Hierzu nur einige Hinweise: Wer kontrolliert beispielsweise die Richtigkeit des eingebrachten Wissens? Was passiert, wenn die Lösungsvorschläge falsch sind? Wie verhalten sich Expertensysteme bei Grenzfällen, wo Sicherheitsfragen eine Rolle spielen? Kann man fremde Wissensbanken (etwa aus den USA) ohne weiteres übernehmen?

Euphorie im Umgang mit Expertensystemen wäre unangebracht. Es wäre falsch, in Expertensystemen ein Allheilmittel zu sehen. Expertensysteme dienen vielmehr zur Unterstützung von Experten, denen die endgültige Verantwortung, eine Lösung auch vertreten zu können, nicht abgenommen wird!

1.6 Überblick zur Wissensrepräsentation

Die DV-gerechte Aufbereitung, also der Erwerb (Akquisition) von Wissen, ist eine Aufgabe, die sehr viel schwieriger ist als man vielleicht meint. Der Vorgang, Expertenwissen „einzufangen", ist langwierig. Wissen wird auf vielfältige Weise gewonnen: durch das Studium, durch Bücher, durch Lösen von praktischen Problemen, vor allem durch Mißerfolge und Erfolge, also durch Erfahrungen. Wissen hängt aber auch sehr mit Intuition, Fingerspitzengefühl und Kombinationsfähigkeit zusammen. Man sieht das daran, daß Experten in Sonderfällen genau „wissen", wann man gegen anerkannte Prinzipe verstoßen kann, um dennoch - in genialer Weise - genau das Richtige zu tun.

Wissen und seine computergerechte Repräsentation ist deshalb von Natur aus vielschichtig. Im konkreten Fall läßt sich Wissen immer nur in Form von Wissensportionen inkrementell und interaktiv entwickeln. Eine generell gültige, formale Methodik (Wissensformalisierung), mit der Konzepte, Strukturen oder die Organisation von Wissen geregelt wird, ist (noch) nicht vorhanden; vielmehr existieren verschiedene methodische Ansätze.

Bevor man sich den Repräsentationsmethoden zuwendet, zunächst einige Begriffsdefinitionen zum Begriff Wissen. Wissen läßt sich in zwei Hauptkategorien einteilen: in Tiefen- und Oberflächenwissen;

Definition: Tiefes Wissen, Oberflächenwissen

Tiefes Wissen (deep knowledge) ist Wissen, das aus grundlegenden, wissenschaftlich anerkannten Prinzipien gewonnen wird, beispielsweise Wissen basierend auf Gesetzmäßigkeiten und Modellen der Mechanik oder Physik (Beispiel: Modelle, die mit sich ändernden physikalischen Größen beschrieben werden, etwa über ein Differentialgleichungssystem).

Oberflächenwissen (surface knowledge) hat heuristischen Charakter und gründet sich auf Erfahrungswissen, das beim Lösen von konkreten Problemen erworben wurde.

Unsere heutigen Expertensysteme bilden in erster Linie das Oberflächenwissen ab. Expertensysteme, die auch tiefes Wissen integrieren, sind derzeit noch Gegenstand der Forschung (Expertensysteme II. Generation).

Eine andere Form der Klassifizierung unterscheidet zwischen deklarativem und prozeduralem Wissen, auf das bereits bei der Herleitung des Expertensystemkonzepts eingegangen wurde.

Definition: deklaratives Wissen

Unter *deklarativem Wissen (factual/declarative knowledge)* versteht man eine einfache, rein statische Ansammlung von „beschreibenden" Wissenspositionen.

Beispielsweise hat die Aussage:

„Die Normalspannung im Bauteil X ist größer als die zulässige Spannung nach DIN."

deklarativen Charakter.

Definition: prozedurales Wissen

Prozedurale Wissensrepräsentation (procedural knowledge) ist dagegen nicht statisch im oben genannten Sinne, da eine entsprechende Aktion ausgeführt wird. Details der Aktion sind in Verarbeitungsanweisungen abgelegt.

Zum Beispiel ist die Aussage:

> „Die Normalspannung ergibt sich mit der Formel: *Normalspannung*
> *= Normalkraft/Fläche.*"

eine prozedurale Wissensform.

Der kleine Exkurs über die „Natur des Wissens" zeigt deutlich, daß der Repräsentation von Wissen eine Schlüsselstellung zukommt. Es leuchtet ein, daß die interne Struktur einer Wissensbank in erheblichem Maße über die Qualität eines Expertensystems entscheidet. Was deshalb ein für die Wissensrepräsentation Verantwortlicher braucht, sind entsprechend geeignete Werkzeuge (Repräsentationssprachen), mit folgenden Eigenschaften:

- Man muß imstande sein, das Wissen in einem Wissensgebiet leicht ausdrücken zu können (Ausdrucksfähigkeit = *expressive power*).

- Die DV-mäßige Darstellung muß jederzeit leicht verständlich sein (Verständlichkeit = *understandability*).

- Die Inferenzkomponente des Expertensystems muß auf vorhandenes Wissen schnell und effizient zugreifen können. (Zugriffsfähigkeit = *accessibility*).

Eine einheitliche Darstellungsmethode zu finden, die alle oben genannten Kriterien gleich gut erfüllt, ist schwer. Deshalb werden momentan verschiedene Repräsentationsformalismen eingesetzt, von denen jede Vor- aber auch Nachteile hat. Es ist die Aufgabe des für die Erstellung der Wissensbank Verantwortlichen, des sog. Wissensingenieurs (knowledge engineers), die jeweils richtige Methode herauszugreifen.

Das elementarste Werkzeug zur Wissensrepräsentation ist das Prädikatenkalkül, auf das noch näher in Kapitel 2 eingegangen wird. Das Prädikatenkalkül besitzt eine sehr allgemeine und sehr starke Ausdrucksfähigkeit, es ist jedoch schwierig in der Anwendung, besonders bei komplexen Sachverhalten.

Die Schwierigkeiten beim Benutzen des Prädikatenkalküls führten deshalb schnell auf weitere, einfacher zu handhabende Repräsentationsformalismen. Eine der populärsten Formalismen zur Repräsentation von Erfahrungswissen sind Produktionsregeln *(production rules)*, die wir ja bereits kennengelernt haben und die nach dem Muster

```
WENN Situation S eintritt DANN Aktion A
```

oder

```
WENN Bedingung B zutrifft DANN Ergebnis E
```

oder

```
WENN Prämisse P zutrifft DANN Konklusion K
```

aufgebaut sind. Das „Zutreffen einer Bedingung" bzw. das „Eintreten einer Situation" produziert dabei „ein Ergebnis" bzw. „eine Aktion". Produktionsregeln erinnern an die IF-THEN-ELSE-Sprachstrukturen unserer konventionellen Programmiersprachen (ALGOL, FORTRAN, BASIC, C, usw.). Aus diesem Grund sind Produktionsregeln gut lesbar, leicht verständlich und daher gut einsetzbar.

Man sieht, daß Repräsentationsformalismen den Charakter von Sprachen haben. Im Fall des Regelparadigmas werden Sprachelemente einer „natürlichen Sprache" mit einer künstlichen, computerorientierten Sprachlogik verknüpft. Wegen des „bildhaften" umgangssprachlich orientierten Charakters derartiger Formalismen spricht man auch von Meta-Sprachen. So kann etwa eine Produktionsregel, ausgedrückt in der Meta-Sprache INSIGHT 2, die noch genauer in Kapitel 3 behandelt wird, wie folgt formuliert werden:

```
IF Variablenanzahl > 200 THEN Wähle Strategie X .
```

Systeme, die über Produktionsregeln Wissen darstellen, heißen auch Produktionssysteme *(production systems)*. Produktionssysteme können aber auch als eine Untermenge des Prädikatenkalküls angesehen werden.

Der Nachteil der Produktionssysteme besteht darin, daß sie dann ineffektiv werden, wenn Wissen als Beziehung von Objekten zueinander *(object relations)* aufbereitet werden muß, oder komplizierte Objektklassifizierungen mit Abhängigkeiten zwischen einzelnen Klassen und Objektattributen (Eigenschaften) vorgenommen werden müssen. In diesem Fall ist die Repräsentationsform mit Produktionsregeln zu „flach". Beispiel: Beschreibung eines technischen Systems mit dem Ziel, Defekte aufspüren zu können (Fehler-Diagnose-System).

In solchen Fällen eignen sich andere Wissensrepräsentationsformalismen besser, beispielsweise sogenannte Rahmensysteme *(frame based representation)*, die in letzter Zeit sehr populär geworden sind. Rahmensysteme stellen eine Mischung zwischen einer deklarativen und prozeduralen Wissensrepräsentation dar. Ein Rahmen *(frame)* ist dabei wieder als ein Meta-Sprachelement (analog zur Produktionsregel) anzusehen, das aber über hervorrangende strukturelle Beschreibungsmöglichkeiten verfügt. Ein Frame beschreibt ein Objekt mit all seinen zugehörigen Eigenschaften und möglichen Szenarien (Taxonomie-Wissen). Er besteht im wesentlichen aus seinem Namen und einer Reihe von Attributen, sogenannten *slots* (Abteilungen), die bestimmte Ausprägungen, sogenannte *facets* (Variablen, Prozeduren, usw.), haben und selbst mit einem Namen identifiziert werden können. Anschaulich kann man sich einen „Frame" als eine Art „Fragebogen" vorstellen, der nach einer Schablone detailliert Wissen enthält.

Mit Frames kann man relativ gut spezifizieren, welche Attribute ein Objekt besitzt, welchen Regeln *(rules)* ein Objekt unterworfen ist und wie mit Objekten verfahren werden soll oder wie nicht. Die Frame-Logik bietet zudem sehr weitreichende Möglichkeiten, Regeln und Fakten zu organisieren, etwa derart, daß sie in Gruppen *(sets)* zusammengefaßt werden oder bestimmte Regeln als besonders wichtig gekennzeichnet werden *(identification by index)*. Framebasierte Repräsentation von Wissen muß deshalb als eine besonders fortgeschrittene Art der Wissensaufbereitung angesehen werden. (Beispiel: Frame basiertes Expertensystem KEE - Knowledge Engineering Environment von IntelliCorp).

Neben den bisher behandelten Paradigmen

- Produktionssysteme

- Objektorientierte Programmierung

- Rahmensysteme

gibt es weitere Repräsentationsformalismen, z.B. höhere Formen von netzartigen Systemen *(semantic nets)*, die aber ihrerseits wieder als Frames abgebildet werden können. Zu Frames analoge, aber anders benannte Formalismen (Paradigmen) sind Units, Skripts, Scenarios und Schemes. Einige neuere, noch im Erprobungsstadium befindliche Wissensrepräsentationsformen (Constraints, temporale sowie nicht-monotone Wissensformen) werden dabei erst in Abschnitt 6.3 behandelt.

1.7 Strategien zur Wissensverarbeitung und Inferenzmechanismen

Die Form der Wissensrepräsentation allein sagt jedoch nichts darüber aus, wie das Wissen zur Lösung von konkreten Problemen verarbeitet wird. Die Verarbeitung des Wissens zu Lösungen ist - wie wir inzwischen wissen - Sache des Schlußfolgerungsmechanismus bzw. der Inferenzmaschine (vgl. Einführungsbeispiel *Faden der Ariadne*). Im Laufe der Zeit haben sich einige dominierende Verarbeitungsstrategien entwickelt, auf die jetzt eingegangen werden soll. Man unterscheidet im wesentlichen:

- Vorwärtsverkettung *(forward chaining)*,

- Rückwärtsverkettung *(backward chaining)*,

- Wandtafelmodelle *(blackboard models)* und

- spezielle Abgleichstrategien für Frames.

Alle vier Strategien können dazu benutzt werden, Inferenzen durchzuführen bzw. logische Schlußfolgerungen zu ziehen. Zwei Beispiele sollen dabei den Begriff „Inferenz" näher verdeutlichen:

Beispiel: Einfache Schlußfolgerung

Ein Kran möge 2 min benötigen, um ein Fertigteil von Punkt A nach Punkt B zu transportieren und nach Punkt A zurückzukehren. Insgesamt sollen 20 Fertigteile versetzt werden. Deshalb der logische Schluß: Wenn keine Störungen beim Versetzungsvorgang eintreten, benötigt man insgesamt 40 min. Das ist eine Inferenz! Der Hinweis „wenn keine Störungen auftreten" deutet dabei an, daß auch Inferenzen unter Unsicherheit möglich sind, also auch Schlüsse gefolgert werden können, wenn Störungen auftreten.

Beispiel: „Modus Ponens" bzw. Syllogismus

Die Aussage

„Spannung überschritten"

läßt über die Regel

„*Wenn* Spannung überschritten, *dann* Spannungsnachweis nicht erfüllt"

den logische Schluß zu:

„Spannungsnachweis nicht erfüllt."

Verallgemeinert ergibt sich damit:

Aussage:	A richtig
Regel:	Wenn A gilt, dann gilt B.
Schlußfolgerung:	B richtig

Auf welche Weise die vier genannten Verarbeitungsstrategien „Inferenzen durchführen" wird nachfolgend in jedem Einzelfall definiert.

Definition: Vorwärtsverkettung

Bei der *Vorwärtsverkettung* wird von - über die Dialogkomponente zu erfragenden - problembezogenen Fakten (Daten) ausgegangen. Das Expertensystem prüft, welche Regeln aufgrund der vorgegebenen Daten beachtet werden müssen. Ausgehend von den vorhandenen Fakten und den damit verbundenen Regeln wird in der Wissensbank aufsteigend *(bottom-up)* geprüft, was sich hieraus schließen läßt.

Da von Daten ausgegangen wird, spricht man auch vom datengesteuerten *(data-driven)* Inferenzmechanismus. Man kann sich vorstellen, daß Vorwärtsverkettung dann als Strategie gut geeignet ist, wenn bestimmte Ereignisse (Daten) eintreten und man wissen will, wie ein System darauf reagiert.

Beispiel: Expertensystem für Schulungszwecke

Mit Hilfe eines Expertensystems wird bewußt ein Fehler generiert, worauf das Expertensystem die durch diesen Fehler auftretenden Reaktionen (etwa in einer Maschine oder einem Berechnungsprogramm) simuliert. Es wird aber nicht nur simuliert, über die Erklärungskomponente kann vor allem geprüft werden, warum und wann bestimmte Reaktionen eingetreten sind.

Vorwärtsverkettung ist also dann angebracht, wenn möglichst viele Antworten gefunden werden müssen, die aus bestimmten Fakten resultieren.

Definition: Rückwärtsverkettung

> Bei der *Rückwärtsverkettung* wird von einer Hypothese bzw. Behauptung (*goal*) ausgegangen; anschließend wird untersucht, ob es Fakten und Regeln gibt, mit denen die Behauptung bewiesen oder widerlegt werden kann.

Die Rückwärtsverkettung ist zur Zeit die wohl am häufigsten verwendete Suchstrategie, weil mit ihr konkrete Lösungen zu vorgegebenen Anfragen erstellt werden können. Problemstellungen dieser Art treten in der Praxis häufiger auf als das Suchen nach allen möglichen Zusammenhängen zwischen Objekten. (Rückwärtsverkettung wird beispielsweise in der KI-Sprache PROLOG als Standard-Abarbeitungsverfahren verwendet.) Da die Rückwärtsverkettung von den Lösungszielen her, also von oben nach unten (*top-down*) organisiert ist, spricht man auch von einer zielgesteuerten *(goal-driven)* Verkettungsstrategie.

Die zweite alternative Verarbeitungsform, die Rückwärtsverkettung, ist dann von Vorteil, wenn die Probleme in Form von Hypothesen vorliegen, und wenn nur wenige Daten aber viele Regeln überprüft werden müssen.

Definition: Wandtafelmodell

> Das *Wandtafelmodell* ist dann vorteilhaft, wenn Expertenwissen aus mehreren, voneinander unabhängigen Wissensquellen oder Expertensystemen koordiniert werden muß, eine Aufgabe, die mit der steigenden Zahl von Expertensystemen immer wichtiger wird. Der Datenaustausch zwischen den einzelnen Expertensystemen wird dabei über die sogenannte Wandtafel *(blackboard)* vorgenommen (Bild 1.11).

Um sich anschaulich vorstellen zu können, wie das Wandtafelmodell arbeitet, stelle man sich am besten ein Kreuzworträtsel vor, das von verschiedenen Experten gelöst wird. Man könnte dann bei der Auflösung des Kreuzworträtsels so vorgehen, daß mit einer Frage begonnen wird, für die sich ein bestimmter Experte zuständig fühlt; die Antwort (Lösung) wird in das „Kreuzworträtsel" eingetragen (Wandtafel). Danach wird eine zur gerade eingetragenen Lösung zugehörige Quer- oder Längsspalte des Kreuzworträtsels in Angriff genommen, die ein anderer Experte ausfüllt und auf Richtigkeit prüft, usw. Die Organisation des Lösungsablaufs und die Kommunikation wird dabei über das Wandtafelmodell abgewickelt. Die Wandtafelmethode ist deshalb für komplexe Anwendungen und die Integration von separaten Wissensquellen geeignet. Das Wandtafelmodell wird im Ingenieurbereich beispielsweise von Ingenieurwissenschaftlern an der Carnegie Mellon University (Prof. Fenves, Civil Engineering) für Konstruktions- und Bemessungsaufgaben eingesetzt (SPEX, [1.8]). Der Vorteil besteht darin, daß verschiedene Wissensresourcen mit unterschiedlichen Repräsentationsmechanismen verbunden werden können. Die Abarbeitung von Abfragen wird über Eintragungen in die Wandtafel und die Inferenzmaschine gesteuert, wobei die Wandtafel quasi als „Kommunikationsmedium" dient.

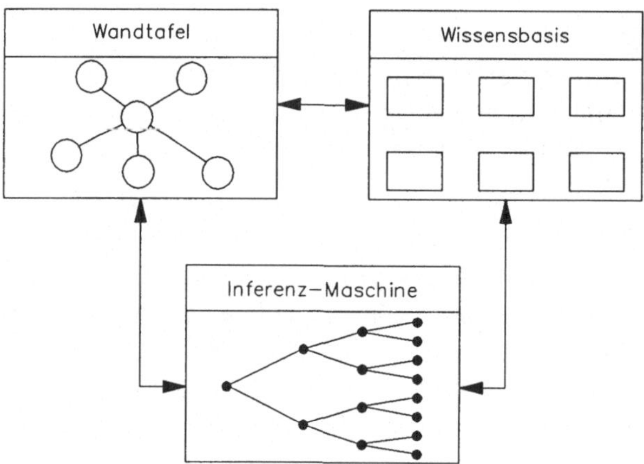

Bild 1.11.   Wandtafelmodell

Definition: Abgleich für Frames

Bei Frames wird die in den Frames automatisch enthaltene Intelligenz ausgenutzt. Die Verarbeitungsleistung von Frames steckt dabei in der Fähigkeit, eine Wissensproblematik mit all ihren Objekten und den dazugehörenden Interaktionen systematisch darstellen zu können. Objekte, die Ziel einer bestimmten Lösung sind, lassen sich infolgedessen sehr effizient mit speziellen Strategien suchen.

1.8   Hard- und Software-technische Aspekte

Zur Abrundung des ersten Kapitels soll - um auch die praktische Einsetzbarkeit auf den im Ingenieurwesen eingesetzen Computern abschätzen zu können - auf Aspekte der Hard- und Software bei Expertensysteme eingegangen werden.

Die ersten Expertensysteme, die auf den Markt kamen, waren Systeme, die ganz spezielle Hardware (Künstliche-Intelligenz-Hardware) voraussetzten. Um wirkliche Probleme lösen zu können, benötigte man nämlich Computer mit viel Speicherkapazität. Das lag daran, daß die Hauptkomponenten der Expertensysteme, die Inferenzmaschine zur Durchführung von Schlußfolgerungen, die Wissensbasis zur Abspeicherung von Wissen und auch die anderen Komponenten (Dialogkomponente, Wissenserwerbskomponente, Erklärungskomponente) alle für sich genommen so umfangreich wurden, daß es zunächst aussichtslos erschien, dafür konventionelle Computersysteme einzusetzen. Im Gegensatz zu vielen algorithmischen Programmen ändern sich nämlich bei nicht-numerischen Operationen, wie sie bei Expertensystemanwendungen auftreten, der Umfang und die Struktur von Daten in komplizierter Weise. Um dieses Problem in den Griff zu bekommen, wurden spezielle KI-Maschinen entwickelt. Zwei Entwicklungen waren feststellbar:

- Es entstanden spezielle KI-Maschinen konventioneller Prägung (Beispiele: Symbolics, Tektronix, XEROX, LISP Machine Inc., Hewlett Packard, Digital Equipment); Kennzeichen dieser Maschinen ist es, daß - ausgehend von traditionellen Hardware-Architekturen - spezielle KI-Ergänzungen vorgenommen wurde.

- Es wurden völlig neuartige Computerkonzepte erforscht: Intelligente Parallelrechner mit neuronaler Netzwerkarchitektur, die aber nur bedingt oder noch nicht einsatzfähig sind.

Parallel zur KI-Hardware entwickelten sich jedoch auch die „normalen", konventionellen Computersysteme in nicht vorhergesehener Weise. Das enorme Anwachsen der Leistungsfähigkeit unserer Mikrocomputersysteme in den letzten Jahren ist hinlänglich bekannt. Es ist deshalb keineswegs so, daß KI-Anwendungen in Form von Expertensystemapplikationen nur auf teurer KI-Hardware möglich sind. Für Probleme mittleren Komplexitätsgrades (Expertensysteme mit etwa 1000 bis 5000 Regeln) lassen sich - und das ist für den Ingenieuranwender wichtig - auch Mikrocomputer-Systeme einsetzen. Eines muß allerdings betont werden: Expertensystemanwendungen auf konventioneller Hardware sind relativ langsam - man darf keine hohen Geschwindigkeiten bzw. kurze Antwortzeiten erwarten.

Neben der zunehmenden Leistungsfähigkeit der normalen, konventionellen Arbeitsplatzrechner ist aber auch die Software für diese Rechner (KI-Sprachen Compiler bzw. Interpreter für LISP, PROLOG, usw.; Expertensystem-Shells und fertige Expertensysteme für bestimmte Anwendungen) erheblich verbessert worden. Hinzu kommt, daß die Software relativ preiswert ist. Quintessenz ist, daß es für den Ingenieuranwender keinen Grund mehr gibt, etwa aus „finanziellen Erwägungen" auf den Einsatz von Expertensystemen zu verzichten.

Obwohl die lange Zeit bestehende Kostenbarriere abgebaut werden konnte, gibt es dennoch ein Problem, das oft noch nicht befriedigend gelöst ist: das Problem der Integrationsfähigkeit von Expertensystem-Software. Hierunter versteht man die Fähigkeit, Expertensysteme mit konventionellen Programmsystemen (z.B. Datenbank, Graphikpakete, Ingenieuranwendungen o.ä.) zu koppeln. Lange Zeit war es so, daß Expertensysteme in erster Linie als Insellösungen *(stand-alone knowledge systems)* aufgefaßt wurden. Das Integrationsproblem ist dabei vielschichtig, da verschiedene Formen der Integration erforderlich werden. Hier sollen nur zwei Problemklassen angeschnitten werden:

Problemklasse A:
   Zugriff und Kommunikation mit Standard-Software auf der Ebene des Expertensystems.

Problemklasse B:
   Einbettung von Expertensystemen in Standard-Software, daß heißt, Auf-

ruf von Expertensystemen von der Ebene konventioneller Programme (z.B. in Form von CALL-Aufrufen).

Inzwischen gibt es eine Reihe von Antworten auf das Integrationsproblem:

- bei Einprozessorsystemen (normale Workstations):

  - Aufrufsmöglichkeiten von traditionellen Programmen (etwa PAS-CAL-Programme) oder Datenbanken (etwa dBase III) auf Expertensystemebene und umgekehrt durch Kommandos.

  - KI-Sprachen (etwa Hewlett-Packard LISP-Version) besitzen Sprachelemente mit denen FORTRAN, C, PASCAL oder sogar Betriebssystemkommandos angesprochen werden können.

- bei Mehrprozessorsystemen (Rechner mit einem Prozessor für normale Anwendungen und einem speziellen KI-Prozessor):

  - Betriebssystemkommandos für Kommunikation zwischen den aufgabenspezifischen Prozessoren.

  - Hardware-Koppelung, indem die betreffenden Busse der einzelnen Mikroprozessoren gekoppelt werden.

- bei unterschiedlichen Rechnern:

  - Integration durch Vernetzung bei Bereitstellung entsprechender Kommunikationskommandos (Protokolle).

Dem versierten Ingenieuranwender bieten sich somit eine Reihe von Möglichkeiten, vorhandene Software und Expertensysteme zu koppeln bzw. zu kombinieren - eine wichtige Voraussetzung für einen rentablen Einsatz wissensbasierter Programmierung in der Ingenieurpraxis.

1.9 Zusammenfassung

Mit Hilfe des ersten Kapitels hat der Leser einen komprimierten, aber dennoch relativ vollständigen Einblick in die Expertensystemtechnologie erhalten, wobei technische Anwendungen im Vordergrund der Betrachtung standen: Die wichtigsten Begriffe und Zusammenhänge wurden erläutert, ebenso das mögliche Anwendungsspektrum bei technischen Aufgabenstellungen aufgezeigt. Die komprimierte Form der Vermittlung wurde dabei bewußt an den Anfang des Buches gestellt, um so dem interessierten Leser (Ingenieur) eine möglichst rasche Einarbeitung in die Thematik zu ermöglichen und ihm einen „roten Faden" an die Hand zu geben. In den folgenden Kapiteln wird die komprimierte Darstellung durch entsprechende Detaillierung vertieft, vervollständigt und ergänzt, wobei der Leser sich stets an den in diesem Kapitel entwickelten „roten Faden" orientieren möge.

2 Grundlagen der Expertensysteme

In diesem Kapitel werden die Grundlagen von Expertensystemen bzw. wissensbasierten KI-Techniken und -Werkzeugen dargestellt. Im einzelnen sind dies:

- das *Prädikatenkalkül*, das als Grundlage regelbasierter Expertensysteme aufgefaßt werden kann,

- *Suchstrategien*, mit denen Probleme allgemeiner Art gelöst werden und

- die Wissensverarbeitung unter Berücksichtigung von *Unsicherheiten*, um vages oder diffuses Wissen computergerecht aufbereiten zu können.

2.1 Prädikatenkalkül

Im ersten Kapitel wurde bereits auf die Wissensrepräsentation im allgemeinen eingegangen. In diesem Abschnitt soll das *Prädikatenkalkül* als eine konkrete, elementare Möglichkeit zur Wissensrepräsentation vorgestellt werden. Eine zentrale Rolle spielt dabei der Begriff der *logischen Argumentation*: Wie können aus bekannten Tatsachen - frei von jeder umgangssprachlichen Mehrdeutigkeit und Unklarheit - neue Einsichten gewonnen werden, ohne dabei falsche Schlüsse zu ziehen? Eigentlich ziehen wir jeden Tag aus unseren Beobachtungen Schlüsse, ohne daß wir uns diesen Prozeß sonderlich bewußt machen - gerade dieses Schlußfolgern zeichnet den Menschen als „intelligentes Wesen" aus.

Warum muß man sich nun überhaupt mit formalen, abstrakten Formalismen wie Logik, Prädikatenkalkül, usw. beschäftigen? Zum einen sollen Trugschlüsse aufgedeckt und vermieden werden, ohne sich dabei jeweils auf den „gesunden Menschenverstand" verlassen zu müssen. Zum anderen setzt die Lösung logischer Probleme mit Hilfe von Computern voraus, daß Problemstellungen - ähnlich wie mit mathematischen Formelsprachen - präzise formuliert (über eine geeignete *Fachsprache*) und Lösungen automatisch gefunden werden können (über ein geeignetes *Logikkalkül*).

Einige Beispiele zur logischen Argumentation sollen deutlich machen, wie wichtig es ist, Gedankengänge formal präzise zu formulieren. Man überlege, ob beispielsweise folgende Argumentation richtig ist oder nicht:

1. Wenn ich einen Schweißbrenner habe, dann kann ich einen Stahlträger auf eine gewünschte Länge kürzen.
Folgerung: Ich besitze keinen Schweißbrenner, also kann ich einen Stahlträger nicht verkürzen.

Die vorgenommene Schlußfolgerung ist falsch, denn der Träger könnte auch mit einer Trennscheibe gekürzt werden.

Ein weiteres Beispiel:

2a. Wenn der elektrische Strom ausfällt, dann bleibt die Pumpe stehen.
Folgerung: Da aber der Strom nicht ausgefallen ist, läuft die Pumpe momentan störungsfrei.

Auch diese Schlußfolgerung ist in dieser Form nicht korrekt: Die Pumpe kann trotz Stromversorgung stehenbleiben, etwa wegen eines Motorschadens. Die Aussage, daß die Pumpe ordungsgemäß arbeitet, falls keine besonderen Ereignisse bzw. Schadensfälle eintreten, wäre dagegen korrekt.

Eine Variante des Beispiels 2a ist:

2b. Wenn der elektrische Strom ausfällt, dann bleibt die Pumpe stehen.
Folgerung: Der Strom ist ausgefallen, deshalb steht die Pumpe jetzt still.

Diesmal ist die Argumentation (Regel) richtig: Die Pumpe benötigt zum Betrieb elektrischen Strom; fehlt dieser, kann die Pumpe nicht arbeiten. Auf den Einwand, die Pumpe könnte trotzdem weiterlaufen, z.B. bei Einsatz eines Notstromaggregats, ist zu bemerken: Die Regel 2b muß „für sich" betrachtet werden, d.h. die Einbeziehung eines hypothetischen Notstromaggregates geht über den Inhalt der Regel 2b hinaus. Die Regel besagt ja gerade, daß die Pumpe ohne Strom nicht funktionieren kann.

Weitere Beispiele für präzise bzw. „nichtpräzise" Formulierungen sind:

3a. Die Belastungsart eines Rahmens I ist identisch mit der Belastungsart eines Rahmens II.
Im Rahmen I kommen *nur* Einzellasten vor.
Folgerung: Also kommen auch im Rahmen II *nur* Einzellasten vor.

3b. Keine Belastungsart, die in einem Rahmen I vorkommt, tritt in einem Rahmen II auf.
Im Rahmen I kommt keine Streckenlast vor.
Folgerung: Also kommt auch im Rahmen II keine Streckenlast vor.

Während die erste Schlußfolgerung zwingend richtig ist, stellt die zweite Schlußfolgerung einen Trugschluß dar.

Um folglich „intuitive" Formulierungen zu vermeiden und die Richtigkeit bzw. Ungültigkeit einer Argumentation formal nachprüfen zu können, sind Methoden (Kalküle) erforderlich, die - unter Beachtung syntaktischer Vorgaben für das Kalkül

- korrekte Schlußfolgerungen erlauben und konkrete Arbeitsanweisungen enthalten. Das Prädikatenkalkül und sein Vorgänger, das Aussagenkalkül, stellen eine solche „Arbeitsanweisung" dar, die streng den Prinzipien des logischen Denkens gehorchen und die eine korrekte Formulierung von Problemen erlauben.

Historisches

Die Logik als Basis des Prädikatenkalküls ist eine sehr alte Wissensschaft. Wie schon im ersten Kapitel erwähnt, beschäftigte sich der griechische Philosoph Aristoteles (384-322 v.C.) systematisch mit dem Wesen des menschlichen Denkens. In seiner Schrift *Erste Analytik* definierte er die allgemeinen Grundlagen der Logik, die über zwei Jahrtausende das Denken von Forschern prägte. Erst Mitte des 19. Jahrhunderts wurden die Überlieferungen des Aristoteles mit der Mathematik verknüpft und so die mathematische Logik als Gesetzmäßigkeit rationalen Denkens begründet.

An der Entwicklung der Logik beteiligt waren auch der berühmte Philosoph und Mathematiker Gottfried Wilhelm Leibniz (1646-1716) sowie der englische Mathematiker George Boole (1815-1864). Leibniz ersann eine künstliche Wissenschaftssprache, die *Characteristica universalis*, mit der jede Form des Denkens mit derselben Strenge und Gewißheit analysiert werden konnte, wie in der Arithmetik und Algebra. Seine Vision eines universellen Logikkalküls konnte er allerdings nie konkret realisieren: Er wollte durch Anwendung dieses Kalküls mit einer universellen Datenbasis Meinungsverschiedenheiten „ausrechnen", sicherlich ein zum damaligen Zeitpunkt hoffungsloses Unterfangen. Wie sollte man auch das gesamte Wissen der Menschheit in „Regeln" und „Fakten" festhalten? Die gleiche Problematik trat interessanterweise auch bei den ersten KI-Programmen auf, die menschliche Intelligenz nachzubilden versuchten. Auch hier mußte man bald einsehen, daß die Schaffung einer „Universalintelligenz" unrealistisch viel Alltagswissen (Weltwissen) und Allgemeinerfahrung erfordert. Beschränkt man sich dagegen auf eng umrissene, wohl definierte Fachgebiete, so besteht durchaus die Chance, rudimentäre Formen von „Intelligenz" zu realisieren. In diese Rubrik fallen die Expertensysteme: Sie wollen nicht den intelligenten Menschen nachbilden, sondern sie konzentrieren sich auf das Fachwissen von Fachleuten, das viel eher nachgebildet werden kann.

Während Leibniz also Wissen inhaltlich erfassen und auswerten wollte, entwickelte George Boole um 1850 ein logisches Kalkül, die Boolsche Logik, die keine Rücksicht auf den Inhalt einer Aussage nahm. Aussagen wurden dabei durch Buchstaben ersetzt, so daß Teile der Aussage (also der Inhalt) nicht näher zugänglich sind. (Beispiel: A = „3 ist Primzahl")

In seinem Werk *The Mathematical Analysis of Logic* stellte er ein formales, logisches System vor, das als erstes logische Kalkül gilt. Der Grundgedanke bestand darin, nicht zu beurteilen, ob eine vorgegebene Aussage in irgendeiner Weise „wahr" oder „falsch" ist, vielmehr stand die formale Kombination von Aussagen zu neuen Aussagen im Vordergrund, weshalb man auch von Aussagenlogik spricht. Die Logik verschob sich folglich von einer mehr inhaltlichen zu einer mehr formalen

Betrachtungsweise. Die Frage, ob Aussagen inhaltlich richtig sind oder nicht, ist demnach für die Boolsche Logik unerheblich: Es kommt lediglich darauf an, aus gegebenen Aussagen nach einem Formalismus korrekte Schlußfolgerungen zu ziehen.

Die Tatsache, daß bei der Aussagenlogik ganze Aussagen durch entsprechende Abkürzungen abstrahiert werden, ist natürlich für eine fortgeschrittene Wissensverarbeitung höchst unzulänglich. Um auch Teile einer Aussage formal zugänglich zu machen, war eine detailliertere Logikform erforderlich: Die *Prädikatenlogik* war die konsequente Fortschreibung der Aussagenlogik. Bei ihr werden die Einzelheiten einer Aussage - ähnlich einer Grammatik natürlicher Sprachen - explizit angegeben. (Beispiel: „3 ist Primzahl" wird etwa durch das Konstrukt „istPrimzahl(3)" ausgedrückt.) Wie in der Aussagenlogik, wurden auch in der Prädikatenlogik Schlußfolgerungsformalismen entwickelt, die automatisches Schlußfolgern erlauben.

Ein Kalkül mit „automatischer Schlußfolgerung" bietet sich für einen Computereinsatz geradezu an: Mit Hilfe des Prädikatenkalküls kann Wissen deshalb formal aufbereitet, gespeichert und verarbeitet werden. Die formale Betrachtungsweise ist deshalb wichtig, weil ein Computer nicht mit mehrdeutigen, umgangssprachlichen Formulierungen arbeiten kann, sondern immer eine exakte, „maschinenverständliche" Darstellung des Wissensgebietes benötigt. Auch wenn man inzwischen schon an Systemen arbeitet, die eine „natürlichsprachliche" Eingabe erlauben, muß momentan noch „Umgangssprache" für die Verarbeitung im Computer in eine rechnerinterne Repräsentation umgesetzt werden. Beispielsweise hat die Aussage:

> „Immer wenn ich Bauarbeiten ausführen will, fängt es zu regnen an."

umgangssprachlich zwar eine Bedeutung, sie kann aber nicht für die Verarbeitung mit Rechnern verwertet werden. Dagegen ist der Satz:

> „Wenn geschweißt wird, dann entstehen hohe Temperaturen."

einer Wissensverarbeitung mit Computern zugänglich.

Die Tatsache, daß die natürliche Sprache schwierig zu behandeln ist, führte dazu, daß sich die ersten KI-Programme hauptsächlich mit dem (automatischen) Beweisen von abstrakten Theoremen aus dem Bereich der Zahlentheorie und der Geometrie befaßten. So kann das Programm AM von Lenat [2.1] mathematische Zusammenhänge und Sätze der Zahlentheorie „entdecken". Es stellt beispielsweise bei der Untersuchung ganzer Zahlen fest, daß manche Zahlen als Produkt von nur zwei Faktoren (z.B. 7 = 7 · 1) dargestellt werden können, andere Zahlen dagegen drei oder mehr Faktoren haben (z.B. 12 = 2 · 2 · 3). Zusammen mit dem in das System „eingebauten" Wissen, daß „Sonderfälle" interessant sind, definiert es den Begriff *Zahlen-mit-zwei-Faktoren* (wir würden *Primzahl* sagen). AM leitet einige interessante Sätze über Primzahlen her, leider aber auch viele „uninteressante", da die Untersuchung nur sehr schematisch abläuft.

Die grundlegende Logik des Beweisens ist selbstverständlich nicht nur auf den Bereich der Mathematik beschränkt, sondern kann auch auf andere, nicht mathematische Gebiete angewendet werden. Entsprechende Problemstellungen müssen nur adäquat formuliert werden. Eine derartige Formulierungshilfe ist die Programmiersprache PROLOG, die in Kapitel 5 noch näher beschrieben wird. Nach Formulierung des Problems in PROLOG wird auf Grund der gegebenen Fakten und Regeln ein „Beweis" geführt, und die diesem Beweis zugrundeliegenden Schlußfolgerungen angegeben. Bei Expertensystemen, deren Wissen oft sehr gut mit Produktionsregeln (*wenn-dann* Regeln) erfaßt werden kann, läßt sich das Prädikatenkalkül besonders gut anwenden, da es das *wenn-dann* Paradigma der Produktionsregeln direkt abbildet. Die Prädikatenlogik läßt sich folglich als „Nukleus elementarer Wissensrepräsentation" auffassen: Wissensmanipulation durch Rechner wird dabei zu einer Manipulation prädikatenlogischer Formeln.

Allerdings hat das Prädikatenkalkül auch Nachteile, da die Repräsentation des Wissens bestimmten Einschränkungen unterliegt: Es darf nur eindeutig „definitives" Wissen dargestellt werden: Fakten müssen entweder „wahr" oder „falsch" sein, d.h. graduelle Unterschiede zwischen „wahr" oder „falsch" gibt es nicht. Widersprüche werden nicht akzeptiert, obwohl diese bei praktischen Problemen durchaus auftreten können. Entsprechende Situationen müssen deshalb *a priori* erkannt und eliminiert werden. Ebenfalls muß ausgeschlossen werden, daß Fakten - einmal als wahr erkannt - nicht durch Hinzufügen weiterer Fakten falsch werden *(Monotonieprinzip)*. Nichtmonotone Phänomene treten in der Praxis dort auf, wo Fakten „vorläufig" notiert werden, die dann aber bei Auftauchen weiterer Information revidiert werden müssen - eine Vorgehensweise, die jeder kennt, der Entscheidungen ohne vollständige Information treffen muß. Um nichtmonotone Probleme modellieren zu können, versucht man derzeit, durch entsprechende Erweiterungen (*nichtmonotone Logik*) verbesserte Repräsentationsmechanismen zu entwickeln. Dies führt zu einem Logikkalkül, das zwar mächtiger, aber auch komplexer als das Prädikatenkalkül ist. Deshalb ist es bis heute noch nicht in allen Einzelheiten ausgereift; es wird im Rahmen dieses Buches auch nicht weiter behandelt.

2.1.1 Logische Grundbegriffe

Zunächst werden die logischen Grundbegriffe des Aussagen- bzw. Prädikatenkalküls dargestellt. Hierzu gehören Aussagen, die mit den logischen Operatoren (*und, oder, nicht, wenn-dann, genau-wenn*) zur Darstellung komplizierter Sachverhalte verknüpft werden können.

2.1.1.1 Aussagen

Ein gewisses Quantum an Wissen *(Wissenseinheit)* kann in Form einer Behauptung bzw. einer Aussage formuliert werden. Die Aussage

> „Die Höhe des Gebäudes beträgt 24 Meter."

beispielsweise ist eine exakte, genau definierte Behauptung, die entweder „wahr" oder „falsch" ist, je nachdem welches Gebäude gemeint ist. Dagegen sind Konstrukte wie „3 + 4" oder „ein Auto" keine Aussagen, da sie im Sinne des Prädikaten-kalküls nicht als „wahr" oder „falsch" interpretiert werden können. Auch Aussagen wie

> „Die Spannung ist ziemlich groß."

oder

> „Ich glaube, die Pumpe funktioniert."

sind keine gültigen Aussagen im Sinne der Prädikatenlogik, da „ziemlich groß" kein eindeutiger Begriff ist und „glauben" Unsicherheiten beinhaltet.

Definition: Aussagen

> *Aussagen* der Elementarlogik müssen folglich *wahr* oder *falsch* sein; gra-duelle Abstufungen oder Zwischenwerte von Aussagen sind nicht zuge-lassen.

Man nennt die Tatsache, daß eine Aussage entweder „wahr" oder „falsch" ist, das *Prinzip der ausgeschlossenen Mitte*. Mit Hilfe dieses Prinzips können sogenannte *indirekte* Beweise geführt werden: Das heißt folgendes: Kann nicht die Richtigkeit einer Aussage A gezeigt werden, versucht man das Gegenteil der Aussage A (*„nicht A"*) nachzuweisen. Führt diese Verneinung der Aussage A (*„nicht A"*) zu einem Widerspruch, muß nach dem Prinzip der ausgeschlossenen Mitte die Aussage A selbst richtig sein.

Eine Erweiterung der Elementarlogik besteht darin, das Prinzip der ausgeschlos-senen Mitte abzuschwächen, so daß neben den Wahrheitswerten „wahr" oder „falsch" noch Abstufungen möglich sind. Dies führt zu einer *mehrwertigen Logik*. Mehrwertig bezieht sich dabei auf den „Wahrheitsgehalt" einer Aussage (vgl. hierzu den späteren Abschnitt 2.3 *Inferenz bei ungenauer Information*). Natürlich kann dann ein indirekter Beweis, wie oben angegeben, in dieser Form nicht mehr geführt wer-den.

Eine Aussage kann auch als die Zuordnung einer Eigenschaft zu einem Objekt in-terpretiert werden, womit man sich im Prädikatenkalkül befindet. In der Aussage

> „Der Träger ist aus Stahl."

wird dem Objekt „Träger" die Eigenschaft „ist_aus_Stahl" zugeordnet, das auch als Prädikat aufgefaßt werden kann. Das Prädikat bezieht sich auf einen konkreten Sachverhalt. Wir werden später sehen, daß sich Prädikate nicht nur auf Konstante, sondern auch auf Variable beziehen können.

Eine formale, abstrakte Schreibweise dieser Zuordnung kann somit durch[1]

> ist_aus_Stahl(Träger).

---

[1] Die Schreibweise „ist_aus_Stahl" soll andeuten, daß die Eigenschaft als „ein Begriff" zu verstehen ist.

erreicht werden. Wir können das Prädikat „ist_aus_Stahl" auch auf andere Gegenstände anwenden:

> ist_aus_Stahl(Schraube),
> ist_aus_Stahl(Fensterscheibe).

Natürlich würde man die erste Aussage als „wahr" und die zweite Aussage als „falsch" betrachten, da eine Fensterscheibe nicht aus Stahl ist. Ob dagegen die Aussage

> ist_aus_Stahl(Niet)

„wahr" oder „falsch" ist, hängt von der Materialeigenschaft des betrachteten Niets ab. Die Aussage kann jedoch immer als „wahr" oder „falsch" eingestuft werden.

Aussagen können über logische Elementaroperatoren (*nicht, und, oder*) bzw. über höherwertige logische Operatoren (*wenn-dann, genau-wenn*) miteinander verknüpft werden, wobei die höherwertigen Operatoren wieder durch die Elementaroperatoren ausgedrückt werden können. Die Aussage

> „Die Decke enthält Stahl *und* Beton."

ist ein Beispiel für eine Konjunktion von zwei Teilaussagen. Die Verbindung durch das Wort *und* deutet an, daß sowohl die Aussage

> „Die Decke enthält Stahl."

als auch die Aussage

> „Die Decke enthält Beton."

betrachtet wird. Die Gesamtaussage ist dann „wahr", wenn die Einzelaussagen „wahr" sind.

Weitere Verknüpfungsmöglichkeiten ergeben sich durch die Operatoren *oder, nicht, wenn-dann* und *genau-wenn*. Werden mit diesen Operatoren verknüpfte Aussagen in einem formalen System verwendet, müssen sie, wie schon erwähnt, präzise definiert werden, um Mißverständnisse zu vermeiden. Beispielsweise wird das Wort *oder* umgangssprachlich in verschiedenen Bedeutungen gebraucht. In der Aussage

> „Die Naht wird geschweißt *oder* geklebt."

wird angedeutet, daß die eine oder die andere Verbindungsart ausgeführt werden soll - beides kann nicht zutreffen. Andererseits schließt die Feststellung

> „Teil Nr. 324 *oder* Teil Nr. 771 ist defekt."

nicht unbedingt aus, daß nicht auch beide Teile defekt sein können. In der Umgangssprache treten also oft Unschärfen auf.

Bei Anwendungen der Logik muß man deshalb exakter vorgehen. Neben einer formalen Schreibweise für Verknüpfungen werden insbesondere anschaulichere Darstellungen, sog. Wahrheitstafeln und Venn-Diagramme, eingesetzt. Eine Wahrheitstafel stellt, wie der Name schon andeutet, den Sachverhalt einer zusam-

mengesetzen Aussage tabellarisch dar. Es wird jede mögliche Kombination „wahr"
bzw. „falsch" für die Einzelaussagen ausgewertet. Venn-Diagramme dagegen beruhen auf der Mengenlehre: Man versucht logische Aussagen auf die Verknüpfung von
Mengen zurückzuführen und diese graphisch darzustellen. Venn-Diagramme wurden
vom Mathematiker Leonhard Euler (1707-1783) entwickelt und von dem Engländer
John Venn (1834-1923) weiter verfeinert.

2.1.1.2 Konjunktion (und)

Wie oben schon erwähnt, stellt die logische Verknüpfung mit dem Wort *und* eine
Beziehung zwischen zwei einzelnen Aussagen her.

Definition: Konjunktion

Die Gesamtaussage[2]

A *und* B $[A \wedge B]$

ist genau dann „wahr", wenn sowohl die Aussage A als auch die Aussage
B „wahr" ist. Ist dagegen auch nur eine der beiden Aussagen „falsch", ist
die Gesamtaussage „falsch".

Tabelle 2.1 zeigt, wie der Wahrheitsgehalt der Gesamtaussage für jede mögliche
Kombination der Einzelaussagen definiert ist. Da jede Einzelaussage zwei Werte
(*wahr* oder *falsch*) annehmen kann, gibt es insgesamt vier (= $2 \cdot 2 = 2^2$) Einträge in
der Tabelle.

Mit der Wahrheitstabelle kann somit genau definiert werden, wie ein logischer
Ausdruck zu interpretieren ist - jede Zeile einer Wahrheitstabelle gibt an, wie der
Wahrheitswert des logischen Ausdruckes von seinen Einzelaussagen abhängt. In Ta-
belle 2.1 wird zu jeder Kombination der Wahrheitswerte der Aussagen A und B der
Wahrheitswert der Gesamtaussage „A *und* B" angegeben.

Tabelle 2.1.   Wahrheitstafel der *und*-Verknüpfung

A	B	A und B
wahr	wahr	wahr
falsch	wahr	falsch
wahr	falsch	falsch
falsch	falsch	falsch

Beispiel: Der Wahrheitsgehalt der Aussage

„Der Durchmesser der Welle beträgt 30 mm *und* ihre Länge beträgt
2 m."

---

[2]   Neben der sprachlichen Darstellung des Verknüpfungsworts („und") wird auch die formale Notation über den Operator („$\wedge$") verwendet.

ist „wahr", wenn beide Einzelaussagen über die Abmessungen der Welle zutreffen. Dieser Sachverhalt läßt sich auch aus der obigen Tabelle ablesen, wenn der Aussage A der Satz

> „Der Durchmesser der Welle beträgt 30 mm."

und der Aussage B der Satz

> „Die Länge der Welle beträgt 2 m."

zugeordnet wird. Man sieht, daß nur in der ersten Zeile die Gesamtaussage „A *und* B" wahr ist, in der sowohl A als auch B wahr sind.

Die Darstellung mit einem Venn-Diagramm wird in Bild 2.1 gezeigt. Wie schon erwähnt, repräsentiert ein Venn-Diagramm Mengen. Eine Menge besteht dabei aus einer Ansammlung von Objekten, die auch abstrakte Begriffe darstellen können. Im eben behandelten Beispiel wurden bereits zwei Mengen implizit definiert: Die Menge aller Wellen, die einen Durchmesser von 30 mm haben, wird durch die Aussage A charakterisiert und ist hier mit A' bezeichnet. Analog definiert die Aussage B die Menge B' aller Wellen, die 2 m lang sind. Bei der Darstellung wird davon ausgegangen, daß die Menge aller Wellen die sog. *Universalmenge* U' bildet, die die Gesamtheit aller zu betrachtenden Objekte, hier Wellen, umfaßt. Warum es wichtig ist, eine Universalmenge zu definieren, wird noch erläutert.

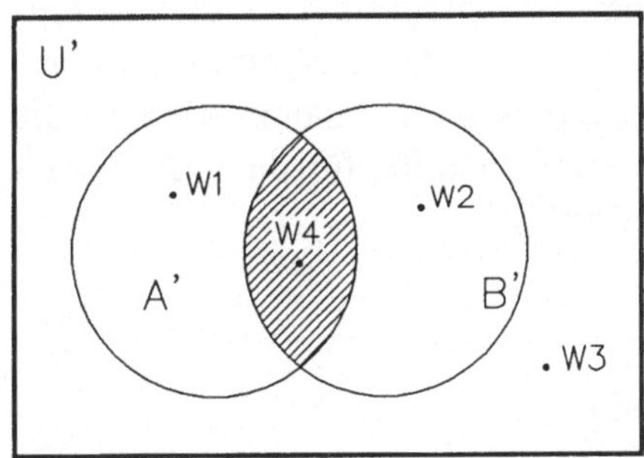

Bild 2.1.   Venn-Diagramm der *und*-Verknüpfung

Die Mengen A' und B', die durch die Aussagen A bzw. B definiert sind, werden in einem Venn-Diagramm als Gebiet (hier Kreise) dargestellt. So hat die Welle W1, die im Gebiet A' liegt, einen Durchmesser von 30 mm (Länge beliebig); die Welle W2 hat eine Länge von 2 m (Durchmesser beliebig). Welle W3 gehört dagegen weder zur Menge A' noch B', da sie z.B. einen Durchmesser von 10 mm und eine Länge von 1,5 m hat. Schließlich gehört die Welle W4 sowohl zur Menge A' als auch zur Menge B'; für die Welle W4 gilt demnach die Aussage A *und* B. Denken wir uns nun alle möglichen Wellen der Art W4, die beide Eigenschaften A und B besitzen, als Punkte im Diagramm eingetragen, erhält man die schraffierte Fläche, die der *Schnittmenge* der beiden Einzelmengen A' und B' entspricht.

Oft werden nicht nur zwei, sondern auch mehrere Aussagen mit der logischen *und*-Verknüpfung verbunden. Sinngemäß müssen dann alle Einzelaussagen „wahr" sein, damit die Gesamtaussage „wahr" wird. Hierzu ein Beispiel: Die Aussage

> „Der Werkstoff enthält Eisen *und* der Werkstoff enthält Kohlenstoff *und* der Werkstoff enthält Chrom *und* der Werkstoff enthält Mangan."

bzw. kürzer

„Der Werkstoff enthält Eisen, Kohlenstoff, Chrom *und* Mangan.“

ist genau dann „wahr“, wenn die vier obengenannten Teilaussagen „wahr“ sind. Werden die Aussagen

„Der Werkstoff enthält Eisen.“
„Der Werkstoff enthält Kohlenstoff.“
„Der Werkstoff enthält Chrom.“
„Der Werkstoff enthält Mangan.“

entsprechend mit E, K, C bzw. M abgekürzt, kann die zugehörige Wahrheitstafel (Tabelle 2.2) bzw. das Venn-Diagramm (Bild 2.2) aufgestellt werden. Man sieht, daß alle vier Aussagen E, K, C bzw. M wahr sein müssen, damit die Gesamtaussage wahr wird. Man beachte, daß bei vier Aussagen insgesamt 16 (= $2 \cdot 2 \cdot 2 \cdot 2 = 2^4$) Kombinationen berücksichtigt werden müssen. Im Venn-Diagramm wird jede der vier Aussagen E, K, C und M durch die Menge E', K', C' bzw. M' dargestellt - die Schnittmenge aller vier Einzelmengen (schraffierte Fläche) repräsentiert dann wieder die Menge der Werkstoffe, für die jede Einzelaussage wahr ist.

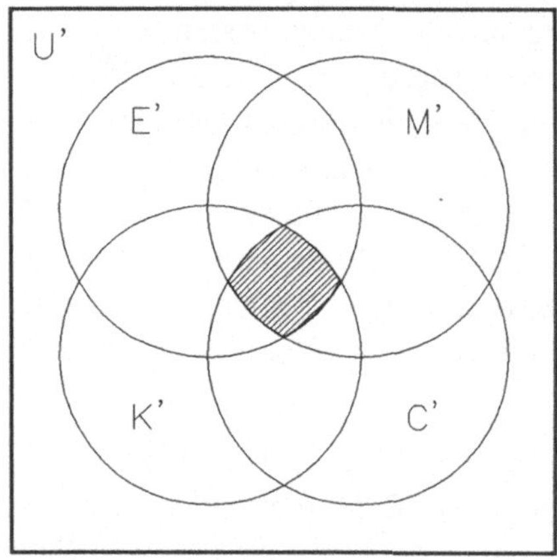

Bild 2.2.   Venn-Diagramm für mehrere *und*-Verknüpfungen

Tabelle 2.2.   Wahrheitstafel für mehrere *und*–Verknüpfungen

E	K	C	M	E und K und C und M
w	w	w	w	w
w	w	w	f	f
w	w	f	w	f
w	w	f	f	f
w	f	w	w	f
w	f	w	f	f
w	f	f	w	f
w	f	f	f	f
f	w	w	w	f
f	w	w	f	f
f	w	f	w	f
f	w	f	f	f
f	f	w	w	f
f	f	w	f	f
f	f	f	w	f
f	f	f	f	f

2.1.1.3 Disjunktion (oder)

Auch die logische Verknüpfung *oder* verbindet zwei (oder mehrere) Aussagen. Der logische Operator *oder* wird durch die in Tabelle 2.3 dargestellte Wahrheitstafel festgelegt.

Tabelle 2.3. Wahrheitstafel der *oder*-Verknüpfung

A	B	A oder B
wahr	wahr	wahr
falsch	wahr	wahr
wahr	falsch	wahr
falsch	falsch	falsch

Es läßt sich folgende Definition der *oder* Verknüpfung ableiten:

Definition: Disjunktion

Ist eine der Aussage A oder B „wahr", so ist die Gesamtaussage

A *oder* B   [A ∨ B]

„wahr". Nur wenn beide Aussagen „falsch" sind, ist die Gesamtaussage „falsch".

Wie zu Beginn des Kapitels schon erwähnt, gibt es mehrere Bedeutungen des Begriffs *oder*. Zunächst wird die Interpretation vorgestellt, die standardmäßig in der Logik verwendet wird: Das *inklusive-oder*, bei dem die Gesamtaussage „A *oder* B" auch dann „wahr" ist, wenn sowohl die Aussage A als auch B „wahr" ist. Ein Beispiel für das *(inklusive-) oder* ist die Aussage:

„Die Konstruktion hat Schraub- *oder* Nietverbindungen."

Diese Aussage beschreibt Verbindungsarten in einer Konstruktion, wobei sowohl Schraub- als auch Nietverbindungen auftreten können.

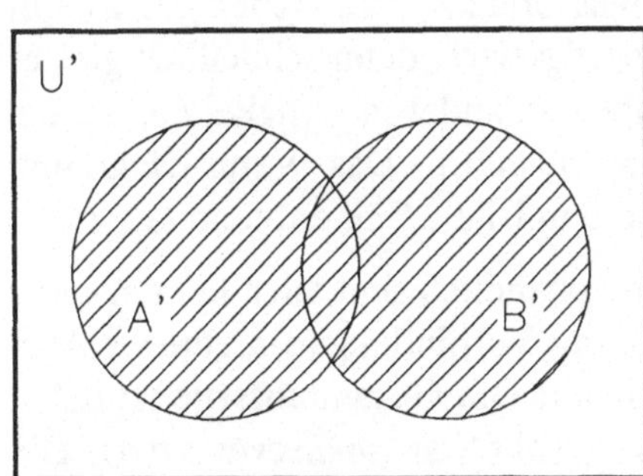

Bild 2.3. Venn-Diagramm der *oder*-Verknüpfung *(inklusives-oder)*

Im Venn-Diagramm (Bild 2.3) wird die *oder*-Verknüpfung durch die *Vereinigung* der entsprechenden Mengen dargestellt, d.h. im Diagramm ist sowohl die Fläche A' (entspricht Aussage A) als auch die Fläche B' (entspricht Aussage B) schraffiert. Auch hier sieht man, daß lediglich eine der Aussagen A oder B „wahr" sein muß, damit die Gesamtaussage „wahr" wird. Die Schnittmenge ist in der Vereinigungsmenge enthalten, d.h. der Fall, daß beide Aussagen „wahr" sind, ist zulässig.

Im Gegensatz zum *inklusiven-oder* gibt es noch das *exklusive-oder*, das den Wahrheitsgehalt „falsch" ergibt, falls A und B zugleich „wahr" sind. Das bedeutet, daß sich die beiden Aussagen A und B gegenseitig ausschließen - sie können also nicht gleichzeitig wahr sein. Ein Beispiel für das *exklusive-oder* ist die Aussage:

> „Für die vierte Stütze wird die Trägerart IPB300 *oder* IPB320 eingesetzt."

Sie besagt, daß eine - und nur eine - der beiden Alternativen in Frage kommt. Die für das *exklusive oder*, hier als *ex-oder* bezeichnet, zugehörige Wahrheitstafel ist in der Tabelle 2.4 dargestellt.

Tabelle 2.4.   Wahrheitstafel der *ex-oder*-Verknüpfung

A	B	A ex-oder B
wahr	wahr	falsch
falsch	wahr	wahr
wahr	falsch	wahr
falsch	falsch	falsch

Das entsprechende Venn-Diagramm (Bild 2.4) zeigt anschaulicher als die Wahrheitstafel, wie sich das *exklusive-oder* vom *inklusiven-oder* unterscheidet: Die Schnittmenge gehört diesmal *nicht* zur Lösungsmenge.

Um Schwächen der natürlichen Sprache noch deutlicher zu machen, soll eine dritte Bedeutung von *oder* vorgestellt werden, die sogenannte *Inkompatibilität*. So kann z.B. die Sicherheitsanweisung

> „An diesem Arbeitsplatz wird geschweißt *oder* mit Lösungsmitteln gereinigt.",

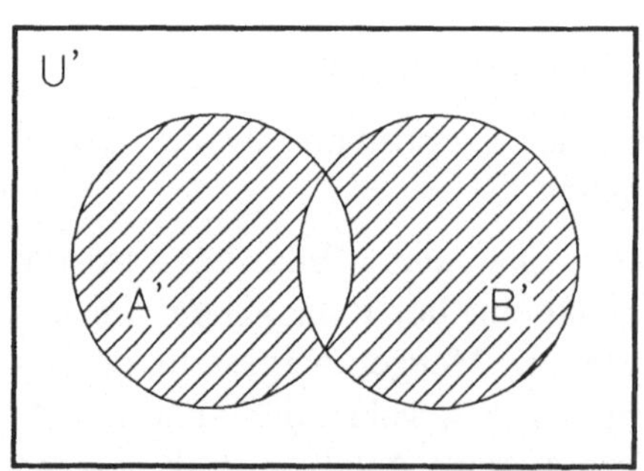

Bild 2.4.   Venn-Diagramm der *ex-oder*-Verknüpfung

bedeuten, daß an einem bestimmten Arbeitsplatz entweder Schweißarbeiten ausgeführt werden oder mit (feuergefährlichen) Lösungsmitteln gereinigt wird - hoffentlich nicht beides zur gleichen Zeit! Dagegen ist es durchaus erlaubt, daß weder geschweißt noch gereinigt wird, denn schließlich gibt es eine Reihe von anderen Tätigkeiten, die ein Schweißer ausführt. Das Venn-Diagramm hierzu ist dem Bild 2.5 zu entnehmen.

Selbstverständlich sind auch bei der *oder*-Verknüpfung Verbindungen mehrerer Aussagen erlaubt: Die Gesamtaussage ist dabei dann „wahr", wenn mindestens eine Teilaussage „wahr" ist *(inklusives-oder!)*. Die Aussage

> „Es werden IPE-Träger der Höhen 160, 180, 200 *oder* 220 mm verwendet."

ist beispielsweise dann wahr, wenn in einer Konstruktion mindestens ein Träger der
genannten Art eingesetzt wird.

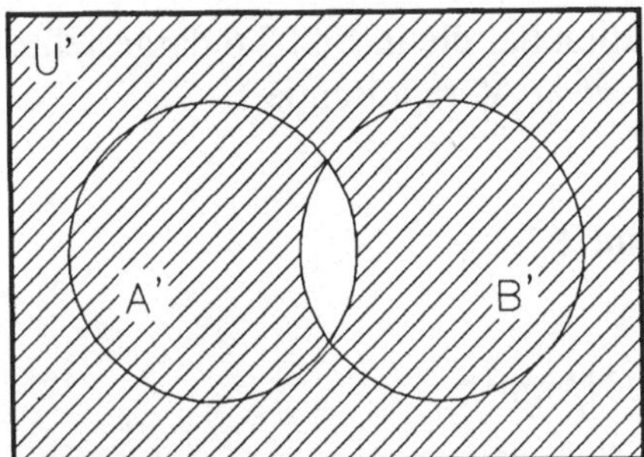

Bild 2.5.   Venn-Diagramm der Inkompatibilität.

2.1.1.4 Negation (nicht)

Die logische Negation (Verneinung) bezieht sich, im Gegensatz zum *und* bzw. *oder*,
nicht auf zwei Aussagen, sondern nur auf eine einzige Aussage.

Definition: Negation

> Die Aussage
>
> $$nicht\ A \quad [\,\neg A\,]$$
>
> ist genau dann „wahr", wenn die Aussage A „falsch" ist. Ist die Aussssage
> A „wahr", so ist die Aussage „*nicht* A" „falsch".

Die Wahrheitstafel hierzu hat demnach nur zwei ($= 2^1$) Einträge (vgl. Tabelle 2.5).

Tabelle 2.5.   Wahrheitstafel der *nicht*-Verknüpfung

A	nicht A
wahr falsch	falsch wahr

Das Venn-Diagramm zur Negation ist recht einfach: Bezeichnet A' die Menge aller
Objekte, für die die Aussage A gilt, so umfaßt die Menge, die der Aussage „*nicht* A"
entspricht, die um die Menge A' reduzierte Universalmenge. Man nennt diese
Menge auch die *Komplementärmenge* zu A' (d.h. U' - A'). Jetzt wird auch deutlich,
warum die Universalmenge definiert werden muß: Wenn man alle Objekte aufführ-
ren will, die eine Eigenschaft *nicht* besitzen, muß vorher die Grundgesamtheit aller
Objekte festgelegt werden. Die Universalmenge definiert also, welche Objekte insgesamt zu betrachten sind; die Komplementärmenge dagegen bezieht sich dann auf
den Teil der Universalmenge, der nicht zu einer gegebenen Menge gehört. Die Definition einer - wie man auch sagt - „abgeschlossenen Betrachterwelt" (*closed world*

assumption) spielt eine wichtige Rolle in der Logik, da bei einer nachlässigen Formulierung der Abgeschlossenheit fehlerhafte oder sinnlose „Tatsachen" gefolgert werden.

Das entsprechende Venn-Diagramm zur Negation hat die in Bild 2.6 dargestellte Form, wobei die schraffierte Fläche die Aussage *„nicht* A" repräsentiert.

Beispiel: Die Negation der Ausssage

„Die Spannung ist größer als 200 N/mm^2."

liefert die Aussage

„Die Spannung ist *nicht* größer als 200 N/mm^2."

Äquivalent zur letzten Aussage könnte man auch formulieren:

„Die Spannung ist kleiner gleich 200 N/mm^2."

Diese Umwandlung ist zulässig, da sie mathematisch korrekt ist. Man beachte, daß hier die Menge aller möglichen (absoluten) Spannungen die Univeralmenge ist, in diesem Fall die Menge aller positiven, reellen Zahlen, und somit die Negation sinnvoll beantwortet werden kann.

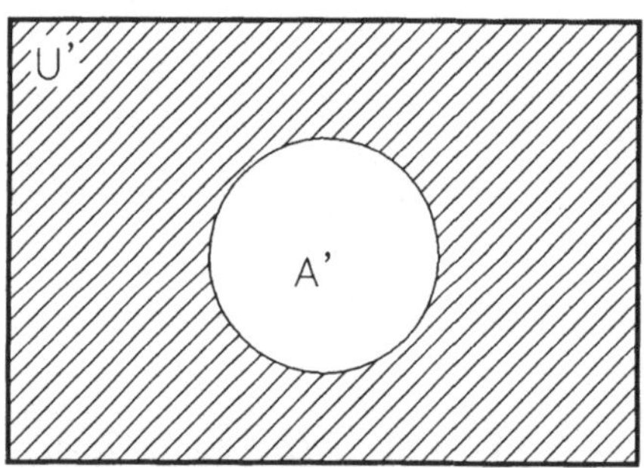

Bild 2.6.   Venn-Diagramm der *nicht*-Verknüpfung

2.1.1.5 Implikation (wenn-dann)

Die Implikation ist eine der wichtigsten Verknüpfungsarten in der Logik. Mit ihr können Kausalbeziehungen in *wenn-dann*-Form dargestellt werden, die sich aus der Erfahrung ableiten lassen; ebenso kann umfangreiches Wissen gut mit Regeln, als kleinstem Wissensbaustein, „computerisiert" werden.

Die Gesamtaussage *„wenn* A *dann* B" bedeutet: Falls die Aussage A „wahr" ist, folgt hieraus, daß auch die Aussage B „wahr" ist. Mit anderen Worten, aus einer gegebenen Information wird neue Information gefolgert. Die Frage ist, was gefolgert werden muß, wenn die Aussage A „falsch" ist. Diese Fragestellung bedarf einer näheren Erläuterung, da die Umgangssprache auch in diesem Punkt sehr nachlässig ist. Die Formulierung der *wenn-dann* Regel

> „*Wenn* M24 Schraube gewählt, *dann* wähle auch eine M24 Mutter,
> damit die Schraubverbindung hergestellt werden kann.“

ist umgangssprachlich unproblematisch, wenn keine M24 Schraube verwendet wird. Für die Wissensverarbeitung mit Computern ist der Fall „*wenn*-Teil nicht erfüllt“ dagegen von Bedeutung. Betrachten wir dazu das Beispiel:

> „*Wenn* die Welle länger als 4 m ist, *dann* bricht sie durch.“

Welcher Wert ist dieser Aussage beizumessen, wenn eine gegebene Welle z.B. 3,5 m lang ist? Die genaue Definition der *wenn-dann*-Aussage kann mit einem Venn-Diagramm deutlich gemacht werden, wobei das Diagramm schrittweise aufgebaut werden soll. Beginnen wir mit zwei Aussagen, A und B, die im Diagramm wieder als Menge A' und B' bezeichnet sind. Ziel ist es, die Lösungsmenge zu finden, die der *wenn-dann* Beziehung entspricht.

Zunächst gehört die gemeinsame Schnittfläche der Mengen A' und B' zur Lösungsmenge. Die *wenn-dann* Beziehung besagt ja: Wenn die Aussage A „wahr“ ist (Punkt aus der Menge A'), dann soll B „wahr“ sein (derselbe Punkt befindet sich auch in der Menge B', siehe Bild 2.7). Was auf jeden Fall *nicht* zur Lösungsmenge gehört ist der Teil der Menge A', der nicht zur Menge B' gehört.

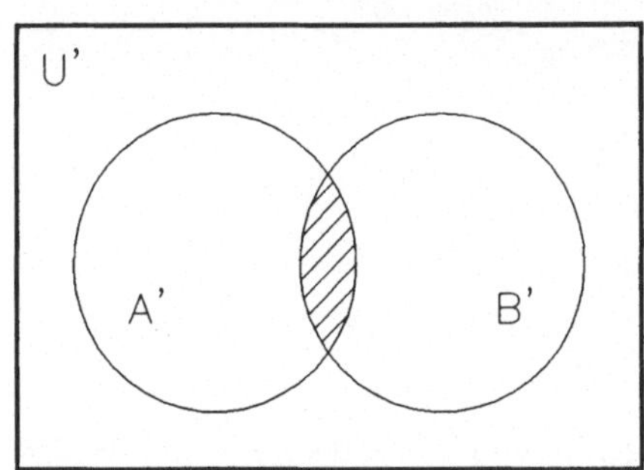

Bild 2.7. Venn-Diagramm der *wenn-dann*-Verknüpfung (Teil 1)

Damit ist die Beschreibung aber nicht vollständig. Vergleicht man nämlich das Bild 2.7 mit dem Venn-Diagramm für die *und*-Verknüpfung, sind beide identisch, was nicht sein kann. Die *wenn-dann*-Verknüpfung beinhaltet mehr als nur die *und*-Verknüpfung. Deshalb werden auch die Fälle betrachtet, für die die Aussage A „falsch“ ist.

Halten wird fest: Beträgt die Länge der Welle beispielsweise 4,5 m, ist also der Bedingungsteil der *wenn-dann* Beziehung erfüllt, so wird die Welle zerstört. Ist die Welle dagegen kürzer als 4 m, kann die Regel nicht unmittelbar angewendet werden, da sie nur Angaben über Wellen macht, die länger sind als 4 m. Für Wellen unter 4 m sind dabei zwei Möglichkeiten denkbar: Sie können - etwa wegen eines Materialfehlers - durchbrechen, sie können aber auch - bei Überdimensionierung - ohne Kollaps Lasten tragen. Diese Möglichkeiten liegen aber sprachlich nicht im Eingriff der Regel. In der Logik hat man deshalb eindeutigkeitshalber festgelegt, die Gesamtaussage der *wenn-dann*-Verknüpfung dann als „wahr“ zu betrachten, wenn die „Eingangsaussage“ A „falsch“ ist. Diese Festlegung ist das logische Äquivalent zum Rechtsprinzip: „Im Zweifel für den Angeklagten!“ Die vorgenommene Definition erweist sich beim Arbeiten mit logischen Formeln als vorteilhaft - insbesondere können keine fehlerhaften Schlüsse gezogen werden. Damit erhält man folgende Definition:

Definition: Implikation

Die Gesamtaussage

wenn A *dann* B   [A → B]

ist genau dann „falsch", falls die Aussage A „wahr" ist und die Aussage B „falsch" ist. Sonst ist die Gesamtaussage stets „wahr".

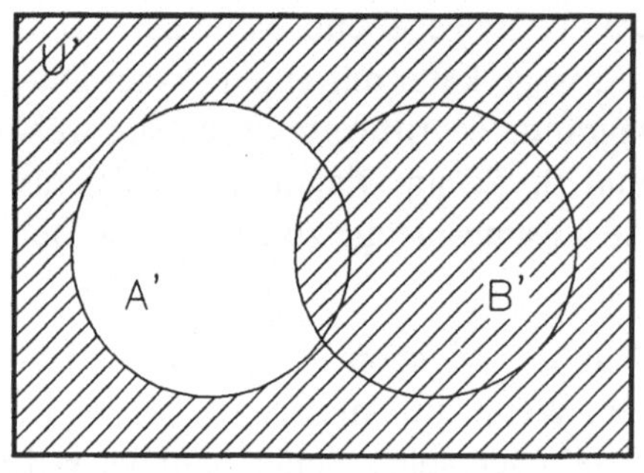

Bild 2.8. Venn-Diagramm der *wenn-dann*-Verknüpfung (Teil 2)

Das Venn-Diagramm in Bild 2.7 muß also noch durch die Schraffur aller derjenigen Flächen, die nicht zur Menge A' gehören, ergänzt werden (Bild 2.8).

Der Wahrheitsgehalt der Gesamtaussage des betrachteten Beispiels ist somit nur dann „falsch", wenn gleichzeitig die Länge mehr als 4 m beträgt, die Welle aber *nicht* durchgebrochen ist. Jede andere Kombination wird als „wahr" definiert. Mit dieser Betrachtungsweise läßt sich die Wahrheitstafel gemäß Tabelle 2.6 aufstellen.

Tabelle 2.6. Wahrheitstafel der *wenn-dann*-Verknüpfung

A	B	wenn A dann B
wahr	wahr	wahr
falsch	wahr	wahr
wahr	falsch	falsch
falsch	falsch	wahr

Wegen der Bedeutung der Implikation bei Anwendungen soll jede Zeile der Wahrheitstafel ein Beispiel erläutert werden:

1. Zeile

„Die Welle ist länger als 4 m und sie bricht durch."
Der Wahrheitsgehalt der Regel ist „wahr", denn diese Kombination stellt den Inhalt der Regel dar.

2. Zeile

„Die Welle ist nicht länger als 4 m, sie bricht aber dennoch durch."
Der Wahrheitsgehalt der Regel ist „wahr", denn es kann nicht ausgeschlossen werden, daß der Bruch (etwa durch Materialfehler) eingetreten ist.

3. Zeile

„Die Welle ist länger als 4 m und sie bricht nicht durch."
Der Wahrheitsgehalt der Regel ist „falsch", denn sie widerspricht der Intention der Regel.

4. Zeile

„Die Welle ist nicht länger als 4 m und sie bricht nicht durch."
Der Wahrheitsgehalt der Regel ist „wahr", denn dieser Fall ist als Pendant zur 2. Zeile ebenso gut möglich (sogar mit großer Wahrscheinlichkeit).

Die Diskussion macht deutlich, was schon die mittelalterlichen Logiker erkannten: *Ex absurdis sequitur quodlibet* („Aus dem Absurden kann man jeden Schluß ziehen").

Hingewiesen sei auf einen Sonderfall, der mit Hilfe des Venn-Diagramms zur *wenn-dann* Verknüpfung (Bild 2.8) beschrieben werden soll. Werden die Mengen A' und B' so angeordnet, daß die Menge A' völlig innerhalb der Menge B' liegt (die Menge A' ist eine *Teilmenge* der Menge B'), gelangt man zu einer Darstellung, wie sie in Bild 2.9 angegeben ist. Hier ist der gesamte Bereich schraffiert, da jeder Punkt der Menge U' der *wenn-dann* Verknüpfung genügt.

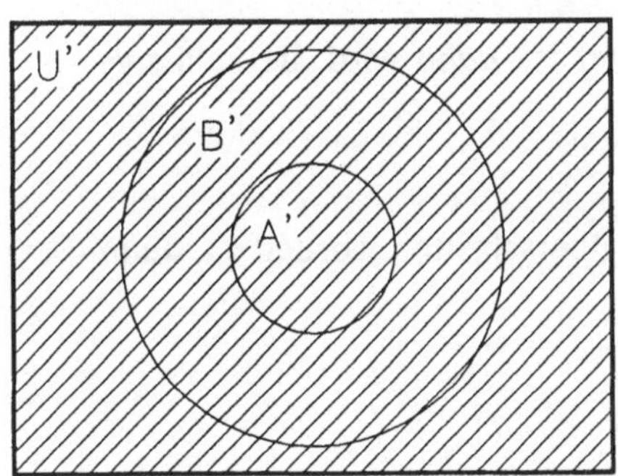

Bild 2.9. Venn-Diagramm der *wenn-dann*-Verknüpfung (Teilmengenanordnung)

2.1.1.6 Äquivalenz (genau-wenn)

Oft wird auch die Implikation in der Umgangssprache mißbräuchlich benutzt. Dies zeigt sich beispielsweise bei folgender Aussage:

> „*Wenn* eine Bewehrung erforderlich ist, *dann* müssen die Betonsorten B15 oder B25 eingesetzt werden.",

Die Umkehrung

> „*Wenn* die Betonsorten B15 oder B25 eingesetzt werden, *dann* ist eine Bewehrung erforderlich."

ist jedoch ein Trugschluß (Ähnliche Trugschlüsse wurden im vorhergehenden Abschnitt deutlich gemacht.) So ist es durchaus denkbar, das ein (nur auf Druck belastetes) Tragglied der Betonsorte B15 ohne Bewehrung hergestellt wird.

Es gibt andererseits aber durchaus Fälle, wo die „Gleichheit" zweier Aussagen möglich ist, so daß der Umkehrschluß gilt. Diese Variante der Verknüpfung zweier Aussagen nennt man *Äquivalenz*.

Definition: Äquivalenz

Die Gesamtaussage

genau A *wenn* B $[\,A \leftrightarrow B\,]$

ist nur dann „wahr", wenn die Einzelaussagen A und B beide gleichzeitig „wahr" oder „falsch" sind. Ist dagegen eine Aussage „wahr" und die andere „falsch", ist die Gesamtaussage „falsch".

Wenn beispielsweise behauptet wird,

„Die Tragfähigkeit ist *genau* dann gewährleistet, *wenn* die zulässige Spannung nicht überschritten wird.",

werden eigentlich zwei Einzelbehauptungen aufgestellt: Erstens, die bereits behandelte Implikation

„*Wenn* die Tragfähigkeit gewährleistet ist, *dann* wird die zulässige Spannung nicht überschritten.",

und zweitens, der zugehörige Umkehrschluß

„*Wenn* die zulässige Spannung nicht überschritten worden ist, *dann* ist die Tragfähigkeit gewährleistet."

Mit anderen Worten: Die beiden Aussagen

„Die Tragfähigkeit ist gewährleistet."

und

„Die zulässige Spannung wird nicht überschritten."

werden in ihrem Wahrheitsgehalt „gleichgesetzt". Man kann diese Beziehung dazu verwenden, die zweite Aussage dadurch zu beweisen, indem die erste Aussage bewiesen wird. Im Gegensatz zur *wenn-dann* Beziehung gilt hier auch das Umgekehrte: Weiß man, daß die zweite Aussage gilt, kann auf die Richtigkeit der ersten Aussage geschlossen werden. Die Wahrheitstafel, die die Gesamtaussage „*genau* A *wenn* B" definiert, ist in Tabelle 2.7 gegeben.

Tabelle 2.7. Wahrheitstafel der *genau-wenn*-Verknüpfung

A	B	genau A wenn B
wahr	wahr	wahr
falsch	wahr	falsch
wahr	falsch	falsch
falsch	falsch	wahr

Das Venn-Diagramm der Verknüpfung *genau-wenn* kann leicht mit Hilfe der Wahrheitstafel gezeichnet werden: Es entspricht der Schnittmenge der Mengen A' und B' (Aussagen A und B sind wahr), zuzüglich der Menge, die weder zu A' bzw. B' gehört (da weder die Aussagen A noch B „wahr" sind).

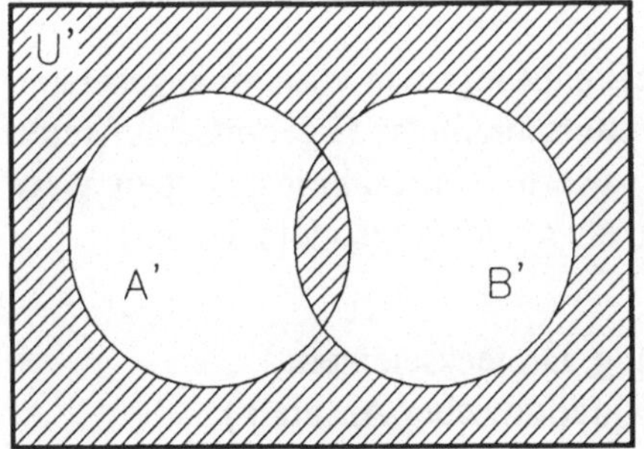

Bild 2.10. Venn-Diagramm der *genau-wenn*-Verknüpfung

2.1.1.7 Mehrfache Verknüpfungen

In der Praxis treten Fälle auf, die mehrere Verknüpfungen enthalten. Ein Beispiel hierzu wurde bereits im Abschnitt zur *und*-Verknüpfung behandelt:

> „Der Werkstoff enthält Eisen *und* der Werkstoff enthält Kohlenstoff *und* der Werkstoff enthält Chrom *und* der Werkstoff enthält Mangan."

Das Beispiel enthält vier *und*-Verknüpfungen.

Natürlich können alle Verknüpfungsoperatoren beliebig miteinander kombiniert werden. Man muß sich dann aber Gedanken darüber machen, wie solche komplexen Aussagen auszuwerten und in welcher Reihenfolge die Einzelverknüpfungen zu bearbeiten sind.

So kommt beispielsweise in der Aussage

> „*Wenn* ein Finite-Element-Katalog Dreieckselemente enthält *und* ein Dreieckselement einen quadratischen Ansatz enthält, *dann* enthält der Finite-Element-Katalog quadratische Ansätze."

sowohl die *wenn-dann*-Verknüpfung als auch die *und*-Verknüpfung vor. Eine kürzere Formulierung des Beispiels ist etwa:

> *wenn* enthält(Finite-Element-Katalog, Dreieckselement)
> *und* enthält(Dreieckselement, Quadratischer Ansatz)
> *dann* enthält(Finite-Element-Katalog, Quadratischer Ansatz).

Hier werden die beiden Aussagen

> enthält(Finite-Element-Katalog, Dreieckselement),
> enthält(Dreieckselement, Quadratischer Ansatz)

zuerst mit der *und*-Verknüpfung miteinander verbunden, dann wird das Resultat durch die *wenn-dann*-Verknüpfung mit der Aussage

> enthält(Finite-Element-Katalog, Quadratischer Ansatz)

verknüpft.

Die Reihenfolge der Auswertungen von Verknüpfungen in zusammengesetzten Aussagen ist dabei exakt zu beachten, da sonst unterschiedliche Ergebnisse auftreten können! Eine Methode, die Reihenfolge der Auswertungen exakt festzulegen, wäre die Setzung von Klammern für die Teilaussagen, etwa nach folgendem Schema:

> (*wenn*
> (enthält(Finite-Element-Katalog, Dreieckselement)
> *und* enthält(Dreieckselement, Quadratischer Ansatz))
> *dann* enthält(Finite-Element-Katalog, Quadratischer Ansatz)).

Um sich die umständliche Klammersetzung zu ersparen, werden die verschiedenen Verknüpfungen mit „Gewichten" *(Präzedenzen* bzw. *Prioritäten)* versehen. So hat die *und*-Verknüpfung eine höhere Priorität als die *oder*-Verknüpfung. Man sagt auch, *oder* hat eine höhere Präzedenz als *und*. Die Reihenfolge aller hier vorgestellten Verknüpfungsoperatoren in aufsteigender Präzedenz ist in Tabelle 2.8 aufgeführt.

Tabelle 2.8.   Präzedenz logischer Verknüpfungen

nicht	(niedrigste Präzedenz)
und	
oder	
wenn-dann	
genau-wenn	(höchste Präzedenz)

Der Nachweis der Richtigkeit zusammengesetzter Aussagen kann gut mit einer Wahrheitstafel gezeigt werden. Wenn die Aussagen des gerade verwendeten Beispiels wie folgt abgekürzt werden:

> A = enthält(Finite-Element-Katalog, Dreieckselement),
> B = enthält(Dreieckselement, Quadratischer Ansatz),
> C = enthält(Finite-Element-Katalog, Quadratischer Ansatz),

ergibt sich für die Aussage

> *wenn* (A *und* B) *dann* C

nach den Gesetzen der Aussagenlogik die Wahrheitstafel gemäß Tabelle 2.9.

Tabelle 2.9. Beispiel - zusammengesetzte Verknüpfung

A	B	C	A und B	wenn (A und B) dann C
W	W	W	W	W
W	W	f	W	f
W	f	W	f	W
W	f	f	f	W
f	W	W	f	W
f	W	f	f	W
f	f	W	f	W
f	f	f	f	W

Da drei Einzelaussagen vorkommen (A, B und C), hat die Wahrheitstafel nunmehr 8 (= $2 \cdot 2 \cdot 2 = 2^3$) Einträge. Man sieht sofort, daß die Gesamtaussage (rechte Spalte der Tabelle 2.9) genau dann „falsch" ist, wenn die Aussagen A und B „wahr" sind und die Aussage C „falsch" ist; ansonsten ist die Gesamtaussage „wahr".

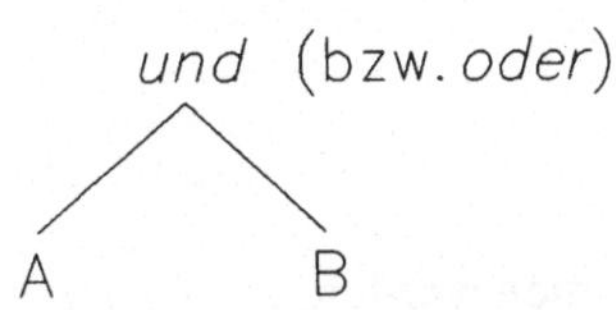

Bild 2.11. Baumdarstellung einer *und*- bzw. *oder*-Verknüpfung

Bild 2.12. Baumdarstellung der *nicht*-Verknüpfung

Den Aufbau von zusammengesetzten Aussagen kann man auch graphisch durch einen sogenannten *Baum* veranschaulichen. Unter einem Baum versteht man hier eine Struktur, die aus genau einer *Wurzel* mit mehreren *Ästen* besteht (in Anlehnung an natürliche Bäume). Allerdings werden logische Bäume mit der Wurzel nach oben und den Ästen nach unten gezeichnet! Ein einfacher Baum, der beispielsweise die *und*- bzw. *oder*-Verknüpfung darstellt, ist in Bild 2.11 dargestellt. Die Wurzel wird mit dem Operator *und* bzw. *oder* gekennzeichnet, die Äste enthalten an ihren Enden die Einzelaussagen, hier A und B. Bäume, in denen jeder Knoten nur zwei Äste hat, werden auch *Binärbäume* genannt.

Auch die *nicht*-Verknüpfung, die sich nur auf eine einzige Aussage bezieht, ist durch einen logischen Baum darstellbar, der allerdings nur einen Ast enthält (vgl. Bild 2.12).

Verknüpfungen mit mehreren Einzelaussagen können auf diese Weise als Bäume mit entsprechend mehreren Ästen dargestellt werden. Für das schon behandelte Beispiel des Werkstoffes mit den vier Aussagen:

> „Der Werkstoff enthält Eisen *und* der Werkstoff enthält Kohlenstoff *und* der Werkstoff enthält Chrom *und* der Werkstoff enthält Mangan."

erhält man den in Bild 2.13 dargestellten Baum.

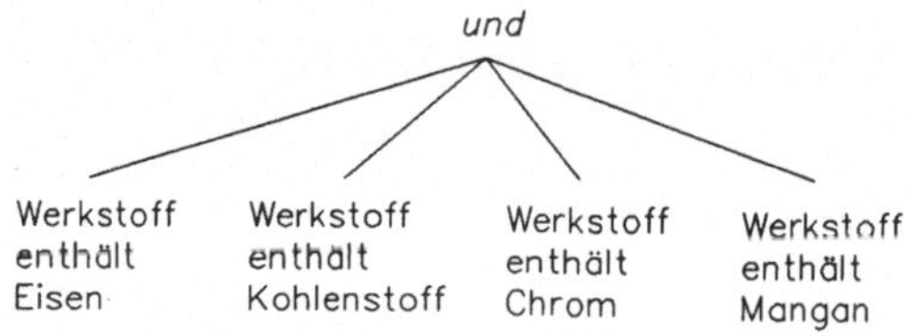

Bild 2.13. Baumdarstellung einer vierfachen *und*-Verknüpfung

Entsprechend können auch Bäume zu den anderen Verknüpfungsoperatoren aufgebaut werden. Kommen in einer Aussage mehrere unterschiedliche Verknüpfungen vor, so kann man dies durch *zusammengesetzte Bäume* darstellen. Ein zusammengesetzter Baum besteht aus Ästen, an die weitere Bäume angehängt sein können. Somit können beliebig komplex zusammengesetzte Aussagen eindeutig und anschaulich dargestellt werden.

Ein etwas komplexeres Beispiel für eine zusammengesetzte Aussage ist etwa folgende Regel für den Eisansatz bei Gebäuden:

> *Wenn* ein Eisansatz berücksichtigt werden muß
> *und nicht* genauere Werte vorliegen,
> *dann* gilt,
> > *wenn nicht* besonders gefährdete Lage
> > *und* Lage liegt unter 400 m über NN,
> > *dann* darf ein Eisansatz von 3 cm angenommen werden.

Der in Bild 2.14 dargestellte, zugehörige Baum zeigt, wie die einzelnen Aussagen hierarchisch angeordnet sind. Die Reihenfolge der Auswertung verläuft dabei „von unten nach oben". Auch wird die Bedeutung der Präzedenz der Verknüpfungen deutlich: Verknüpfungen, die „höher" im Baum liegen, haben eine höhere Präzedenz. So ist die *nicht*-Verknüpfung mit der niedrigsten Präzedenz tiefer, die *wenn-dann*-Verknüpfung höher angeordnet.

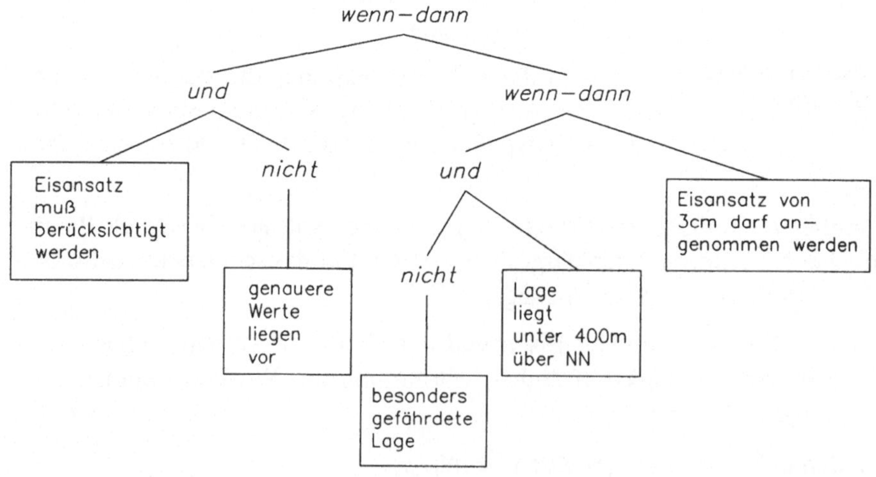

Bild 2.14. Baumdarstellung der Eisansatz-Regel

Die Darstellung von Regelbäumen gehört heute bei fortgeschrittenen wissensbasierten Systemen zu einem wichtigen Dokumentationswerkzeug, mit dem - neben anderen graphischen Hilfsmitteln - die Struktur und der Aufbau einer Wissensbeschreibung in angemessener Form veranschaulicht werden kann.

Bislang wurden nur „feste" Aussagen miteinander verknüpft. Sollen dagegen allgemeingültige Aussagen gemacht werden, z.B. der allgemeine Aufbau einer Maschine beschrieben werden, ohne sämtliche Einzelteile detailliert auflisten zu wollen, muß mit *Variablen* als Platzhalter für diese Einzelteile gearbeitet werden. Den Variablen werden dann entsprechende Eigenschaften zugeordnet. Diese Vorgehensweise führt zu einer *Prädikatenlogik* mit Variablen.

2.1.2 Prädikatenlogik mit Variablen

Durch die Verwendung von Variablen können Aussagen allgemeiner gehalten werden. Die Aussage:

> „Der Stab X ist L Meter lang."

gilt eben für eine ganze Reihe von Stäben. „Wahr" oder „falsch" ist die Aussage nur dann, wenn ein bestimmter Stab mit einer definierten Länge betrachtet wird. Bevor also der Wahrheitsgehalt einer Aussage mit Variablen ermittelt werden kann, müssen die Variablen selbst belegt werden. Solange die Variablen nicht belegt (d.h. *ungebunden*) sind, ist die Aussage weder „wahr" noch „falsch". Die Festlegung einer Variable mit einem gültigen Wert setzt voraus, daß die Menge der möglichen, gültigen Werte über eine Definitionsmenge festgelegt wurde (vgl. hierzu Definition der *Universalmenge*). Im obigen Beispiel wäre etwa die Definitionsmenge der Variablen X die Menge der handelsüblichen Stäbe, die Definitionsmenge der Variablen L ein Ausschnitt der positiven, reellen Zahlen.

Es gibt hierbei zwei Möglichkeiten, Variable in Aussagen zu *binden*, d.h. Bedingungen an die Verwendung der Variablen zu stellen. Zum einen kann festgelegt werden, daß eine Aussage für jeden Wert einer Variablen *(Allquantor)* gültig ist, zum anderen kann verfügt werden, daß eine Aussage nur bei einer bestimmten Belegung der Variable „wahr" ist *(Existenzquantor)*.

2.1.2.1 Allquantor

Bis jetzt bezogen sich alle Aussagen nur auf konkrete Fälle. Wenn man jedoch einzelne Aussagen verallgemeinern will, braucht man - wie bereits angedeutet - Variable. So bringen die Aussagen

> „St 37 enthält Eisen."
> „St 52 enthält Eisen."
> „C 35 N enthält Eisen."
> ...

zum Ausdruck, daß alle angegebenen Stahlsorten St37, St52 und C35N Eisen enthalten. Eine allgemeinere Formulierung wäre:

> „Jede Stahlsorte enthält Eisen."

oder, mit Hilfe einer Variablen S ausgedrückt:

> „Ist S eine Stahlsorte, so enthält S Eisen."

Definition: Allquantor

Die Gesamtaussage mit dem *Allquantor*

$$alle(S) : A \quad [\; \forall(S) : A \;]$$

(zu lesen „für alle S gilt die Aussage A") stellt eine Behauptung über *alle* zulässigen Werte der Variable S in der Aussage A dar. Gibt es auch nur einen Wert für S, für den die Aussage A nicht gilt, so gilt die Gesamtaussage nicht.

Das obige Beispiel kann mit dem Allquantor wie folgt formuliert werden:

$$alle(S) : wenn \; \text{Stahlsorte}(S) \; dann \; \text{enthältEisen}(S)$$

Hier steht die Variable S für eine beliebige Stahlsorte, bezogen auf die Definitionsmenge. Um den Wahrheitsgehalt dieser Aussage überprüfen zu können, müssen formal alle möglichen Fälle untersucht werden. In diesem Fall muß also gezeigt werden, daß jede Stahlsorte S Eisen enthält. Dies kann bejaht werden, so daß die Richtigkeit der Gesamtaussage angenommen werden kann. Man erkennt aber die Schwierigkeit bei der Überprüfung von Aussagen mit dem Allquantor: Es muß *jeder* zulässige Fall überprüft werden, um die Richtigkeit nachzuweisen - andererseits genügt ein einziges Gegenbeispiel, um zu zeigen, daß die Gesamtaussage falsch ist.

2.1.2.2 Existenzquantor

Anders dagegen verhalten sich Aussagen, die lediglich die Existenz eines Sachverhaltes oder Gegenstandes behaupten. Eine Aussage mit Existenzquantor ist dann richtig, wenn sich die Existenz in bereits einem Fall nachweisen läßt.

Definition: Existenzquantor

Die Gesamtaussage mit dem *Existenzquantor*

$$exist(S) : A \quad [\; \exists(S) : A \;]$$

(zu lesen „es existiert ein S, für das die Aussage A gilt") stellt eine Behauptung über *einen* zulässigen Wert der Variable S dar. Es genügt also, nur einen Wert für die Variable S zu finden, für den die Aussage A „wahr" ist, um die Richtigkeit der Gesamtaussage zu zeigen.

Die Aussage, daß es beispielsweise (mindestens) einen Werkstoff gibt, der magnetisch ist, läßt sich wie folgt formulieren:

$$exist(W) : Werkstoff(W) \; und \; magnetisch(W).$$

Es genügt damit, nur einen magnetischen Werkstoff W aus der Definitionsmenge der möglichen Werkstoffe zu finden, damit die Gesamtaussage *wahr* wird (z.B. erfüllt W mit „Stahl" die Aussage).

Oft werden die Quantoren umgangssprachlich stillschweigend vorausgesetzt. Bei der Präzisierung von Wissen mit Hilfe der Prädikatenlogik sollte jedoch eine explizite Formulierung vorgenommen werden. So kann die Aussage

„Der Holzbinder hat Dübelverbindungen."

je nach Kontext unterschiedliche Bedeutungen haben. Ist gemeint:

„Der Holzbinder hat Dübelverbindungen, denn aus konstruktiven Gründen können nicht überall Zapfenverbindungen eingesetzt werden.",

so bedeutet die Aussage

$$exist(V) : Verbindungsart(V) \; ist \; Dübelverbindung$$

daß mindestens eine Dübelverbindung im Holzbinder vorzufinden ist. Geht man vom Kontext

„Der Holzbinder hat Dübelverbindungen, denn andere Verbindungsarten kommen aus wirtschaftlichen Gründen nicht in Frage."

aus, bedeutet die Aussage

$$alle(V) : Verbindungsart(V) \; ist \; Dübelverbindung$$

daß *nur* Dübelverbindungen verwendet worden sind.

2.1.2.3 Weitere Verknüpfungsregeln

Mit Hilfe von *Verknüpfungsregeln* kann man vorhandene Aussagen umformen. Dies ist dann wichtig, falls eine Aussage in einer bestimmten Form vorliegen muß - so müssen Aussagen und Regeln in Expertensystemen oft vorgegebene Strukturen einnehmen. Falls dies erforderlich ist, müssen die Aussagen so umgewandelt werden, daß sie einerseits den formalen Vorgaben genügen, andererseits inhaltlich äquivalent bleiben. Einige solcher Umformulierungsregeln werden im folgenden angegeben.

Doppelte Verneinung[3]

$$nicht \; (nicht \; A) \equiv A \qquad [\; \neg(\neg A) \equiv A \;]$$

Mit dieser Umformulierungsregel können *nicht*-Verknüpfungen vereinfacht werden. Man beachte, daß diese Regel eng mit dem Prinzip der ausgeschlossenen Mitte zu-

---

[3] Auch hier wird neben der Sprachbezeichnung die formale Darstellung in eckigen Klammern angegeben.

sammenhängt. Die Regel (wie andere Regeln auch) kann je nach Umformungsziel von links nach rechts oder umgekehrt angewendet werden:

- Stehen in einer zusammengesetzten Aussage zwei *nicht* Verknüpfungen „hintereinander", können beide entfernt werden, ohne den Sinn der Gesamtaussage zu verändern.

  Beispielsweise ist die Aussage

  > „Es gilt *nicht*, daß die Zugspannung *nicht* größer als 180 N/mm^2 ist."

  inhaltlich gleichbedeutend mit der Aussage

  > „Die Zugspannung ist größer als 180 N/mm^2."

- Wird in einem Ausdruck eine *nicht*-Form verlangt, kann man durch die doppelte Verneinung eine *nicht*-Verknüpfung generieren.

  Soll z.B. die Aussage

  > „Die Spannweite beträgt weniger als 20 m."

  aus bestimmten Gründen in eine *nicht*-Form gebracht werden, so kann man sie umformen zu

  > „Es gilt *nicht*, daß die Spannweite *nicht* weniger als 20 m beträgt."

  oder kompakter:

  > „Es gilt *nicht*, daß die Spannweite mehr als 20 m beträgt."

deMorgansche Regeln

> *nicht* (A *und* B) ≡ (*nicht* A) *oder* (*nicht* B)   [$\neg(A \land B) \equiv \neg A \lor \neg B$]
> *nicht* (A *oder* B) ≡ (*nicht* A) *und* (*nicht* B)   [$\neg(A \lor B) \equiv \neg A \land \neg B$]

Hier wird die *nicht*-Verknüpfung auf die zusammengesetzte Aussage „A *und* B" bzw. „A *oder* B" angewendet. Dabei wechselt die *und*-Verknüpfung in eine *oder*-Verknüpfung und umgekehrt.

Beispiel: Für unbewehrten Beton wird die Aussage aufgestellt:

> „Es gilt *nicht*, daß Betonsorte B5 *oder* Betonsorte B10 verwendet wurde."

Mit der zweiten deMorgansche Regel kann diese Aussage äquivalent umgeformt werden zu:

> „Die Betonsorte B5 wurde *nicht* verwendet *und* die Betonsorte B10 wurde *nicht* verwendet."

Wieder sind die Regeln in beiden Richtungen anwendbar: Die zweite Aussage ist äquivalent zur ersten, aber auch umgekehrt - die erste Aussage ergibt sich durch Umformulierung der zweiten Aussage.

Distributivgesetz

A *und* (B *oder* C) ≡ (A *und* B) *oder* (A *und* C)
[A ∧ (B ∨ C) ≡ (A ∧ B) ∨ (A ∧ C)]
A *oder* (B *und* C) ≡ (A *oder* B) *und* (A *oder* C)
[A ∨ (B ∧ C) ≡ (A ∨ B) ∧ (A ∨ C)]

Durch diese Regel kann ein Klammerpaar „aufgelöst" werden. Dieses Distributivgesetz ist analog zum arithmetischen Distributivgesetz:

$$a \cdot (b+c) \equiv a \cdot b + a \cdot c .$$

Allerdings, im Gegensatz zum „arithmetischen" Distributivgesetz sind beide Regeln symmetrisch bzgl. der *und-* bzw. *oder*-Verknüpfung.

Ein Beispiel für das logische Distributivgesetze ist die Umformung der Aussage

> „Es sind Scherspannungen *und* Zugspannungen zu berücksichtigen
> *oder*
> es sind Scherspannungen *und* Druckspannungen zu berücksichtigen."

zu der äquivalenten Aussage

> „Es sind Scherspannungen
> *und*
> Zugspannungen *oder* Druckspannungen zu berücksichtigen."

An dieser Stelle sei nochmals betont, daß alle Regeln nur den formalen, logischen Aspekt von Aussagen berücksichtigen, d.h. es können Umformungen gemacht werden, die zwar formal korrekt sind, inhaltlich aber schwer zu verstehen sind.

Hierzu ein Beispiel:

> „Die Verbindung wird mit Nieten
> *oder*
> mit Sechkantschrauben *und* Muttern hergestellt."

ist rein formal äquivalent zur Aussage

> „Die Verbindung wird mit Nieten *oder* Sechskantschrauben
> *und*
> mit Nieten *oder* Muttern hergestellt."

Die inhaltliche Bedeutung der letzten Aussage dürfte nicht auf Anhieb verständlich sein!

Kommutativgesetz

A *und* B ≡ B *und* A   [A ∧ B ≡ B ∧ A]
A *oder* B ≡ B *oder* A   [A ∨ B ≡ B ∨ A]

Das Kommutativgestz ist jedem geläufig: So würde jeder die Aussage

„Die Länge ist 1 m *und* die Breite ist 4 m.“

gleichsetzen mit der Aussage

„Die Breite ist 4 m *und* die Länge ist 1 m.“

Assoziativgesetz

(A *und* B) *und* C ≡ A *und* (B *und* C)
[(A ∧ B) ∧ C ≡ A ∧ (B ∧ C)]
(A *oder* B) *oder* C ≡ A *oder* (B *oder* C)
[(A ∨ B) ∨ C ≡ A ∨ (B ∨ C)]

Durch das Assoziativgesetz kommt es also bei logischen Ausdrücken nicht auf die Klammerung an: Die Verknüpfung kann in beliebiger Reihenfolge stattfinden (allerdings nur bei gleichartigen Verknüpfungen). Zusammen mit dem Kommutativgesetz können daher gleichartige Verknüpfungen beliebig umgestellt werden:

A *und* B *und* C ≡ B *und* A *und* C ≡ C *und* B *und* A ≡ ...

Kontraposition

wenn A *dann* B ≡ *wenn* (*nicht* B) *dann* (*nicht* A)
[A → B ≡ ¬B → ¬A]

Diese Regel erlaubt aus einer *wenn-dann* Beziehung den umgekehrten Schluß zu ziehen: Falls der Ergebnisteil nicht zutrifft, kann der Bedingungsteil nicht wahr sein, da sich sonst ein Widerspruch zur *wenn-dann* Aussage ergeben würde.

Um sich von der Richtigkeit der einzelnen Regeln zu überzeugen, können - wie bei den einfachen Verknüpfungen - Wahrheitstafeln und Venn-Diagramme herangezogen werden, was hier an einem einfachen Beispiel gezeigt werden soll. Um z.B. die Richtigkeit der ersten deMorganschen Regel zu beweisen, können Wahrheitstafeln (Tabelle 2.10, Tabelle 2.11) aufgestellt werden. Da die beiden mit (*) gekennzeichneten Spalten identisch sind, müssen folglich die beiden Ausdrücke

nicht (A *und* B)

und

(*nicht* A) *oder* (*nicht* B)

äquivalent sein.

Tabelle 2.10.   Wahrheitstafel zur deMorgansche Regel (1)

A	B	A und B	nicht (A und B)
w	w	w	f
w	f	f	w
f	w	f	w
f	f	f	w
			(*)

Tabelle 2.11. Wahrheitstafel zur deMorgansche Regel (2)

A	B	nicht A	nicht B	(nicht A) oder (nicht B)
w	w	f	f	f
w	f	f	w	w
f	w	w	f	w
f	f	w	w	w (*)

Über die Umformungsregeln können gegebene Aussagen in verschiedene Formen gebracht werden. Ziel dabei ist es, eine solche Form zu finden, die besonders leicht zu überprüfen ist oder die einer gewünschten formalen Struktur genügt.

2.1.2.4 Prädikatenformeln

Aussagen im Prädikatenkalkül, die auch Variable enthalten können, werden auch *Formeln* (genauer: *Prädikatenformeln*) genannt. Alle zuvor diskutierten Beispiele sind bereits Beispiele für Prädikatenformeln. Wie schon erwähnt, nutzen viele KI-Programme (und besonders Expertensysteme) die Prädikatenlogik als Repräsentationsform und die formale Darstellung des Wissens mit Prädikatenformeln. Dem Anwender bleibt dies bei den meisten Systemen verborgen, da die Bedienung des Systems durch anwenderfreundliche Menüs, Masken und anderen Hilfsmittel erfolgt. Innerhalb des Systems wird jedoch mit Prädikatenformeln gearbeit.

In diesem Abschnitt soll gezeigt werden, wie eine Prädikatenformel im einzelnen aufgebaut ist. Die *Grundbausteine*, mit denen Formeln aufgebaut werden, sind dabei Konstante, Variable, Funktionen, Terme und Prädikate.

Definition: Konstante

> Eine *Konstante* ist ein Objekt, dessen Wert unverändert bleibt. Konstanten stellen somit unveränderliche Sachverhalte oder Gegenstände dar, über die Aussagen gemacht werden.

Beispiele für Konstanten sind:

- „Aluminium" (eine Materialkonstante),

- „wahr" (eine Boolsche Konstante, ein Wahrheitswert) oder

- „3" (eine Zahlenkonstante).

Um nicht nur „feste" Aussagen aufstellen zu können, werden Variable benötigt, die dann unterschiedliche Werte annehmen können.

Definition: Variable

> Eine *Variable* ist ein Objekt, das seinen Wert verändern kann. Genauer: Variable können einen Wert aus einer Menge von zulässigen Werten (*Definitionsmenge*) annehmen.

Beispiele für Variable sind: „Laufzeit", „Material" oder „X1". Äußerlich unterscheiden sich Konstante und Variable nicht - ihre Verwendung wird erst aus dem Zusammenhang ersichtlich. Verschiedene Systeme haben dabei unterschiedliche Konventionen, wie Variable kenntlich gemacht werden. So wird etwa in der Programmiersprache PROLOG eine Variable dadurch gekennzeichnet, daß sie mit einem Großbuchstaben beginnt.

Definition: Funktionen

> *Funktionen* stellen Abhängigkeiten zwischen Objekten dar, wobei einem Objekt ein anderes Objekt zugeordnet wird.

Beispielsweise sind „Länge(Stab12)" bzw. „Knotenanzahl(F)" Funktionen, mit deren Hilfe die Länge des Stabs mit der Stabnummer 12 bzw. die Anzahl der Knoten des Fachwerks F ermittelt wird. Beide Funktionen liefern nach Auswertung eine Zahl, die der Länge bzw. Knotenanzahl entspricht. Im allgemeinen können Funktionen Werte beliebigen Typs liefern.

Konstante, Variable und Funktionen sind die einfachsten „Bausteine", die ihrerseits zu komplexeren Gebilden, den sogenannten Termen, zusammengesetzt werden können.

Definition: Term

> Ein *Term* wird aus Konstanten, Variablen oder Funktionen gebildet, oder aus solchen Größen zusammengesetzt.

Unter „zusammengesetzt" versteht man dabei eine beliebige Verschachtelung von Konstanten, Variablen und Funktionen in anderen Funktionen. So sind z.B. die Konstante „E-Modul" und die Variable „Bauteil" einfache Terme. Auch die Funktion „plus(X,Y)", die die Summe aus den Variablen X und Y liefern soll, ist ein Term. Sind X und Y jedoch nicht nur einfache Variable, sondern selbst Funktionen, so ergibt sich ein zusammengesetzter Term. Bezeichnet man mit

Gewicht(Beton) bzw. Gewicht(Einlage)

das Gewicht des Betons und der Stahleinlagen einer Stahlbetonstütze, so kann das Gesamtgewicht der Stütze durch den zusammengesetzen Term

plus(Gewicht(Beton), Gewicht(Einlage))

angegeben werden. Die einzelnen Gewichte können dabei selbst Funktionen sein; so kann z.B. das Gewicht des Betonanteils durch die Funktion

mult(Dichte(Beton), Volumen(Stütze))

beschrieben werden. Für das Gewicht der Stütze ergibt sich damit

plus(mult(Dichte(Beton), Volumen(Stütze)),
        mult(Dichte(Stahl), Volumen(Einlage))).

Wie man sieht, können Verschachtelungen dazu verwendet werden, detaillierte Angaben über einen Sachverhalt abzubilden - natürlich entstehen dabei immer komplexere Terme. Schließlich gibt es noch Prädikate, die den Funktionen ähnlich sind. Der Unterschied besteht darin, daß Prädikate nur den Wert „wahr" oder „falsch" annehmen, daß also der Wertebereich eines Prädikats binärwertig ist.

Definition: Prädikate

Prädikate werden aus Termen gebildet. Sie können den Wert *wahr* oder *falsch* annehmen, je nach Belegung der Terme.

„Stahl(X)", „stabil(Tragwerk)" und „gleich(4,5)" sind z.B. Prädikate, da sie, nach Auswertung, entweder „wahr" oder „falsch" ergeben, also „logische Aussagen" über Objekte darstellen. Auch Prädikate können zusammengesetzt werden - so ist das Prädikat

gleich(Dichte(St37) , Dichte(B15))

„falsch", da unterschiedliche Zahlen verglichen werden.

Prädikate spielen - wie bereits deutlich wurde - eine zentrale Rolle in der Prädikatenlogik: Ein Prädikat ist eine eigenständige Formel, eine Funktion dagegen nur Teil einer Formel. Der genaue Aufbau von Prädikatenformel soll jetzt behandelt werden.

Definitionen: Prädikatenformel

1. Ein Prädikat ist eine Formel.

2. Sind A und B Formeln, dann sind

   nicht A,
   A *und* B,
   A *oder* B,
   wenn A *dann* B
   genau A *wenn* B

   ebenfalls Formeln.

3. Ist A eine Formel und X eine Variable, dann sind auch

   alle(X) : A und
   exist(X) : A

   Formeln.

4. Formeln können nur durch die Regeln 1-3 entstehen.

Formeln, die keine Verknüpfungen enthalten (d.h. gebildet nach Regel 1), nennt man *atomare* Formeln.

Betrachten wir zur besseren Verdeutlichung noch einmal das Beispiel

$$alle(S) : wenn \text{ Stahlsorte}(S) \ dann \text{ enthältEisen}(S).$$

Nach (1) sind die beiden Prädikate „Stahlsorte(S)" und „enthältEisen(S)" Formeln. Nach (2) ergibt sich, daß auch *„wenn* Stahlsorte(S) *dann* enthältEisen(S)" eine Formel ist. Schließlich ist nach (3) die Gesamtaussage eine Formel. Man sieht, daß mit den gegebenen Definitionen beliebige Formeln „aufgebaut" werden können. Der entwickelte Formalismus kann auch benutzt werden, um eine Formel *auszuwerten*, d.h. zu überprüfen, ob bei einer bestimmten Belegung der Variablen die Aussage „wahr" oder „falsch" ist.

Prädikatenformeln erlauben die Repräsentation von Wissen. Um jedoch eine „Wissensverarbeitung" zu erreichen, bedarf es noch entsprechender Verarbeitungsmechanismen, die aus vorhandenem Wissen neues Wissen schließen. Die Mechanismen sind dabei so zu gestalten, daß sie auf den Computer übertragen werden können und somit eine „automatische Wissensverarbeitung" ermöglichen. Zwei Verfahren haben sich in der Prädikatenlogik entwickelt, die eine computergerechte Verarbeitung von Wissen gewährleisten: die *Resolution* als Grundlage für das automatische Beweisen von Prädikatenformeln, und die *Unifikation*, mit der Prädikatenformeln miteinander verknüpft werden können.

2.1.3 Resolution

Das *Resolutionsprinzip* wird zur Durchführung eines automatischen Beweisverfahrens verwendet. Dadurch, daß der „Beweisvorgang" schematisch durchgeführt werden kann, ist ein Computer in der Lage, Wissen mit Hilfe des Prädikatenkalküls zu verarbeiten. Hiervon macht z.B. die Programmiersprache PROLOG Gebrauch, die als Implementierungssprache für Expertensysteme einsetzt wird, und auf einer Teilmenge des Prädikatenkalküls, den sog. Horn-Klauseln basiert.

Betrachten wir ein konkretes Beispiel, das zeigt, wie aus vorhandenem Wissen neues gewonnen werden kann! Mit der Regel:

> „Wenn die Spannung mehr als 240 N/mm^2 beträgt, dann ist die Streckgrenze überschritten."

und der als „wahr" anzunehmenden Aussage (Faktum):

> „Die vorhandene Spannung beträgt 280 N/mm^2."

kann sofort geschlossen werden, daß die vorhandene Spannung die Streckgrenze übersteigt (Syllogismus). Diese Art der Wissensverarbeitung, aus gegebenen Regeln und bekannten Aussagen Schlüsse zu ziehen, führt analog jeder Ingenieur bei seiner täglichen Arbeit durch. Um jedoch dem Computer Schlußfolgerungskompetenz übertragen zu können, muß der Ablauf der Wissensverknüpfung detailliert spezifiziert werden. Die *Resolution* ist eine solche detaillierte Verknüpfungsvorschrift.

Der Grundgedanke bei der Resolution besteht darin, zu den Annahmen, d.h. zu den vorhandenen Regeln und Fakten, die Verneinung einer nachzuweisenden Behauptung hinzuzufügen, und diese Menge von Regeln und Fakten aufgrund von bestimmten Vorschriften so lange zu vereinfachen, bis ein *Widerspruch* eintritt. Tritt ein solcher Widerspruch ein, kann auf die Richtigkeit einer Behauptung geschlossen werden. Die Menge der Regeln und Fakten sieht man am besten als eine Menge von Prädikatenformeln an, um deutlich zu machen, daß es lediglich auf die Manipulation dieser Formeln ankommt und nicht auf deren inhaltliche Bedeutung.

Die Vereinfachung selbst geschieht durch die Anwendung von sogenannten *Resolutionsschritten*. Folgender Resolutionsschritt verknüpft z.B. die beiden Formeln

> A *oder* B,
> *nicht* A

zu der einzigen Formel

> B .

Der Hintergrund des Ablaufs ist folgender: Einerseits gilt die Aussage A oder die Aussage B nach der ersten Formel (A *oder* B), andererseits besagt die zweite Formel (*nicht* A), daß die Aussage A nicht gelten soll. Die Aussage A bewirkt also immer einen Widerspruch, denn es kann nicht gleichzeitig A und „*nicht* A" gelten. Folglich kann nur die Aussage B gelten. Die Aussage B kann dann in einem weiteren Resolutionsschritt mit anderen Formeln verknüpft werden, usw.

Wichtig ist, daß bei der Resolution eine bestimme Form der Aussagendarstellung eingehalten wird: Zunächst muß eine Gesamtaussage aus einer Menge von Teilaussagen bestehen, die nur durch *und* miteinander verknüpft sind. Jede Teilaussage soll wiederum nur die *oder*-Verknüpfung enthalten. Eine solche Teilaussage nennt man auch eine Klausel. Jede beliebige Aussage läßt sich dabei durch Anwenden der bereits diskutierten Verknüpfungsregeln (deMorgansche Regeln, Distributivregeln, usw.) in eine derartige standardisierte Form bringen. Hat man beispielsweise die Aussage

> *nicht* (*nicht* A *oder* (B *und nicht* C)),

so kann man diese Aussage schrittweise überführen in

> (*nicht* (*nicht* A)) *und* (*nicht* (B *und nicht* C)) ,
> A *und* (*nicht* B *oder* (*nicht* (*nicht* C))) ,
> A *und* (*nicht* B *oder* C)

und erhält somit zwei Klauseln, A und „*nicht* B *oder* C", die direkt für die Resolution verwendet werden können.

Zur Vedeutlichung der Resolution soll nochmals das obige Beispiel mit der Streckgrenze behandelt werden. Dazu bezeichnen wir die Aussage

> „Die Spannung ist größer als 240 N/mm^2."

mit A und die Aussage

> „Die Streckgrenze ist überschritten."

mit B. Somit ergibt sich prägnanter:

> *wenn* A *dann* B

und

> A .

Durch Überlegung kann sofort auf die Aussage B geschlossen werden. Die neue Aussage stellt dabei Wissen dar, das aus vorhandenem Wissen abgeleitet worden ist.

Das Schließen neuer Aussagen aus bereits bekannten Aussagen nennt man *Inferenz* oder auch *Schließungsregel*. Eine wichtige Schließungsregel haben wir gerade kennengelernt: Den *„Modus ponens"* oder die *Abtrennungsregel*, nach der aus einer *wenn-dann* Regel der *dann*-Teil gefolgert werden kann, falls der *wenn*-Teil zutrifft.

Um das Beispiel mit dem Resolutionsprinzip lösen zu können, müssen - um einen Widerspruch zu erhalten - die beiden Formeln

> *wenn* A *dann* B,
> A,

noch zusätzlich mit der Formel

> *nicht* B

ergänzt werden. Man möchte ja zeigen, daß die Aussage B aus den Annahmen folgt. Bevor jedoch die Resolutionsschritte angewendet werden können, müssen die Formeln in eine sog. Klauselform gebracht werden. Betrachten wir die erste Formel

> *wenn* A *dann* B .

Äquivalent hierzu ist die Formel[4]

> (*nicht* A) *oder* B.

Somit hat man folgende drei Formeln miteinander zu verknüpfen:

> (*nicht* A) *oder* B,
> A,
> *nicht* B.

Mit dieser Umformung können die erforderlichen Resolutionsschritte durchgeführt werden. Die Verknüpfung der ersten beiden Formeln ergibt:

> B,
> *nicht* B,

was zu dem angestrebten Widerspruch führt: Es kann nicht gleichzeitig B und „*nicht* B" gelten! Damit ist die Richtigkeit der Aussage B nachgewiesen.

---

[4]   Dies kann durch Aufstellen einer Wahrheitstafel überprüft werden.

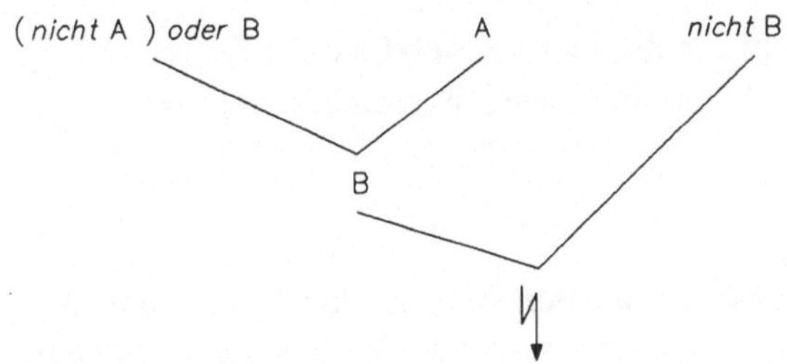

Bild 2.13.   Resolutionsbeispiel

Der Ablauf der Resolution kann auch mit einem Baumdiagramm graphisch dargestellt werden (Bild 2.13). In der ersten Zeile stehen die Klauseln, die schrittweise miteinander verknüpft werden. So wird zuerst die Klausel „(*nicht* A) *oder* B" mit der Klausel A zur Klausel B verknüpft. Schließlich wird B mit „*nicht* B" verknüpft, was zum Widerspruch führt, womit die Aussage B gefolgert wird.

Zusammenfassend kann gesagt werden: Der Beweis für die Richtigkeit einer Aussage wird zurückgeführt auf das Auffinden eines Widerspruches zwischen vorhandenem Wissen und der Negation der zu beweisenden Aussage. Das Resolutionsprinzip erlaubt es, einen solchen Widerspruch zu finden. Es wird deshalb die Negation der interessierenden Aussage betrachtet, weil das Resolutionsprinzip vollständig und eindeutig hinsichtlich des Widerlegens einer Aussage ist. Das heißt andererseits aber nicht, daß mit dem Resolutionsprinzip jede interessierende Aussage abgeleitet werden kann; diesbezüglich ist das Resolutionsverfahren *nicht* vollständig.

Als allgemeine Arbeitsauswertung (Schlußfolgerungsmechanismus) läßt sich das Resolutionsprinzip wie folgt darstellen:

1.   Sei M = {A_1, A_2, ..., A_n} die Menge der gegebenen Formeln (Aussagen) und R die als richtig zu beweisende Aussage.

    Füge zu den Voraussetzungen {A_1, A_2, ..., A_n} die Negation der Aussage „*nicht* R" hinzu. Somit gilt:

$$M = \{nicht\ R, A_1, A_2, ..., A_n\}.$$

    Überführe alle Aussagen in Klauselform.

2.   Verknüpfe und vereinfache die Formeln der Menge M durch Resolutionsschritte, bis ein Widerspruch eintritt. Tritt kein Widerspruch ein, kann die gegebene Aussage R nicht aus den Voraussetzungen gefolgert werden. Im einzelnen:

2a.   Suche zwei Klauseln, die „resolviert" werden sollen. Dabei sollte eine Klausel eine Aussage X enthalten, die andere die Aussage *nicht* X.

2b.   Entferne die beiden Klauseln aus der Menge M und füge das Ergebnis zur Menge M hinzu.

2c.   Fahre so lange fort, bis ein Widerspruch eintritt.

Es wird somit nachgewiesen, daß eine Aussage aus den Voraussetzungen genau dann folgt, wenn bei Durchführung der Schritte unter 2 ein Widerspruch eintritt. Mit Hilfe des Resolutionsverfahrens wird man somit in die Lage versetzt, neues Wissen aus einer Menge von Fakten und Regeln abzuleiten und dieses Wissen aufzudecken.

2.1.4 Unifikation

Bei der Anwendung des Resolutionsprinzips wurden bislang nur feste, konstante Aussagen verwendet. In der Praxis kommt es aber häufig vor, daß mit Formeln gearbeitet wird, die Variable enthalten.

Hierzu ein Beispiel: Man weiß, daß der Werkstoff Beton prädestiniert dazu ist, Druckkräfte zu übertragen. Größere Zugkräfte dagegen erfordern entsprechende Gegenmaßnahmen. Um dieses Tragverhalten in einem Regelsystem erfassen zu können, sind entsprechende Fakten und Regeln aufzustellen. Wir betrachten einen kleinen Ausschnitt aus der zugehörigen Fakten- und Regelmenge:

> „*Wenn* der Werkstoff B5 ist *und* größere Zugbelastung aufnehmen muß, *dann* größeren Zug durch Bewehrung aufnehmen."

> „*Wenn* der Werkstoff B10 ist *und* größere Zugbelastung aufnehmen muß, *dann* größeren Zug durch Bewehrung aufnehmen."

> „*Wenn* der Werkstoff B15 ist *und* größere Zugbelastung aufnehmen muß, *dann* größeren Zug durch Bewehrung aufnehmen."

Die Verallgemeinerung könnte wie folgt aussehen:

> „*Für alle* Werkstoffe W *gilt*:
> *Wenn* W ein Beton ist *und* größere Zugbelastung aufnehmen muß,
> *dann* größeren Zug durch Bewehrung aufnehmen."

oder etwas formaler aufgeschrieben:

> *alle*(W) : *wenn* ist_Beton(W) *und* größere_Zugbelastung(W) *dann* benötigt_Bewehrung(W).

Ist z.B. als Werkstoff Beton B45 vorgesehen, kann mit der obigen Regel geschlossen werden, daß in einem Bauteil aus B45 eine größere Zugbelastung durch eine Bewehrung aufzunehmen ist. Aus den beiden Formeln

> *alle*(W) : *wenn* ist_Beton(W) *und* größere_Zugbelastung(W) *dann* benötigt_Bewehrung(W).

> istBeton(B45)

folgt also der Schluß:

> benötigt_Bewehrung(B45).

Um zu dieser Schlußfolgerung zu kommen, muß die in der ersten Formel auftretende Variable W an jeder Stelle durch den Wert B45 belegt werden. Dieser Abgleich in einer oder mehreren Formeln wird *Unifikation* genannt.

Kommt in einer Formel eine Variable mehrfach vor, muß aus Konsistenzgründen selbstverständlich immer die gleiche Ersetzung stattfinden. Betrachtet man also beispielsweise die beiden Fakten

> enthält(Stahl, Eisen),
> chemZeich(Eisen, Fe),

und die Regel

> *wenn* enthält(Werkstoff, Element)
> *und* chemZeichen(Element, Kürzel),
> *dann* hat_bestandteil(Werkstoff, Kürzel),

so kann man schließen, daß

> hat_bestandteil(Stahl, Fe)

gilt. Dabei wird die Variable „Werkstoff" mit der Konstante „Stahl", die Variable „Element" mit der Konstante „Eisen" und die Variable „Kürzel" mit der Konstante „Fe" unifiziert.

Für unsere Zwecke reicht die Darstellung der beiden hier diskutierten Verfahren, die Resolution und die Unifikation, aus, um wissensverarbeitende Systeme zu erstellen; insbesondere arbeitet die Programmiersprache PROLOG, die in Kapitel 5 behandelt wird, mit der Resolution und der Unifikation.

2.2 Suchstrategien

Wissensverarbeitung setzt nicht nur Schlußfolgerungsmechanismus voraus, es muß auch Sorge dafür getroffen werden, daß ein sinnvolle Reihenfolge bei der Abarbeitung eingehalten wird. Aus der Fülle der Eintragungen in der Wissensbasis muß dabei nach gerade relevanten Aussagen gesucht werden. Aus einer Menge von Regeln wird beispielsweise eine anwendbare Regel herausgesucht oder es wird zu einer vorgegebenen Menge von Regeln und Bedingungen eine Lösung gesucht, die bestimmten Anforderungen genügt. So könnte der Basisalgorithmus eines Expertensystems durch folgende Suchstrategie gegeben sein:

```
Initialisierung
SOLANGE Ziel nicht erreicht
UND es gibt noch anwendbare Regeln
    WÄHLE AUS (SUCHE) eine anwendbare Regel
    UND wende sie an
ENDE
```

Aber auch in anderen KI-Bereichen bilden Suchalgorithmen die Basis, auf der „intelligente" Programme aufgebaut werden. Oft kann nämlich eine gestellte Aufgabe als eine Suchaufgabe formuliert werden, die dann mit den vielfältigen Suchstrategien gelöst werden kann. Man sollte sich darüber im klaren sein, daß „Suchen" -

wenn es nachgewiesenermaßen nicht anders geht - ein sinnvoller und geeigneter Lösungsmechanismus ist!

Ein typisches Beispiel für Suchstrategien ist das Schachspiel. Viele Menschen sehen ja die Fähigkeit, Schach spielen zu können, als eine „intelligente" Tätigkeit an. Deshalb wurde das Schachspiel auch schon früh als KI-Anwendungsbeispiel verwendet (vgl. Abschnitt 1.2.3). Das Schachspiel ist einerseits einfach genug, um es mit wenigen Regeln beschreiben zu können, andererseits kompliziert genug, so daß die Programmierung von Schachprogrammen anspruchsvoll ist.

Die computergerechte Beschreibung des Schachspiels erfordert folgende Angaben:

- *Die Definition des Spielbretts und der Figuren.* Jede Belegung des Spielbretts mit Figuren bildet einen *Zustand.* Man sagt auch, die Menge der gültigen Zustände bildet den *Zustandsraum.*

- *Die Definition der Spielregeln, nach denen Spielzüge durchgeführt werden.* Spielzüge können bewertet werden. Ein Spielzug kann dabei als Übergang von einem Zustand des Spielbretts in einen anderen Zustand beschrieben werden.

Die Definition der Regeln ist entscheidend für den Ablauf eines Schachprogramms. Die einfachste Möglichkeit einer Regeldefinition besteht darin, alle möglichen Spielzüge aufzulisten. Zu jeder Belegung des Spielbretts wird eine Folgebelegung angegeben, wobei *genau eine* Figur einen gültigen Zug macht. Man kann sich leicht vorstellen, daß diese Vorgehensweise nicht sehr effektiv ist, da Schach eine enorm hohe Anzahl von Spielzügen erlaubt (ca. 10^{120}, vgl. Bemerkungen zur *kombinatorischen Explosion* in Abschnitt 1.2.3) und somit der Zeitbedarf unvertretbar hoch wäre.

Programme, die mit Suchstrategien arbeiten, kommen deshalb mit einer beschreibenden Aufzählung der Zustandsübergänge allein nicht aus. Vielmehr ist es erforderlich, eine abstraktere Form der Regeldefinition zu verwenden. Im Schachspiel kann dies dadurch geschehen, daß man die erlaubten Spielzüge der einzelnen Figuren angibt. Formuliert man als möglichen elementaren Spielzug

„Ein Läufer darf diagonal auf unbelegte Felder ziehen, dabei aber keine andere Figur überspringen."

so hat man mit dieser Regel eine ganze Klasse von Zuständen erfaßt, wobei die Belegung der nicht beteiligten Felder und Figuren nicht in die Beschreibung eingeht. Die Beschreibung und das Erfassen von Regeln höherer Stufen ist im Vergleich zur einfachen Aufzählung übersichtlicher. Gerade das Aufstellen möglichst guter Beschreibungen von Regeln entscheidet deshalb über den Erfolg von Suchprogrammen.

Der Nachweis der Gebrauchsfähigkeit und Festigkeit für Bauteile eines Tragwerks möge als weiteres Beispiel für Suchprogramme dienen. Es ergeben sich folgende Analogien zum Schachspiel:

- Der Definition des Schachbretts und der Figuren beim Schach entspricht der Aufzählung von bestimmten, genormten Bauelementen (z.B. Profile nach DIN), die als Bauteile einer Gesamtkonstruktion in Frage kommen. Hier wird also der Zustandsraum durch die Bauteile mit ihren konstruktiven Details (Höhe, Länge, Durchmesser, usw.) definiert.

- Den Spielzügen beim Schach äquivalent sind Konstruktionsregeln, die auf Normen und Richtlinien beruhen und die Zulässigkeit der ausgewählten Bauelemente definieren.

Das Suchproblem besteht nun darin, diejenigen Bauelemente zu bestimmen, die allen vorgegebenen Anforderungen genügen (Nachweis). Wie auch beim Schachspiel wird man versuchen, möglichst allgemein gültige Regeln zu finden, um das Nachweisproblem möglichst effizient zu lösen.

Suchprobleme

Allgemein kann ein Suchproblem wie folgt beschrieben werden:

1. Definiere einen *Zustandsraum*, der alle gültigen Zustände erfaßt. Nur in den einfachsten Fällen wird dabei eine Zustandsbeschreibung durch eine Aufzählung der einzelnen Zustände möglich sein, da sonst der Umfang des Problems zu groß würde. Im allgemeinen wird man die (gültigen) Zustände mit möglichst generell ausgelegten Regeln beschreiben müssen.

2. Definiere die Menge der *Anfangszustände*. Sie bilden die möglichen Startwerte des Suchalgorithmus (Initialisierung).

3. Definiere die Menge der *Endzustände*. Das sind die Zustände, nach der die Suche abgebrochen wird (Terminierungskriterium).

4. Spezifiziere eine Menge von (zulässigen) Regeln, unter Berücksichtigung folgender Aspekte:

    4.1. *Welche Voraussetzungen werden im einzelnen gemacht?* Oft müssen Voraussetzungen explizit „einprogrammiert" werden, die im alltäglichen Gebrauch evident sind.

    4.2. *Wie lassen sich möglichst allgemein gültige Regeln aufstellen?* Werden Regeln zu eng ausgelegt, müssen sehr viele Regeln aufgestellt werden. Zu allgemeine Regeln dagegen können Fälle mit einbeziehen, die gar nicht zulässig sind (Ausnahmen zu Regeln beachten!).

    4.3. *Wieviel Vorarbeit ist zu leisten, bevor die Regeln aufgestellt werden?* Oft kann man durch Aufbereiten von Informationen (Umformulieren in geeigneter Notation, Trennung in unabhängige Einheiten) Regeln verallgemeinern. Dies darf jedoch nicht so weit führen, daß der Aufwand für Vorarbeiten größer wird als der Aufwand für die Lösung selbst.

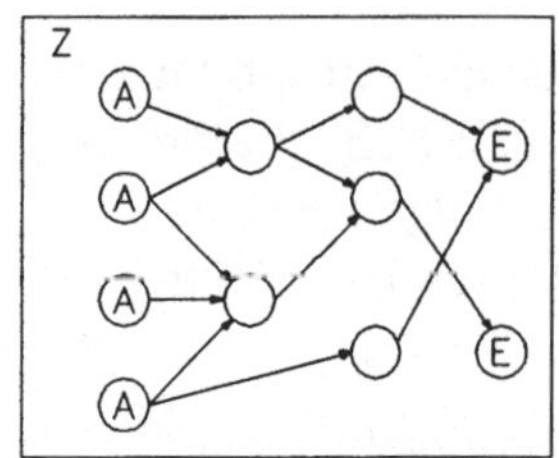

Bild 2.14. Graphische
Darstellung des Suchproblems

Das Suchproblem kann schematisch (vgl. Bild 2.14) dargestellt werden: Der Zustandsraum Z umfaßt die möglichen, gültigen Zustände des Suchproblems (dargestellt durch Kreise). Anfangszustände sind durch ein „A", Endzustände durch ein „E" gekennzeichnet. Die Regeln des Suchproblems sind durch Pfeile gekennzeichnet, die einen zulässigen Übergang von einem Zustand in einen anderen Zustand repräsentieren.

Besonders wichtig ist es zu erkennen, wann Suchstrategien einzusetzen sind und wann besser andere Methoden benutzt werden sollten. Unsinnig wäre es beispielsweise, die Gleichung „$4 \cdot X - 6 = 0$" mit Hilfe eines Suchalgorithmus zu lösen. Es gilt also allgemein:

> Gibt es einen *Algorithmus* (d.h. eine genau definierte, in allen Einzelheiten festgelegte Vorschrift), mit der eine Lösung gefunden werden kann, ist dieser Algorithmus einer allgemeinen Suche vorzuziehen. Suchstrategien sollten hingegen dann verwendet werden, wenn exakte Algorithmen *nicht* existieren.

Hierzu ein Beispiel: Das Tragwerksverhalten eines Bauwerks (linear elastisches Materialverhalten und kleine Verformungen unterstellt) läßt sich bekanntlicherweise mit Hilfe der Deformationsmethode durch das lineares Gleichungssystem:

$$K \ V = P$$

beschreiben, wobei K die globale Steifigkeitsmatrix, V der generalisierte Verschiebungsvektor und P der generalisierte Kräftevektor sind. Zur Lösung dieses Problems sollten Gleichungssystemlöser und keine Suchalgorithmen eingesetzt werden. Dagegen kann das Problem festzulegen, ob ein Problem dynamisch, statisch, linear oder nichtlinear ist, über ein regelbasiertes System mit Hilfe von Suchalgorithmen gelöst werden (vgl. z.B. Hinweis zum Expertensystem SACON in Abschnitt 1.5).

2.2.1 Heuristiken

Durch „blindes" Suchen kann zwar prinzipiell immer eine Lösung (falls vorhanden) gefunden werden, bei praktischen Problemen muß jedoch darauf geachtet werden, den Suchraum durch geeignete, problemspezifische Einschränkungen einzugrenzen. Dieses Phänomen wurde schon in Abschnitt 1.2.3 erwähnt: Das allgemeine Problemlösungsprogramm GPS war viel zu allgemein ausgelegt, um effizient reale, komplexe Aufgaben lösen zu können.

Regeln, die der Einschränkung des Suchraumes dienen, nennt man *Heuristiken*. Sie bilden eine wesentliche Grundlage für „intelligente" Expertensysteme und andere KI-Programme und entscheiden darüber, ob ein Problem überhaupt lösbar ist oder nicht. Schon bei relativ kleinen Aufgaben gibt es oft bereits so viele Lösungsmöglichkeiten, daß man sie unmöglich alle überprüfen kann.

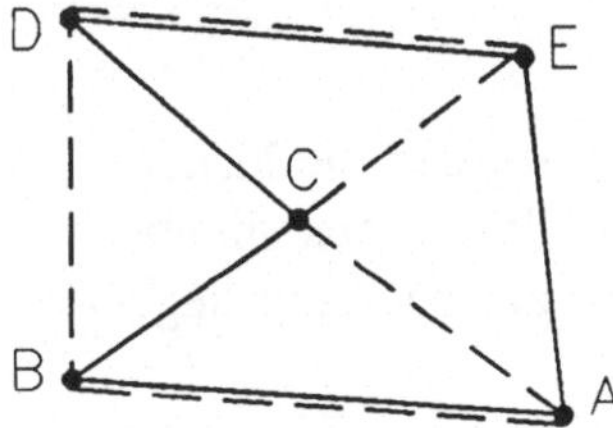

Bild 2.15. Problem des Handlungsreisenden

Warum Heuristiken wichtig sind, soll anhand eines Beispiels aus der Logistik verdeutlicht werden (auch als *Problem des Handlungsreisenden* bekannt): Eine Firma muß verschiedene Kunden mit Ware beliefern, wobei der zurückgelegte Weg möglichst kurz sein soll. So sind beispielsweise in fünf verschiedenen Orten (A, B, C, D und E) ansässige Kunden aufzusuchen. Die möglichen Routen sind in Bild 2.15 durch gestrichelte bzw. durchgezogene Linien eingetragen. Gefragt ist nach der kürzesten Route.

Eine Möglichkeit, die günstigste Route zu finden, besteht darin, *alle* möglichen Routen (d.h. alle Kombinationen) aufzulisten, und hieraus die kürzeste zu ermitteln. Diese einfache Methode findet immer die minimale Route, da alle in Frage kommende Wege überprüft werden. Sie hat leider den Nachteil, daß sie sehr ineffektiv ist: Die Anzahl der Kombinationen, die überprüft werden müssen, hängt von der Fakultät der Zielorte ab. Wenn n die Anzahl der Zielorte bezeichnet, wären $(n-1)!$ mögliche Routen zu untersuchen. Beim Problem nach Bild 2.15 (5 Zielorte) gibt es

$$(5-1)! = 4! = 4 \cdot 3 \cdot 2 \cdot 1 = 24$$

unterschiedliche Wege, bei 11 Zielorte wären es bereits

$$(11-1)! = 10! = 10 \cdot 9 \cdot 8 \cdot 7 \cdot 6 \cdot 5 \cdot 4 \cdot 3 \cdot 2 \cdot 1 = 3628800$$

Kombinationen. 20 Zielorte könnten auch von den derzeit leistungsfähigsten Rechner nicht mehr bewältigt werden.

Der Einsatz einer geeigneten Heuristik jedoch erlaubt auch bei großer Anzahl von Zielorten eine Lösung des Problems. Als mögliche Heuristik kann z.B. das sogenannte *Branch-and-Bound-Verfahren* eingesetzt werden: Der Lösungsprozeß wird mit der Angabe einer möglichen Fahrroute begonnen. Weitere möglichen Routen werden dann aber mit der bislang kürzesten verglichen. Falls die Länge des gerade betrachteten Weges größer ist, wird die Überprüfung abgebrochen und die nächste Möglichkeit ausprobiert. Hierdurch läßt sich die Suchzeit zwar vermindern, sie bleibt aber immer noch relativ hoch, da die benötigte Suchzeit weiterhin exponentiell mit der Anzahl der Zielorte (Suchzeit proportional zu $1{,}26^n$) anwächst. Mit dieser Methode kann zwar garantiert der kürzeste Weg gefunden werden, aber für größere n ist auch diese Methode unbrauchbar.

Eine erhebliche Reduzierung des Aufwandes läßt sich erst dann erreichen, wenn die Forderung, die exakt optimale Lösung zu finden, fallengelassen wird. Beim o.g. Problem des Handlungsreisenden (Logistikbeispiel) läßt sich ein vereinfachter Suchalgorithmus aufbauen: Er wird mit *„Nächster-Nachbar-Algorithmus"* bezeichnet und findet sehr schnell eine Lösung, die allerdings nicht das mathematische Optimum darstellen muß.

Der Algorithmus arbeitet nach folgendem Schema:

1.   Wähle einen beliebigen Zielort!

2.   Um den nächsten Zielort bestimmen zu können, werden die bisher noch nicht angefahrenen Standorte betrachtet. Wähle aus dieser Menge den Ort, der dem momentanen Standort am nächsten liegt (*nächster Nachbar*)!

3.   Wiederhole Schritt 2, bis alle Zielorte betrachtet worden sind!

Es läßt sich zeigen, daß die Suchzeit nur noch proportional zu n^2 ist. Wären also bei 10 Zielorten 100 Zeiteinheiten nötig, sind es bei 20 Zielorten nur noch 400 Zeiteinheiten. Obwohl es Konstellationen gibt, wo der heuristische Algorithmus nicht den kürzesten Weg findet, eignet er sich dennoch gut zur Auffindung von guten Lösungen.

Es gibt zwei weitere Gründe, warum Heuristiken zur Lösung entsprechend komplexere Probleme herangezogen werden sollten:

- *Meistens ist das exakte Optimum nicht unbedingt gefragt.* Oft genügt schon ein guter Wert; man spricht dann vom *Satisfizieren*, im Gegensatz zum *Optimieren*. Dies gilt besonders für Probleme, bei denen die Ausgangsdaten nur ungenau vorliegen und somit übertriebene Genauigkeit unangebracht wäre. Im alltäglichen Leben wird oft nicht das absolute Optimum angestebt, sondern man gibt sich mit einer „annehmbaren" Lösung zufrieden. Beispiel: Beim Einkauf in der Stadt steuert man den nächstliegenden Parkplatz an. Man durchsucht nicht die ganze Stadt nach dem „bestmöglichen" Parkplatz.

- *Heuristiken besitzen im allgemeinen ausreichende Lösungsmöglichkeiten.* Es lassen sich jedoch theoretische Grenzfälle konstruieren, bei denen Heuristiken versagen. In der Praxis treten diese Fälle aber normalerweise sehr selten auf.

Fragestellungen zu Suchproblemen

Die Modellierung von Suchproblemen sollte sich an folgenden Fragestellungen orientieren:

1.   *Ist das Suchproblem aufteilbar in einzelne, kleinere Teilaufgaben?* Dies ist nichts anderes als das *„Teile und Beherrsche-Prinzip"*. Kleinere Aufgaben sind meist einfacher zu lösen als große, komplexe. Voraussetzung ist natürlich, daß die Aufgabe aus einzelnen, mehr oder weniger unabhängigen Teilaufgaben besteht, das heißt, es darf keine zu starke Kopplung zwischen Teilaufgaben bestehen (vgl. hierzu den nachfolgenden Abschnitt über *Suchbäume*).

2.   *Können Zwischenschritte wieder rückgängig gemacht werden, falls sich diese als falsch erwiesen haben; können sie durch bessere ersetzt werden?* Das Ausprobieren möglicher Lösungen ist oft sinnvoll (Planung, Konfigurie-

rung). Die zentrale Frage dabei ist: Was geschieht, falls eine Probelösung nicht zum Ziel führt? Im einfachsten Fall muß man nichts unternehmen, da man zwar überflüssige Informationen gewonnen hat, das richtige Ergebnis aber trotz des Mißerfolges noch gefunden werden kann.

Ein Beispiel hierzu ist die Beweisführung im Prädikatenkalkül: Wird eine Formel „bewiesen", und stellt sich später heraus, daß man diese gar nicht benötigt, braucht sie nicht „rückgängig" gemacht zu werden, da die Formel ihre Gültigkeit behält. Ein gegenteiliges Beispiel ist das Schachspiel: Wird ein Spielzug ausprobiert, und stellt sich dieser im nachhinein als schlecht heraus, kann er nach den Spielregeln nicht rückgängig gemacht werden. Aber auch in der Ingenieurpraxis kommen derartige, irreversible Situationen vor: Anfertigung eines Bauteils, Montage einer Halle, usw.

3. *Ist es möglich, eine „annehmbare" Lösung zu finden, ohne alle Kombinationen prüfen zu müssen?* Wie schon oben erwähnt, ist in der Praxis sorgfältig zu prüfen, ob wirklich die beste Lösung von Interesse ist, oder ob nicht schon eine gute Lösung ausreicht. In letzterem Fall kann mit heuristischen Suchmethoden gearbeitet werden.

4. *Ist die benötigte Wissensbank in sich konsistent?* Die Wissens- und Datenbank darf keine Widerspüche aufweisen. In der Praxis können Widersprüche bei umfangreicher Wissensbasis jedoch nicht ohne weiteres ausgeschlossen werden. So wäre die Regel

   wenn A *dann nicht* A

inkonsistent, da diese offensichtlich einen Widerspruch darstellt.

5. *Ist die Menge des Wissens unbedingt erforderlich, um die gestellte Aufgabe lösen zu können, oder dient das Wissen nur dazu, die Suchzeit zu verringern?* Schach ist ein gutes Beispiel, wie mit relativ wenig Regeln schwierige Aufgaben definiert werden müssen. Obwohl ein Anfänger schon nach kurzer Zeit „spielen" kann, erhöht erst das Wissen über Brettpositionen und Strategien die Spielstärke, und verringert die Suchzeit nach geeigneten Spielzügen.

Dagegen wäre das Problem, die Genehmigung für die Errichtung eines Bauwerks einzuholen, für einen Rechner unlösbar. Und zwar deswegen, weil einfach zu viel Alltagswissen benötigt wird, das zudem noch in nicht computergerechter Form vorliegt, und nicht etwa, weil die Rechenleistung zu gering ist.

6. *Kann ein Problem automatisch vom Rechner gelöst werden, oder ist eine Interaktion mit einem Anwender erforderlich?* Wenn eine Interaktion vorgesehen ist, sollte der Lösungsablauf für den Anwender nachvollziehbar sein.

2.2.2 Suchbäume (und/oder-Bäume)

Problemstellungen können dadurch gelöst werden, daß sie in kleinere, leichter lösbare Teilaufgaben aufgeteilt werden („*Teile und Beherrsche-Prinzip*"). Zur Lösung der Gesamtaufgabe müssen dann *alle* Teilaufgaben (*und*-Konstrukt) gelöst werden, deren Einzelergebnisse zur Gesamtlösung beitragen. Eine andere Möglichkeit besteht darin, verschiedene Methoden (*oder*-Konstrukt) zur Lösung bereitzuhalten. In diesem Fall muß dann eine geeignete Methode ausgewählt werden, die das Problem löst. Beide Ansätze können mehrfach verwendet und auch miteinander gekoppelt werden, wobei ein mehrstufiges, hierarchisches Lösungsschema entstehen kann, das sich graphisch in Form eines *Suchbaums* darstellen läßt.

und-Knoten

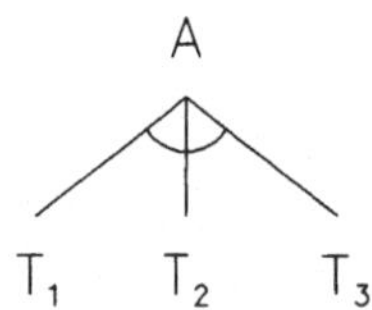

Bild 2.16.
Darstellung eines
und-Knotens

Wie schon erwähnt, kann eine Aufgabe in Teilaufgaben gegliedert werden, die vermutlich leichter zu lösen sind. Wird beispielsweise eine Aufgabe A in drei Teilaufgaben T_1, T_2 und T_3 zerlegt werden, so müssen zur Lösung von A die Teilaufgaben T_1 und T_2 und T_3 gelöst werden. Man sieht, daß eine Verbindung zu den logischen Operatoren besteht: Da alle Teilaufgaben gelöst werden müssen, sind sie mit dem *und*-Operator verknüpft. In Bild 2.16 ist dieser Sachverhalt durch eine Baumstruktur dargestellt. Der Knoten A (Aufgabe A) hat drei Äste, die jeweils die Knoten T_1, T_2 und T_3 (Teilaufgaben T_1, T_2 und T_3) mit dem Knoten A verbinden. Um anzudeuten, daß die Äste mit dem logischen *und*-Operator verknüpft sind, wird zur Markierung der *und*-Verknüpfung ein kleiner Bogen eingezeichnet. Das zugehörige Konstrukt bezeichnet man als *und-Knoten* eines Suchbaums.

Ein Beispiel des *und*-Knotens ist in Bild 2.17 dargestellt: Die Lösung des Integrals

$$\int (x^2 + 2x)\ dx$$

kann auf die Lösung der beiden elementaren Teilintegrale

$$\int x^2\ dx, \qquad \int 2x\ dx$$

zurückgeführt werden.

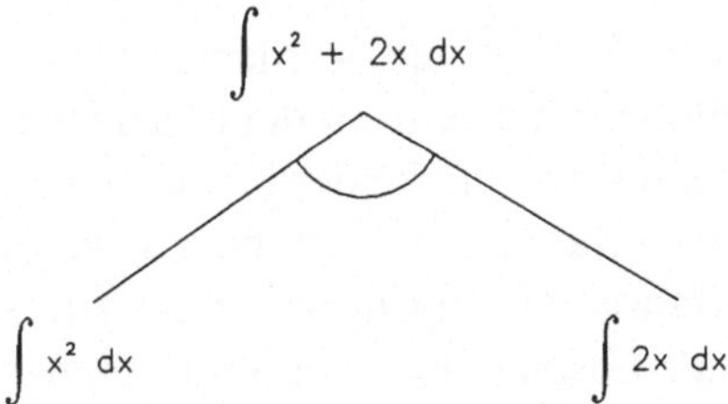

Bild 2.17. Beispiel aus der Integralrechnung zum *und*-Knoten

oder-Knoten

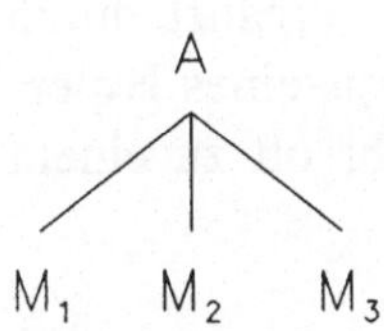

Bild 2.18.
Darstellung eines
oder-Knotens

Eine andere Lösungsmöglichkeit besteht darin, mehrere anwendbare Methoden einzusetzen. Soll beispielsweise eine Aufgabe A diesmal mit den drei verschiedenen Methoden M_1, M_2 oder M_3 gelöst werden, ergibt sich Bild 2.18.

Die Darstellung des *oder-Knotens* ist analog zum *und*-Knoten; es wird jedoch *kein* Bogen eingezeichnet. Eine zum vorherigen Beispiel analoge Aufgabe aus der Integralrechnung ist in Bild 2.19 zu sehen: Hier soll das Integral

$$\int \sin x^2 \, dx$$

gelöst werden, wobei eine der beiden alternativen Ansätze

$$\int (1 - \cos^2 x) \, dx, \quad \int \frac{1}{2} (1 - \cos 2x) \, dx$$

zur weiteren Untersuchung verwendet werden können.

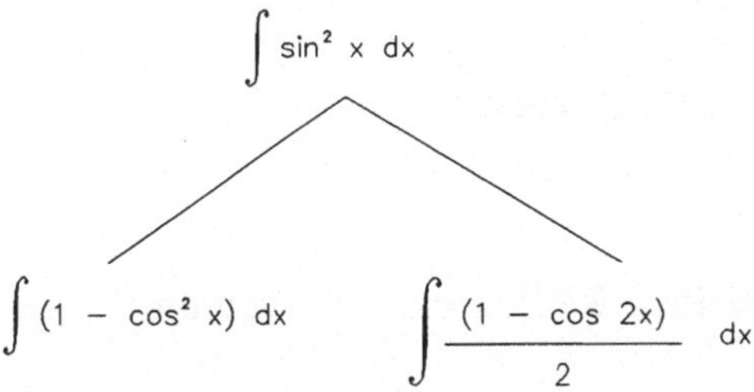

Bild 2.19. Beispiel aus der Integralrechnung zum *oder*-Knoten

Algorithmen, die *und/oder*-Bäume nach Lösungen durchsuchen, werden in der Literatur als *A*-Algorithmen* bezeichnet. A*-Algorithmen suchen nach dem kürzesten Pfad im Suchbaum, d.h., sie erzeugen eine Lösung, die mit minimalem Aufwand zu realisieren ist. Verfeinerungen solcher Algorithmen erlauben es, auch heuristisches Wissen über den Zustandsraum direkt in das Verfahren einzubringen. Ist der zugehörige Suchbaum aufgestellt, kann gezielt nach der Lösung eines Gesamtproblems gesucht werden.

Zum Vergleich mit einfachen Suchstrategien: In Bild 2.14 wird das Suchproblem strukturlos dargestellt, denn die Zustände (Kreise) sind durch Regeln (Pfeile) beliebig miteinander gekoppelt. Suchprobleme in der Praxis haben jedoch häufig eine Struktur, die durch Suchbäume dargestellt werden können. In diesem Fall können effiziente Algorithmen (A*-Algorithmen) verwendet werden, evtl. ergänzt durch heuristisches Wissen, um Lösungen zu finden. Auch die Wissensbasis eines Expertensystemes, das mit Produktionsregeln formuliert ist, läßt sich sehr oft zu einem großen Anteil durch *und/oder*-Bäume repräsentieren.

Beispiel

Es seien drei Programme vorhanden, um eine Tragstruktur berechnen zu können: ein Fachwerkprogramm, ein Stabwerkprogramm und ein allgemeines FEM-Programm. Je nach Art der gegebenen Tragstruktur soll das passende Programm ausgewählt und ausgeführt werden. Zur Bestimmung eines Programms kann eine der folgenden Regeln angewendet werden:

```
REGEL R1
WENN  Tragstruktur ist Fachwerk
DANN  Wähle Fachwerkprogramm
UND   Führe Programm aus


REGEL R2
WENN  Tragstruktur ist Stabwerk
DANN  Wähle Stabwerkprogramm
UND   Führe Programm aus


REGEL R3
WENN  Tragstruktur ist weder Fach- noch Stabwerk
DANN  Wähle FEM-Programm
UND   Führe Programm aus
```

Jede dieser Regeln kann wiederum durch weitere Regeln präzisiert werden. So stellen die Regeln

```
REGEL R4
WENN   Elemente sind Stäbe
UND    Stäbe sind gelenkig gelagert
UND    Nur Knoten sind belastet
DANN   Tragstruktur ist Fachwerk


REGEL R5
WENN   Elemente sind Stäbe
UND    Knoten können Momente aufnehmen
DANN   Tragstruktur ist Stabwerk
```

eine Entscheidungshilfe dafür dar, um eine Tragstruktur als Fachwerk bzw. Stabwerk zu identifizieren. Schließlich kann die Aussage in der Regel R4:

„Nur Knoten sind belastet"

durch zwei weitere Regeln verfeinert werden:

```
REGEL R6
WENN   Punktlasten greifen nur in den Knoten an
DANN   Nur Knoten sind belastet


REGEL R7
WENN   Punktlasten (auf Stäbe) sind durch Ersatzlasten
       auf die Knoten verteilt
DANN   Nur Knoten sind belastet
```

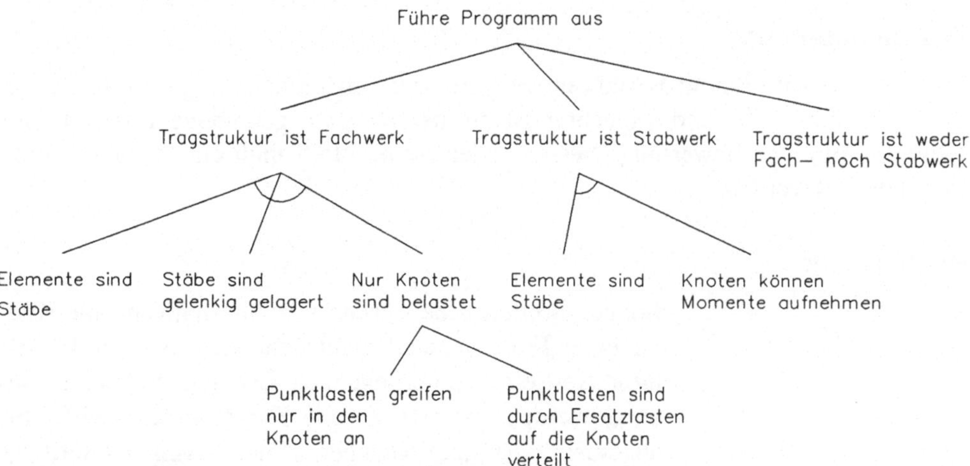

Bild 2.20.   und/oder-Baum zur Programmauswahl

Die Gesamtheit dieser Regeln kann auch als Suchbaum (*und/oder*-Baum) dargestellt werden (Bild 2.20). Der oberste Knoten „Führe Programm aus" stellt das Ziel dar. Die Regeln R1, R2 oder R3 können, je nach Tragstruktur, angewendet werden -

sie bilden einen *oder*-Knoten. Um beispielsweise ein Fachwerk zu identifizieren, müssen alle Aussagen der Regel R4 nachgewiesen werden, sie bilden einen *und*-Knoten. Schließlich kann Regel R6 oder R7 zum Nachweis der Aussage „Nur Knoten sind belastet" herangezogen werden, was wieder einem *oder*-Knoten entspricht.

Weitere Suchstrategien

Bisher wurde nicht erwähnt, in welcher Reihenfolge die Knoten eines Suchbaums abgearbeitet werden. Hierzu gibt es zwei grundsätzliche Alternativen: *Tiefensuche* und *Breitensuche*. Varianten hiervon (*Best-First* und *Branch-and-Bound*) können heuristisches Wissen miteinbeziehen. Diese Verfahren werden hier kurz vorgestellt.

Tiefensuche

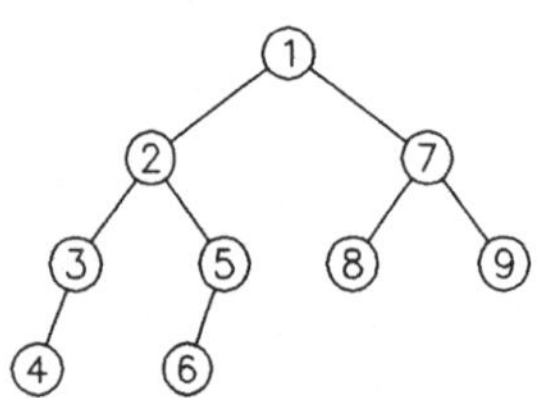

Bei der Tiefensuche in einem Suchbaum wird ein „Pfad" soweit wie möglich von der Wurzel aus nach unten verfolgt: In jedem Knoten des Suchbaums wird nachgeprüft, ob weitere Unterknoten existieren. Falls dies der Fall ist, wird nach einem Muster (z.B. links → rechts) einer dieser Unterknoten betrachtet, usw. In Bild 2.21 ist ein Suchbaum mit neun Knoten dargestellt, die in der Reihenfolge der Nummerierung abgearbeitet werden. Die Tiefensuche läßt sich effizient implementieren, hat aber den Nachteil, daß sie schnell „in die Tiefe" geht: Sie kann sich „in Details verstricken", statt sich zuvor einen Überblick zu verschaffen.

Bild 2.21. Beispiel zur Tiefensuche

Branch-and-Bound

Beim Branch-and-Bound-Verfahren wird die Tiefensuche dann abgebrochen, wenn der momentane Zustand schlechter ist als der bis dato gefundene Zustand. Zur Durchführung der Bewertung „besser" oder „schlechter" muß eine Qualitätsfunktion definiert werden.

Breitensuche

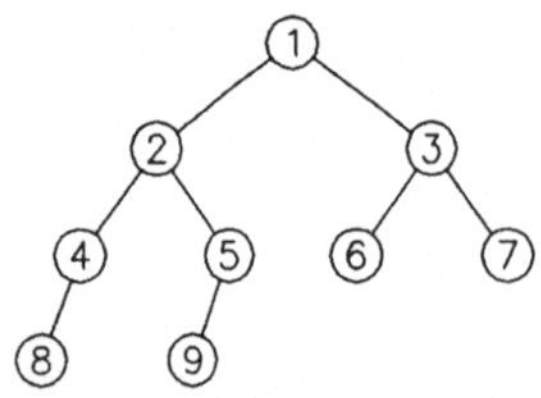

Bei der Breitensuche werden alle Alternativen (alle Knoten einer Knotenebene) untersucht, ehe man sich für Alternativen einer tieferliegenden Ebene entscheidet. Dadurch werden systematisch alle Knoten eines Suchbaums abgesucht, die „auf gleicher Höhe liegen". Allerdings benötigt diese Strategie viel Speicherplatz, um sich die Zwischenresultate zu merken. In Bild 2.22 sind die Knoten gemäß Breitensuche durchnummeriert. Man sieht, daß immer erst eine „Ebene" des Suchbaums komplett abgearbeitet wird.

Bild 2.22. Beispiel zur Breitensuche

Best-First

Das Best-First-Verfahren ist eine Variante der Breitensuche, wobei im Suchbaum jeweils nur die beste Alternative je Ebene weiterverfolgt wird. Hierzu muß jeder Knoten des Suchbaums über eine entsprechende Qualitätsfunktion bewertet werden.

2.2.3 Vorwärts- und Rückwärtsverkettung

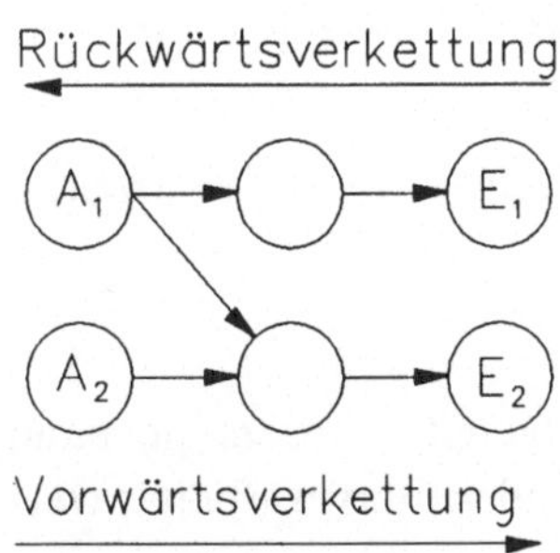

Bild 2.23. Ein einfaches Suchproblem

Betrachten wir nochmal das allgemeine Suchproblem (Bild 2.14). Neben der Suche nach irgendeiner Lösung, ist das Auffinden eines *Lösungspfades* eine wichtige Strategievariante. Der Lösungspfad beschreibt, wie - ausgehend von einem Anfangszustand - ein gesuchter Endzustand als Lösung erreicht wird. Es gibt prinzipiell zwei Möglichkeiten, die Suche durchzuführen, auf die bereits im Abschnitt 1.7 hingewiesen wurde: *Vorwärts-* und *Rückwärtsverkettung*.

In Bild 2.23 ist ein einfaches Suchproblem mit sechs Zuständen dargestellt, dabei sind A_1 und A_2 zwei Anfangszustände, E_1 und E_2 zwei Endzustände.

1. Bei der Vorwärtsverkettung geht man von einem Anfangszustand aus und arbeitet sich zu einem Endzustand vor. So können vom Anfangszustand A_1 aus beide Endzustände E_1 und E_2 erreicht werden, dagegen kann man vom Anfangszustand A_2 aus nur den Endzustand E_2 erreichen.

2. Bei der Rückwärtsverkettung arbeitet man sich von einem Endzustand zu einem Anfangszustand vor. Ausgehend vom Endzustand E_1 in Bild 2.23 kann der Ausgangszustand A_1 erreicht werden. Vom Endzustand E_2 aus kann man prinzipiell beide Ausgangszustände A_1 und A_2 erreichen, im konkreten Fall ist dabei jedoch in Abhängigkeit von den Fakten nur ein Ausgangszustand von Interesse.

Es kann i.a. nicht gesagt werden, welche Methode besser ist, da dies von der Struktur des Zustandsraumes und von der Problemstellung (z.B. Simulation: Vorwärtsverkettung; Fehlerdiagnose: Rückwärtsverkettung) abhängt. Insbesondere spielt die Art der Verzweigungen im Suchbaum eine wichtige Rolle.

Als weitere Variante bietet sich etwa bei Planungsproblemen an, beide Verfahren zu einer bidirektionellen Suche zu verbinden. Mit der Vorwärtsverkettung generiert man dann zuerst hypothetische Ziele *(goals)*, die dann mit der Rückwärtsverkettung verifiziert oder falsifiziert werden.

Vorwärtsverkettung

Die Vorwärtsverkettung *(forward chaining)* wird hauptsächlich dann eingesetzt, wenn vorhandenes Wissen (= Anfangszustände, vorhandene Fakten) verarbeitet werden soll, um hieraus neue Zustände (Lösungsvorschläge) zu generieren. Somit kann dem Benutzer eines Systems mit Vorwärtsverkettung sofort gezeigt werden, welche Schlüsse aus vorhandenem und eingegebenem Wissen gezogen werden können. Nachteilig ist, daß nur schwer abzuschätzen ist, welche von den vielen möglichen Schlüssen wirklich gebraucht werden. Es besteht also die Gefahr, den Benutzer des Systems mit einer Flut von Informationen zu überfordern.

Ein Beispiel zur Verdeutlichung: Aus der Regel

> „*Wenn* die Temperatur des Werkstoffes 800 Grad übersteigt, *dann* schmilzt der Werkstoff.“

läßt sich - wenn die gemessene Temperatur 1000 Grad beträgt - sofort der logische Schluß ziehen:

> „Der Werkstoff schmilzt.“

Diese Information kann dem Benutzer (auf Wunsch) mitgeteilt werden, sie kann aber auch zur weiteren Verarbeitung gespeichert bleiben und weiterverarbeitet werden, wenn es z.B. eine Regel gibt, die mit

> „*Wenn* der Werkstoff geschmolzen ist, *dann* ...“

beginnt.

Man kann sich vorstellen, daß durch das Verifizieren eines Faktums insgesamt eine erhebliche Menge an Informationen gewonnen werden kann. Folglich muß dafür gesorgt werden, daß die Menge der gesammelten Information nicht zu groß wird (etwa die Speicherkapazität des Rechners übersteigt oder vom Anwender nicht zu bewältigen ist).

Rückwärtsverkettung

Bei der Rückwärtsverkettung *(backward chaining)* wird von einem bekannten oder vermuteten Endzustand (Ziel, gewünschte Folgerung) ausgegangen und ein dazu passender Anfangszustand gesucht. Dabei wird nach Regeln gesucht, die auf diesen Endzustand (Ziel) schließen lassen. Um die Bedingungen dieser Regel zu erfüllen, können wieder andere Regeln benutzt werden. Die Suche „von hinten nach vorne“ geschieht so lange, bis *ein* Anfangszustand erreicht worden ist. Am Ende des Suchvorgangs ist es natürlich auch möglich - falls man die Zwischenzustände abgespeichert hat - sich den umgekehrten Lösungsweg aufzeigen zu lassen (Weg vom Anfangszustand zum Endzustand).

Die Rückwärtsverkettung hat den Vorteil, daß nur solche Informationen erfragt werden, die unmittelbar zur Befriedigung des konkreten Zieles benötigt werden. Können Bedingungen nicht aus den Informationen der Wissensbank gefunden werden, muß durch Interaktion der Benutzer gefragt werden. Es werden also vom System nur solche Fragen an den Benutzer gerichtet, die relevant sind.

Im betrachteten obigen Beispiel muß also eine entsprechende Information über die Temperatur des Werkstoffs bereitgestellt werden (entweder über andere Regeln oder durch Anfragen des Systems an den Benutzer). Beispielsweise könnte dies durch eine andere Regel der Form

> *„Wenn* ein Werkstoff geschweißt wird, *dann* beträgt die Temperatur über 800 Grad."

geschehen. Ist keine solche Regel aktiv, würde das System die angegebene Temperatur erfragen.

Liefert die Wissensbank selbst nicht die erforderlichen Informationen, muß der Benutzer befragt werden. Die vom Benutzer beantworteten Fragen sollten abgespeichert werden, damit dieselben Fragen nicht mehrmals gestellt werden. Hierdurch brauchen zum Ende der Konsultation immer weniger Fragen beantwortet zu werden.

Bei der Einfügung neuer Informationen in die Wissensbank können jedoch auch Probleme auftreten: Problematisch ist die Konsistenz und innere Korrektheit der Wissensbank. Es müssen deshalb Vorkehrungen für den Fall getroffen werden, daß bereits eingegebenes Wissen im nachhinein verändert werden muß, weil es sich als falsch erwiesen hat. Es muß dann zu einer *nicht-monotonen Logik* übergegangen werden.

Zusätzliche Erweiterungen sind erforderlich, wenn Informationen mit Unsicherheiten behaftet sind. In der Praxis können bestimmte Aussagen nicht immer mit absoluter Sicherheit gemacht werden, oft sind nur vage Aussagen möglich. Die Möglichkeit, „unsicheres Wissen" genauer beschreiben zu können, wird im nächsten Abschnitt erläutert.

2.3 Inferenz bei ungenauer Information

Ein großes Manko des Prädikatenkalküls ist es, daß Aussagen nur den Wahrheitsgehalt „wahr oder falsch" haben dürfen - dazwischen gibt es nichts (Prinzip der ausgeschlossenen Mitte). Ist also eine Aussage nicht „wahr", muß sie „falsch" sein; ist sie nicht „falsch", muß sie „wahr" sein.

Leider lassen sich in der Praxis Aussagen nicht immer so eindeutig in „wahr" oder „falsch" einteilen: Aussagen können z.B. fast immer richtig, bis zu einem gewissen Grad richtig oder manchmal richtig sein. Um Expertensysteme auch für derartige, in der Praxis häufig auftretende Situationen nutzen zu können, ist es unerläßlich, auch „Unsicherheiten" abzubilden, und die mit „Unsicherheiten" behafteten Aussagen in geeigneter Weise zu verknüpfen.

Im folgenden sollen drei Möglichkeiten vorgestellt werden, wie „Unsicherheit" präzisiert werden kann. Im einzelnen sind dies:

*   die „Fuzzy Logik",

*   „Sicherheits- oder Bestimmtheitsfaktoren", wie sie im MYCIN (vgl. Abschnitt 1.2.4) benutzt werden, sowie

- der Satz von Bayes aus der Wahrscheinlichkeitsrechnung.

2.3.1 „Fuzzy Logik"

Wörtlich übersetzt heißt „Fuzzy Logik" soviel wie „unscharfe Logik" - ein Begriff, der 1965 von Lofti Zadeh geprägt wurde, um die von ihm erweiterte Prädikatenlogik mit einem Namen zu versehen.

Bisher wurden Aussagen nur als „wahr" oder „falsch" eingestuft. Man kann „wahr" und „falsch" auch durch Zahlenwerte „messen", indem man dem Wahrheitswert „wahr" die Zahl 1 und „falsch" die Zahl 0 zuordnet. Somit läßt sich die Tatsache, daß ein Bauvorhaben B rechtzeitig bzw. mit Verzögerung fertiggestellt wird, schreiben als:

$$p(\text{ rechtzeitig}(B)\ ) = 1$$
$$p(\text{ verzögert}(B)\ ) = 0,$$

wenn nur „rechtzeitig(B)" „wahr" sein soll. Hierbei bezeichnet „p(...)" den Wahrheitsgehalt der jeweiligen Aussage.

Die Erweiterung der Fuzzy Logik besteht darin, außer den Werten 0 und 1 auch alle anderen Zahlen zwischen 0 und 1 zuzulassen: „0" bedeutet weiterhin *falsch*, „0,5" *unentschieden*, und „1" weiterhin *richtig*. Der Wert „0,1" könnte somit als „fast falsch" und „0,9" als „fast richtig" interpretiert werden.

Falls bei der Errichtung des Bauwerks B im obigen Beispiel mit einer Verzögerung zu rechnen ist, könnten nunmehr die Aussagen abgeändert werden, etwa:

$$p(\text{ rechtzeitig}(B)\ ) = 0{,}9$$
$$p(\text{ verzögert}(B)\ ) = 0{,}1\ .$$

Hiermit wird ausgedrückt: Man ist sich zu 90% sicher, daß der Fertigstellungstermin eingehalten wird, die 10% drücken aus, daß eine Verzögerung mit nur geringer Wahrscheinlichkeit zu erwarten ist. Das Beispiel deutet auch an, welche Schwierigkeiten auftreten können: Wie soll man den Begriff „ziemlich sicher" quantifizieren? Der eine stuft „0,8", der andere "0,95" als adäquaten Wert für „ziemlich sicher" ein.

Nun werden Aussagen aber fast nie für sich betrachtet. Erst durch Verknüpfung verschiedener Aussagen werden Informationen verarbeitet. Es müssen also entsprechende Rechenregeln für die Verknüpfungen von unscharfen Aussagen aufgestellt werden (analog zum Abschnitt 2.1.1). Die drei logischen Operatoren *und*, *oder* und *nicht* sind dabei, wie in Tabelle 2.12 angegeben, neu zu definieren.

Tabelle 2.12.   Elementaroperatoren bei unscharfer Logik

Operator	Definition
p und q	min(p,q)
p oder q	max(p,q)
nicht p	1 - p

Man sieht, daß der Wahrheitsgehalt von zwei durch logisches *und* miteinander verknüpfte Aussagen als Minimum der einzelnen Wahrheitsgehalte definiert ist. Entsprechend liefert das logische *oder* das Maximum der Wahrscheinlichkeitsgehalte. Schließlich liefert das logische *nicht* den auf Eins ergänzten Wert des Wahrscheinlichkeitsgehalts.

Um beispielsweise die Aussage

„Der eingesetzte Werkstoff ist korrosionsbeständig."

im Hinblick auf ihre Unsicherheit zu quantifizieren, wird sie auf eine *und*-Verknüpfung zurückgeführt, wobei davon ausgegangen werden soll, daß die Wahrheitsgehalte der Einzelaussagen bekannt sind. Angenommen, es gilt:

$$p(\text{„Der Werkstoff ist korrosionsbeständig"}) = 0{,}7$$
$$p(\text{„Der Werkstoff wird eingesetzt"}) = 0{,}9.$$

Damit ergibt sich für den Wahrheitsgehalt der verknüpften Aussage:

$$p(\text{„Der eingesetzte Werkstoff ist korrosionsbeständig"})$$
$$= \min(0{,}7\,;\,0{,}9) = 0{,}7.$$

Der eingesetzte Werkstoff ist also mit einer Sicherheit von 70% korrosionsbeständig.

Ein weiteres Beispiel: Es werden Aussagen betrachtet, die Auskunft über den Zustand eines Motors geben. Ein Benzinmotor sei als defekt angesehen, wenn ein Kolbenring undicht oder das Pleuellager ausgeschlagen ist. Angesetzt wird:

$$p(\text{„Kolbenring undicht"}) = 0{,}05$$
$$p(\text{„Pleuellager ausgeschlagen"}) = 0{,}08.$$

Der Wahrheitsgehalt der verknüpften Aussage nimmt damit folgenden Wert an:

$$p(\text{„Kolbenring undicht *oder* Pleuellager ausgeschlagen"})$$
$$= p(\text{„Maschine kaputt"})$$
$$= \max(0{,}05\,;\,0{,}08)$$
$$= 0{,}08.$$

Der Motor ist folglich mit 8%iger Sicherheit defekt bzw. mit 92%iger Sicherheit (100% - 8%) betriebsbereit.

Für praktische Anwendungen bedeutsam ist auch die Verknüpfung von Informationen, die voneinander unabhängig sind. Wenn zum Beispiel eine Regel A die Wahrscheinlichkeit der Tragfähigkeit eines geschweißten Knotens mit 90% bewertet, eine andere Regel B dagegen lediglich mit 70%, stellt sich die Frage, wie diese beiden Werte in Einklang gebracht werden können. Soll man den größeren Wert, den kleineren Wert oder den Mittelwert benutzen? Oder sollte etwa eine andere, sinnvolle Verknüpfungsfunktion gewählt werden? Fragen dieser Art können mit den nachfolgend beschriebenen Bestimmungsmethoden geklärt werden.

2.3.2 „Bestimmtheitsfaktoren" im MYCIN

Das Expertensystem MYCIN (vgl. Abschnitt 1.2.4) besitzt einen Bewertungsmechanismus für unsicheres Wissen. Zu jeder Aussage gibt es einen *Bestimmtheitsfakor* CF (Certainty Factor), der sich als die Differenz aus dem *Vertrauensfaktor* MB (Measure of Belief) und *Mißtrauensfaktor* MD (Measure of Disbelief) ergibt:

$$CF[h:e] = MB[h:e] - MD[h:e].$$

Hierbei bedeutet der Term „h:e" die zu untersuchende Hypothese (Annahme) h bei Vorhandensein des Ereignisses e. Da MB und MD zwischen 0 und 1 liegen können, liegt der Wertebereich von CF zwischen -1 und +1 (*völlig falsch* bis *bestimmt wahr*). Zum Beispiel erhält man für

$$MB[h:e] = 0, \quad MD[h:e] = 1$$

den Wert

$$CF[h:e] = -1$$

und für

$$MB[h:e] = 1, \quad MD[h:e] = 0$$

den Wert

$$CF[h:e] = +1.$$

Durch die Berechnungsformel von CF können Bewertungen *für* (MB) und *gegen* (MD) eine Hypothese eingebracht werden. Es soll noch erwähnt werden, daß diese Größen (CF, MB, MD) keine Wahrscheinlichkeiten im eigentlichen Sinn sind. Allerdings kann mit ihnen ähnlich wie mit Wahrscheinlichkeiten gerechnet werden.

Die logischen Operatoren *und, oder* und *nicht* werden ähnlich wie bei der Fuzzy Logik modifiziert; über eine Rechenformel werden Vertrauens- und Mißtrauensfaktoren im Zusammenhang gebracht.

So ist beispielsweise der Vertrauensfaktor für die Hypothese h bei Eintreten der Ereignisse e_1 *und* e_2:

$$MB[h:e_1,e_2] = MB[h:e_1] + MB[h:e_2] \cdot (1 - MB[h:e_1])$$

In Worten: Der Vertrauensfaktor einer Hypothese h bei Eintreten der Ereignisse e_1 *und* e_2 ist die Summe aus dem Vertrauensfaktor von h bzgl. e_1 plus dem Vertauensfaktor von h bzgl. e_2 multipliziert mit der Differenz zwischen 1 und dem Vertrauensfaktor von h bzgl. e_1.

Eine analoge Formel läßt sich für MD aufstellen:

$$MD[h:e_1,e_2] = MD[h:e_1] + MD[h:e_2] \cdot (1 - MD[h:e_1]).$$

Beide Formeln haben zwei wichtige Eigenschaften:

1. Sie sind symmetrisch bzgl. e_1 und e_2. (d.h. es kommt nicht auf die Reihenfolge der Ereignisse an!)

2. Der Wert für MB bzw. MD wird umso größer, desto mehr Beweise für bzw. gegen eine Hypothese gefunden werden.

Beim Beispiel des geschweißten Knotens wurden zwei unterschiedlichen Sicherheiten (90% bzw. 70%) für die Tragfähigkeit angegeben:

```
MB[Tragfähig : Rechnung nach Modell 1] = 0,9
MB[Tragfähig : Rechnung nach Modell 2] = 0,7
```

Der Gesamtvertrauensfaktor würde demnach betragen:

```
MB[Tragfähig : Rechnung nach Modell 1 und 2]
    = 0,9 + 0,7 * (1 - 0,9)
    = 0,97
```

Es ergibt sich folglich eine deutliche Erhöhung des Vertrauensfaktors im Vergleich zu den Einzelaussagen.

Weitere Verfeinerungen sind möglich, wenn die einzelnen Regeln gewichtet werden. Obwohl sich die o.g. Formeln nicht theoretisch begründen lassen, haben sie sich in der Praxis (etwa im Diagnose-Expertensystem MYCIN) bewährt.

2.3.3 Der Satz von Bayes

Auch die Wahrscheinlichkeitstheorie liefert eine fundierte Basis zur Berechnung von Unsicherheitsfaktoren. Der Satz von Bayes erlaubt die Berechnung der Wahrscheinlichkeit einer Hypothese h, falls das Ereignis e eintritt:

$$P(h:e) = \frac{P(e:h) \cdot P(h)}{P(e:h) \cdot P(h) + P(e:h') \cdot P(h')}$$

Zur Ermittlung der Wahrscheinlichkeit P(h:e) dafür, daß die Hypothese h zutrifft, falls das Ereignis e eintritt, müssen die aus Tabelle 2.3 aufgeführten Einzelwahrscheinlichkeiten bekannt sein.

Tabelle 2.13. Erforderliche Wahrscheinlichkeiten für den Satz von Bayes

Bezeichnung	Wahrscheinlichkeit dafür, daß
P(e:h)	das Ereignis e eintritt, wenn die Hypothese h vorliegt
P(h)	die Hypothese h vorliegt
P(h')	die Hypothese h nicht vorliegt (= Hypothese h')
P(e:h')	das Ereignis e eintritt, wenn die Hypothese h nicht vorliegt

Hierzu ein konkretes Beispiel: Gesucht ist die Wahrscheinlichkeit dafür, daß mit Auftreten von Haarrissen in einem Bauteil dessen Zerstörung angekündigt wird. Folgende Zuordnungen werden vorgenommen:

> Hypothese h = „Bauteil wird zerstört"
> Ereignis e = „Haarrisse treten auf"

Für die Einzelwahrscheinlichkeiten sei angesetzt:

P(e:h) = 0,8
> d.h. in 80% der zerstörten Bauteile wurden Haarrisse nachgewiesen.

P(h) = 0,05
> d.h. 5% aller Bauteile werden zerstört.

P(e:h') = 0,1
> d.h. in nur 10% der intakten Bauteile wurden Haarrisse entdeckt.

P(h') = 1 - P(h) = 0,95
> d.h. 95% aller Bauteile bleiben intakt.

Gesucht wird die Wahrscheinlichkeit P(h:e), daß bei einem beobachteten Haariß das Bauteil zerstört werden kann. Nach der Formel von Bayes ergibt sich:

$$P(h:e) = \frac{0,8 \cdot 0,05}{0,8 \cdot 0,05 + 0,1 \cdot 0,95} = 0,30 ;$$

d.h., bei etwa 30% aller Bauteile mit Haarrissen ist eine Zerstörung zu erwarten.

Die Anwendung des Satzes ist mit Schwierigkeiten verbunden: Es müssen mehrere Einzelwahrscheinlichkeiten bekannt sein, die ggf. eine Reihe von Untersuchungen bzw. Versuchen erfordern. Sollen gleichzeitig mehrere Ereignisse berücksichtigt werden, müssen die Daten außerdem stochastisch voneinander unabhängig sein, damit der Satz überhaupt anwendbar ist. Es ist also eine genaue Untersuchung von Daten, Hypothesen und Beobachtungen erforderlich, damit aus ungültigen Voraussetzungen keine unsinnigen Schlüsse gezogen werden.

Die Benutzung von Regeln mit Wahrscheinlichkeiten bzw. „Bestimmtheitsfaktoren" ist zwar problembehaftet, es ist jedoch die einzige Möglichkeit, unsicheres Wissen in ein Regelwerk einzuarbeiten und nutzbar zu machen. Die Notwendigkeit hierfür steht außer Frage, da in der Praxis des öfteren Wissen mit Wahrscheinlichkeitscharakter verarbeitet werden muß und das Prädikatenkalkül (in seiner reinen Form) als Wissensrepräsentationsformalismus nicht ausreicht.

2.4 Wissensrepräsentation

In ähnlicher Weise treten bei praktischen Anwendungen weitere Wissensformen auf, die eine auf sie zugeschnittene, eigenständige Repräsentation notwendig machen. Es kommt dabei hauptsächlich darauf an, die Natur der jeweiligen Wissensform so explizit wie möglich zu repräsentieren. Im folgenden Abschnitt wird deshalb auf weitere Repräsentationsformen eingegangen; die in Abschnitt 1.6 gemachten Ausführungen, die als Überblick gedacht waren, werden damit entsprechend detailliert und ergänzt.

Unter *Wissensrepräsentation* versteht man Formalismen, mit deren Hilfe Expertenwissen (in einem Expertensystem) abgebildet werden kann. Bisher wurden sog. Produktionsregeln behandelt, die zwar für die Repräsentation von Erfahrungswissen unverzichtbar sind, aber auch Grenzen in der Anwendung haben. Wie dargestellt, stellen Produktionsregeln logische Verknüfungen zwischen Aussagen her, wobei eine Aussage i.a. nur „elementare" Informationseinheiten enthält.

So besagen etwa die beiden Aussagen (Prädikate)

> „Der Ottomotor besitzt einen Vergaser."

> „Der Ottomotor besitzt eine Einspritzanlage."

daß ein Ottomotor einen Vergaser *oder* eine Einspritzanlage hat. Mit Hilfe der Regel

> „*Wenn* ein Ottomotor einen Vergaser besitzt, *dann* hat er auch Zündkerzen."

kann dann bei Vorhandensein eines Bauteils (Vergaser) auf das Vorhandensein eines weiteren Bauteils (Zündkerze) geschlossen werden. Somit kann der Aufbau eines Objekts (hier eines Ottomotors) wenigstens ansatzweise definiert werden.

Ein komplexes, technisches Objekt, wie z.B. ein Ottomotor, hat allerdings viele Bauteile, die zudem in einem komplizierten Zusammenhang stehen. Soll etwa ein Diagnose-Expertensystem zur Lokalisierung von Defekten erstellt werden, so muß es in irgendeiner Form „Wissen" über die Bestandteile eines Ottomotors haben. Dabei genügt es aber nicht, nur eine Aufzählung der Einzelteile vorzunehmen, auch die Interaktion der Bauteile miteinander muß festgehalten werden. Darüber hinaus sollte ein Diagnose-Expertensystem erkennen, wie sich ein Defekt eines Einzelteiles bemerkbar macht, und wie dieser Defekt am besten behoben werden kann. Die Klärung der aufgeworfenen Fragen setzt eine genaue Analyse des Wissensgebietes (auch Wissensdomäne genannt) voraus.

Im vorliegenden Fall des Diagnose-Expertensystems ist dabei ein Repräsentationsmechanismus erforderlich, der sowohl den inneren Aufbau eines Objektes als auch die Abhängigkeiten mehrerer Objekte untereinander beschreiben kann. Die Wissensrepräsentation sollte ferner einerseits flexibel genug sein, um das Wissen auf einer hohen Abstraktionsebene zu erfassen, andererseits durch eine geeignete Fachsprache im Rechner abgebildet werden können.

Nachfolgend werden die wichtigsten Formen der Wissensrepräsentation vorgestellt, die bislang schon in Expertensystemen ausgiebig Verwendung finden:

* *Semantische Netze*; sie stellen Abhängigkeiten zwischen Objekten einer Wissensdomäne dar.

- *Rahmen (frames)*; sie beschreiben sämtliche Details von Objekten einer Wissensdomäne.

- *Blackboards*; sie verknüpfen verteilte Wissensquellen.

2.4.1 Semantische Netze

Um einen komplexen, zusammengesetzten Gegenstand beschreiben zu können, müssen neben einer Aufzählung der Einzelteile, aus denen das Gesamtobjekt besteht, auch die *Beziehungen* der Einzelteile untereinander definiert werden. So wurde im Abschnitt 1.5 das CAD-System ICAD vorgestellt, welches eine objekt-orientierte Beschreibung eines technischen Objektes ermöglicht: Der Konstrukteur gibt in einer speziellen Fachsprache an, wie ein Bauteil konstruiert werden soll, und in welchem Zusammenhang es mit anderen Bauteilen steht. ICAD kann diesen Zusammenhang jederzeit durch eine entsprechende Graphik veranschaulichen (vgl. Darstellung des Part-Whole-Trees in Bild 1.10), die den Elementarfall eines semantischen Netzes darstellen.

Semantische Netze eignen sich hervorragend, um die Beziehungen zwischen einzelnen Objekte zu beschreiben. Die Darstellung des Netzes erfolgt durch einen Graphen, der aus Knoten und die den Knoten miteinander verbindenden Kanten besteht. Die Knoten repräsentieren dabei die Objekte der Wissensdomäne, die zugehörigen Kanten dagegen die Beziehungen der Objekte untereinander.

Spezielle semantische Netze haben wir bereits kennengelernt, ohne dies ausdrücklich zu erwähnen. So kann die graphische Darstellung des Suchproblems (siehe Bild 2.14) als semantisches Netz aufgefaßt werden, falls die Zustände des Suchraumes den Knoten des semantischen Netzes, die Kanten den zulässigen Übergängen im Suchraum zugeordnet werden.

In Expertensystemen werden semantische Netze vor allem zur Darstellung der Taxonomie von komplexen Objekten in der Wissensdomäne *(domain knowledge)* verwendet. Wenn also ein Expertensystem beispielsweise Fehler in einem Automotor diagnostizieren soll, ist es zweckmäßig, ihm zunächst mitzuteilen, wie ein Motor zusammengesetzt ist und wie die Einzelteile des Motors seine Funktionsfähigkeit beeinflussen. In Bild 2.24 ist exemplarisch der Ausschnitt eines semantischen Netzes wiedergegeben, das verschiedene Typen von Motoren darstellt. Wird beispielsweise in einem Ottomotor ein Defekt an der Kraftstoffanlage vermutet, so muß die Einspritzanlage bzw. der Vergaser überprüft werden. Bei einem Dieselmotor dagegen kann nur die Einspritzanlage fehlerhaft sein. Wird z.B. außerdem festgestellt, daß Kraftstoff fehlt, muß je nach Motorart Diesel oder Benzin nachgefüllt werden. Aus dem Diagramm lassen sich verschiedene Zusammenhänge entnehmen, die zur Fehlersuche herangezogen werden können.

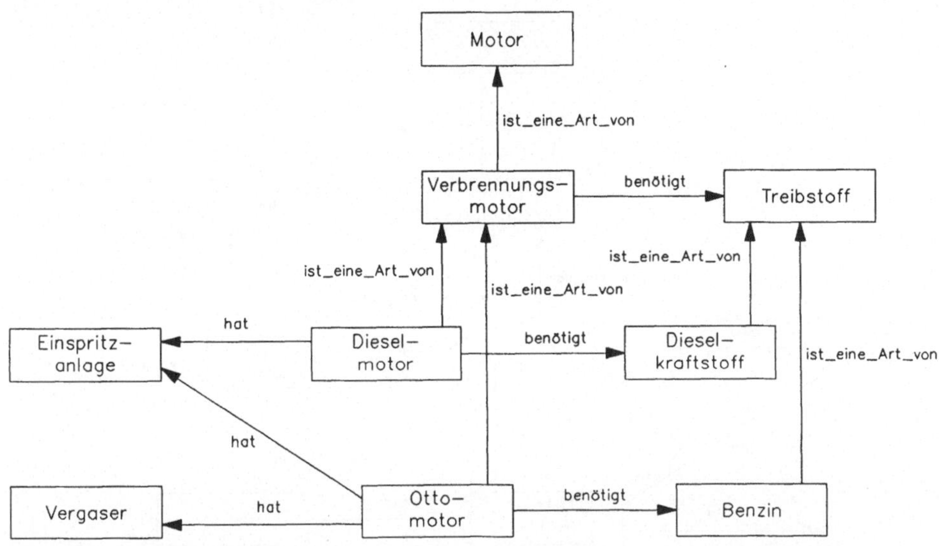

Bild 2.24. Beispiel eines semantischen Netzes

Das Bild 2.24 stellt einen Motor als abstrakte Ausprägung von Gegenständen und Sachverhalten dar. Hierbei werden Objekte zu Klassen zusammengefaßt, die hierarchisch geordnet sind. Um die Abhängigkeit der Klassen zueinander ausdrücken zu können, werden Beziehungsoperatoren (Prädikate) eingeführt - im vorliegenden Fall beispielsweise die Relation *ist_eine_Art_von (a-kind-of)* -, mit der sich hierarchische Bezüge herstellen lassen („Ein Dieselmotor ist eine Art von Verbrennungsmotor"; „Ein Verbrennungsmotor ist eine Art von Motor").

Andere Zusammenhänge zwischen Teilen des Motors werden durch *hat*- bzw. *benötigt*-Relationen definiert („Ein Ottomotor hat einen Vergaser"; „Ein Dieselmotor benötigt Dieselkraftstoff"). Derartige Relationen werden auch „Typ"-Relationen genannt, da sie Relationen zwischen Typen von Objekten festhalten.

Wird dagegen statt eines abstrakten Motors ein ganz bestimmter Motor betrachtet, so müssen seine konkreten Ausprägungen festgehalten und ausgewertet werden können. Beispielsweise besitzt ein bestimmter Ottomotor entweder einen Vergaser oder eine Einspritzanlage, aber nicht beides gleichzeitig. Die konkrete Ausprägung eines allgemeinen Objektes, auch *Instanz* genannt, kann in das semantische Netz miteinbezogen werden. Ein Beispiel hierfür ist das semantische Netz in Bild 2.25, das Teile des Netzes in Bild 2.24 um Instanzen ergänzt. Die Klasse *Ottomotor* erhält die Instanz *Opel 6 Zylinder OHC 1,3 Liter*, die Klasse *Vergaser* die Instanz *Solex-Doppelvergaser*.

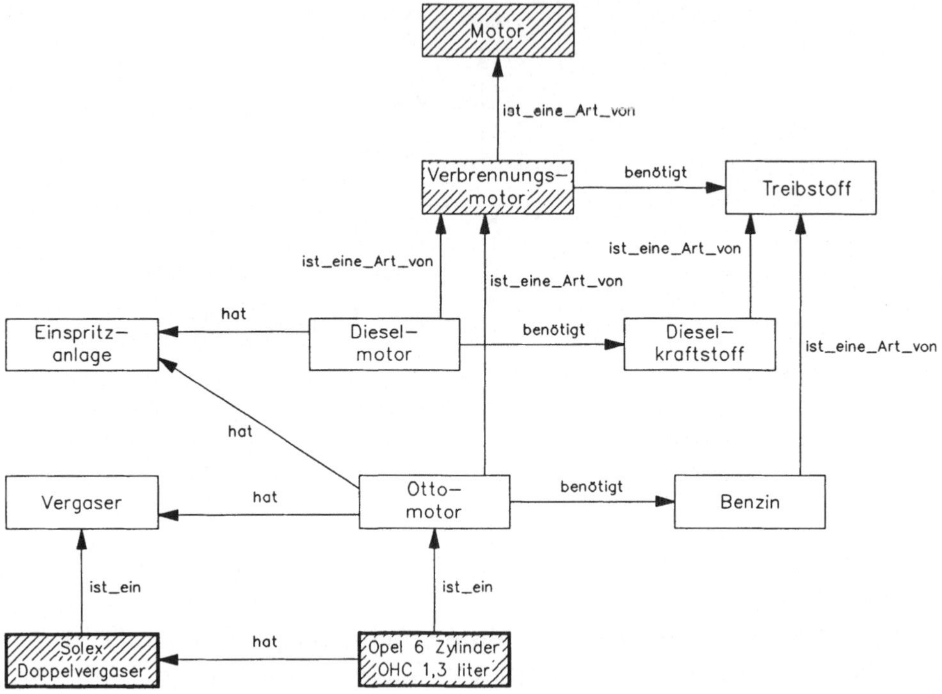

Bild 2.25.   Beispiel eines semantischen Netzes mit Instanzen

Hierbei wird eine weitere Relation eingeführt: Die *ist_ein*-Relation *(is-a)*, die sich auf Instanzen bezieht. Da ein Ottomotor einen Vergaser „hat", gilt automatisch, daß ein Opel-Motor auch einen Solex-Vergaser „hat". Relationen können also über Instanziierungen *vererbt* werden, wobei es im allgemeinen verschiedene Vererbungsstrategien geben kann.

Bild 2.24 bzw. Bild 2.25 sind graphische Repräsentationen eines semantischen Netzes. In einem Expertensystem muß jedoch eine für den Rechner geeignete Darstellung gewählt werden. Dies gelingt dadurch, daß man die Relationen eines semantischen Netzes als eine Sammlung von Prädikaten interpretiert - somit kann das Prädikatenkalkül zur rechnerinternen Darstellung von semantischen Netzen verwendet werden. Um die Umsetzung in rechnerverständliche Prädikate zu zeigen, wird der schraffierte Teil des semantischen Netzes in Bild 2.25 entsprechend umgeformt:

```
ist_eine_Art_von( Ottomotor, Verbrennungsmotor)
ist_eine_Art_von( Verbrennungsmotor, Motor)


ist_ein( Opel_6Zyl_OHC, Ottomotor)
ist_ein( Solex_Doppelvergaser, Vergaser)


hat( Ottomotor, Vergaser)
hat( Opel_6Zyl_OHC, Solex_Doppelvergaser)
```

Diese Darstellung kann nun von einem Expertensystem ausgewertet werden, das logische Formeln verarbeiten kann. Ergänzen wir die obige Faktenmenge zusätzlich um Regeln, können auch „höherwertige" Verknüpfungen gebildet werden, die tiefere Einsichten in das Wissensgebiet erlauben. So läßt sich beispielsweise aus den ersten beiden Prädikaten

```
ist_eine_Art_von( Ottomotor, Verbrennungsmotor)
ist_eine_Art_von( Verbrennungsmotor, Motor)
```

mit der Regel

```
WENN   ist_eine_Art_von( A, B)
UND    ist_eine_Art_von( B, C)
DANN   ist_eine_Art_von( A, C)
```

logisch folgern, daß ein Ottomotor eine Art Motor ist:

```
WENN   ist_eine_Art_von( Ottomotor, Verbrennungsmotor)
UND    ist_eine_Art_von( Verbrennungsmotor, Motor)
DANN   ist_eine_Art_von( Ottomotor, Motor)
```

Die ersten beiden Prädikate können dem semantischen Netz entnommen werden; durch Anwendung der Abtrennungsregel folgt das letzte Prädikat.

Der besondere Wert von semantischen Netzen für technische Anwendungen liegt - wie die Diskussion zeigt - darin, daß komplizierte Relationen zwischen Objekten einer Wissensdomäne erfaßt werden können. Semantische Netze erlauben es, eine Vielfalt von Relationen graphisch darzustellen, die dann mit Hilfe der Prädikatenlogik in rechnerverständliche Instruktionen überführt werden können. Sie erweitern somit das Prädikatenkalkül um eine bildhafte Komponente und erweisen sich als unerläßliches Repräsentationsmittel bei der Darstellung von technischen Systemen bzw. Abläufen (Prozessen).

2.4.2 Rahmen (frames)

Bei den semantischen Netzen stehen vor allem die Beziehungen von Objekten untereinander im Vordergrund. Die Objekte selbst werden dabei als einfache Begriffe dargestellt, ohne den inneren Aufbau zu berücksichtigen. So wurde im obigen Beispiel ein Ottomotor als Objekt definiert, ohne näher auf den Aufbau eines Ottomotors einzugehen. Mit der *hat*-Relation ist zwar eine Präzisierung eines Objektes verbunden, doch genügt diese Darstellung im allgemeinen nicht, um komplexe Objekte überschaubar zu machen - Rahmen *(frames)* schaffen hier Abhilfe.

Rahmen (frames) sind spezielle Datenstrukturen zur Darstellung des gesamten Wissens über Objekte. Ein Objekt besitzt dabei Eigenschaften, die das Objekt hinreichend genau beschreiben. Ausprägungen (Instanzen) eines Objektes werden dadurch definiert, daß jede Eigenschaft konkret mit Werten belegt wird. Die Eigenschaften eines Objekts nennt man *Attribute (slots)*, die unterschiedliche *Facetten (facets)* annehmen können. Facetten können je nach Bedarf sein:

- Datentypdefinitionen,

- zulässige Wertebereiche,

- voreingestellte Werte *(defaults)*,

- Frage- oder Erklärungstexte,

- Prozeduren *(procedural attachments)*, die bei Wertänderung o.ä. als Methoden *(demons)* aktiv werden können, oder

- sonstige Attribute, die vor allem „verwaltungstechnische" Aufgaben erledigen.

Datentypen, die häufig vorkommen, sind z.B.:

- ganze Zahlen,

- reelle Zahlen,

- Listen von Symbolen und

- Wahrheitswerte *(wahr* oder *falsch)*.

Ein Rahmen für einen Verbrennungsmotor könnte beispielsweise wie folgt aussehen (Pseudocode):

```
Verbrennungsmotor
  Anzahl_Zylinder
     Typ: ganze Zahl
     Bereich: 4 bis 12
     Voreingestellter_Wert: 6
     Wert: unbekannt
  Hubraum
     Typ: reelle Zahl
     Bereich: positiv
     Wert: unbekannt
  Kraftstoff
     Typ: Symbolenliste
     Bereich: Diesel, Normal, Super_verbleit, Super_unverbleit
     Voreingestellter_Wert: Super_verbleit
     Wert: unbekannt
  hat_Einspritzanlage
     Typ: Wahrheitswert
     Wert: unbekannt
```

Der Name dieses Rahmens ist *Verbrennungsmotor* und er besitzt vier Attribute: *Anzahl_Zylinder*, *Hubraum*, *Kraftstoff* und *hat_Einspritzanlage*. Das Attribut *Anzahl_Zylinder* beispielsweise hat die Facetten *Typ*, *Bereich*, *Voreingestellter_Wert* und *Wert*. Die ersten drei Facetten sind mit Inhalten belegt, die Facette *Wert* ist zu Beginn undefinert und enthält das Symbol *unbekannt*.

Auch Rahmen-Strukturen können mit Prädikaten dargestellt werden: So könnte das Attribut *Anzahl_Zylinder* im *Verbrennungsmotor*-Rahmen in einem Expertensystem mit folgenden „Rahmen"-Prädikaten realisiert werden:

```
rahmen( Verbrennungsmotor, Anzahl_Zylinder, Typ, ganze_Zahl)
rahmen( Verbrennungsmotor, Anzahl_Zylinder, Bereich, 4 bis 12)
rahmen( Verbrennungsmotor, Anzahl_Zylinder, Voreinstellung, 6)
rahmen( Verbrennungsmotor, Anzahl_Zylinder, Wert, ?)
```

Wie schon erwähnt, sind auch Prozeduren als Facette zulässig. Sie können als Eigenschaft eines Objekts Anweisungsfolgen definieren, die z.B. bei der Instantiierung ausgeführt werden. Somit können auch komplexe Eigenschaften erfaßt werden, die sich nicht mehr durch einfache Datentypen beschreiben lassen.

Erweitern wir den obigen Rahmen *Verbrennungsmotor* etwa um die Attribute *Zylinderdurchmesser* und *Hub*, so kann einem neuen *Hubraumberechnungs*-Attribut eine Prozedur zugeordnet werden, die den Hubraum aus Zylinderdurchmesser, Hub und Zylinderanzahl errechnet:

```
Verbrennungsmotor
  Zylinderanzahl
    Typ: ganze Zahl
    Bereich: 4 bis 12
    Voreingestellter_Wert: 6
    Wert: unbekannt
  Zylinderdurchmesser
    Typ: reelle Zahl
    Bereich: positiv
    Wert: unbekannt
  Hub
    Typ: reelle Zahl
    Bereich: positiv
    Wert: unbekannt
  Hubraumberechnung
    Typ: Prozedur
    Anweisung: Zylinderdurchmesser^2 * pi / 4 * Hub * Zylinderanzahl
    Aufruf: bei veränderten Eingabewerten
    Wert: unbekannt
  ...
```

Rahmen besitzen folglich *deklaratives* Wissen, hier repräsentiert durch die Attribute *Zylinderanzahl* oder *Hub*, und *prozedurales* Wissen, hier dargestellt durch das Attribut *Hubraumberechnung*, das seinen Wert durch Auswertung anderer Attribute erhält.

Rahmen können auch als eine Verallgemeinerung und Erweiterung von semantischen Netzen angesehen werden, wenn die Relationen eines semantischen Netzes in die Objektattribute aufgenommen werden. Um beispielsweise auszudrücken, das ein

Verbrennungsmotor eine Art Motor ist, kann der Rahmen des Verbrennungsmotors wie folgt um das Attribut *ist_eine_Art_von* erweitert werden:

```
Verbrennungsmotor
  ist_eine_Art_von
    Typ: Relation
    Wert: Motor
  ...
```

Auch andere Relationen (z.B. *hat*, *ist_ein*) können auf diese Art erfaßt und somit Rahmen zu semantischen Netzen umfunktioniert werden.

Mit Frame-Repräsentationen können aber nicht nur einzelne Relationen eines semantischen Netzes, sondern beliebige Attribute vererbt werden. Dadurch entsteht ein mächtiges Vererbungskonzept, das eine äußerst kompakte Darstellung von Wissen erlaubt. Der besondere Vorteil der Vererbung besteht darin, daß man nicht unbedingt alle Attribute eines Rahmens definieren muß. Er reicht aus, nur die für den jeweiligen Rahmen spezifischen Attribute zu definieren, da ebenfalls zutreffende Attribute von im Netz übergeordneten Rahmen „durchgereicht" (vererbt) werden können. Hierdurch spart man sehr viel Scheibarbeit und Speicherplatz.

Ein Beispiel zur Vererbung: Jedem Motor, ob Verbrennungsmotor oder Elektromotor, kann eine Leistung zugeordnet werden. Somit wäre es sinnvoll, den übergeordneten „Motor"-Rahmen mit einem *Leistungswert*-Attribut zu versehen, das die Leistung abspeichert und an untergeordnete Rahmen verebt. Andererseits wird nicht jeder Motor mit Kraftstoff betrieben - zum Beispiel Elektromotoren. Deshalb wäre es auch nicht sinnvoll, in den übergeordneten Rahmen *Motor* das Attribut *Kraftstoff* aufzunehmen, da dieses nicht in jedem Fall an untergeordnete Rahmen sinnvoll vererbt werden könnte.

In Expertensystemen mit Rahmenstruktur und Vererbungsmechanismus kann sich somit der Wissensingenieur bei der Definition von neuen Objekten auf das jeweils Wesentliche eines Rahmens konzentrieren. Hat er beispielsweise schon die Rahmen für Motoren und Verbrennungsmotoren definiert, so hat er bei Definition des Rahmens für einen Ottomotor nur noch zu bedenken, welche *speziellen* Eigenschaften Ottomotoren haben.

Auch Instanzen können Attribute von ihren Bezugsobjekten *(parent objects)* erben. So hat z.B. ein Opelmotor alle Eigenschaften eines Ottomotors, darüberhinaus noch weitere, die für jeden einzelnen Opelmotor unterschiedlich sind: beispielsweise eine eindeutige Motorblock-Nummer zur Identifizierung.

Klassenbildung und daraus abgeleitete Aggregationen, Instantiierung, Definition von Abhängigkeiten und Vererbungsmechanismen stellen eine hohe Funktionalität von Wissensverarbeitung dar, die - falls dies überhaupt möglich ist - in rein regelbasierten Produktionssystemen durch einen hohen Aufwand in den Kontrollstrategien (Inferenzmechanismen) erkauft werden müssen.

2.4.3 Blackboard Konzepte

Um die Komplexität und den Umfang von Wissensbanken überschaubar zu halten,
ist es für praktische Aufgaben angebracht, statt einer „großen" Wissensbank mehrere kleinere Teile *(knowledge sources)* einzurichten. Die einzelnen Teile müssen
dann in ähnlicher Weise miteinander arbeiten wie Experten in einem Expertenteam.
Jede Wissensquelle hat dabei ihre eigenen Aufgaben (und Stärken).

Damit die Kommunikation der verteilten Wissensquellen untereinander rei-
bungslos abläuft, sind entsprechende Vorkehrungen zu treffen: Es wird eine Wandtafel *(blackboard)* eingesetzt. Alle Wissensquellen kommunizieren allein über diese
Wandtafel miteinander (vgl. Abschnitt 1.7, *Strategien zur Wissensverarbeitung und
Inferenzmechanismen*), indem bestimmte Informationen oder Konklusionen *(entries)*
in der Wandtafel abgelegt werden. Das Wandtafelkonzept erlaubt es dabei im Prinzip, Wissensquellen unterschiedlicher Wissensrepräsentation zu verwenden; so ist es
zum Beispiel möglich, daß bestimmte Wissensquellen regelbasiert angelegt sind, andere dagegen rahmenbasiert. Auch in unterschiedlichen Programmiersprachen
geschriebene Wissensquellen können miteinander verbunden werden, sofern sie eine
gemeinsame Schnittstelle besitzen. Eine derartige Situation kann in der Praxis dann
auftreten, wenn Expertensysteme unterschiedlicher Hersteller und/oder Ausrichtung
miteinander gekoppelt werden müssen (z.B. LISP-Expertensystem für Hallenbauten
aus Stahl soll gekoppelt werden mit PROLOG-Nachweisexpertensystem für die DIN
18800).

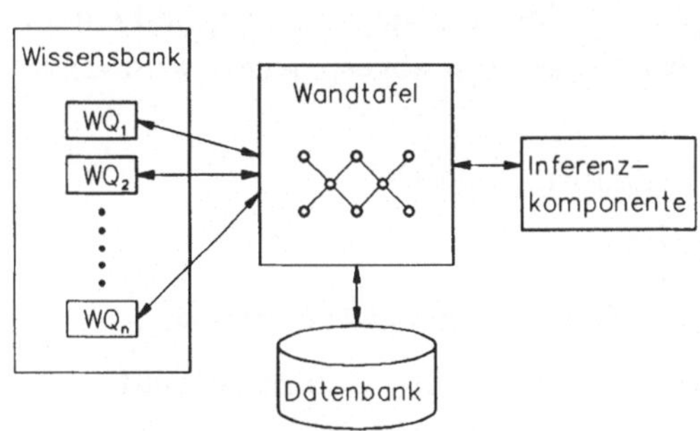

Bild 2.26 Wandtafelmodell

Neben den Wissensquellen und
der Wandtafel muß natürlich eine für
die Kommunikation entsprechend
ausgelegte Inferenzkomponente vorhanden sein, mit der einerseits die In-
formationseintragung und -auswer-
tung für die Wandtafel, andererseits
der Einsatz der einzelnen Wissensquellen gesteuert wird (vgl. Bild
2.26). Eine wichtige Anforderung an
eine Wissensquelle ist somit, daß höher gestellte Programme die Wissensquelle aktivieren können, mit
Eingaben versorgen und die Ausgabe abfangen können. Als Schnittstellen zum Aus-
tauschen von Informationen eignen sich besonders Datenbanken: Durch kontrol-
lierte Datenbankzugriffe kann gewährleistet werden, daß die einzelnen Wissensquellen konsistent bleiben.

Das Repräsentationsschema des Wandtafelkonzepts wurde erstmals in
HEARSAY [2.2] realisiert, mit dem einfache gesprochene Datenbankanfragen in
computerverständliche Instruktionen eingesetzt wurden. Hierbei wurde die Wandta-

fel in verschiedene Abstraktionsstufen (Signalumsetztung, Silbenanalyse, Satz- und Datenbankzuordnung, usw) aufgelöst.

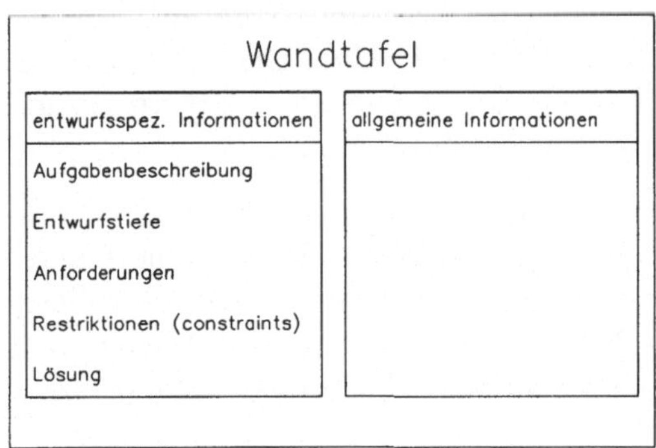

Bild 2.27   SPEX Wandtafelmodell

Das Blackboard-Konzept wird auch in dem Expertensystem SPEX (Standards Processing Expert) [2.3] eingesetzt, das eine komplette konstruktive Durchbildung von Tragwerkskomponenten eines Bauwerks erlaubt. Die konstruktive Auslegung (Entwurfs- und Bemessungsprozeß) läuft zu einem großen Teil wissensbasiert ab, da DIN-Regelungen und Entwurfsempfehlungen zu beachten sind; es gibt aber auch stark numerisch ausgelegte Teilprozesse (z.B. Querschnittsberechnung, Schnittgrößenberechnung, usw.). In SPEX wird die Wandtafel in zwei Hauptabschnitte unterteilt: allgemeine Informationen und Informationen (siehe Bild 2.27). Die entwurfsbezogenen Informationen sind ihrerseits in fünf Ebenen untergliedert, wobei jede Ebene die für sie wichtigen Informationen über den Entwurfsprozeß notiert.

Die Wissensbasis in SPEX ist ebenfalls unterteilt: in ein Modul, mit dem die Entwurfsprozeduren (prozedurale Wissensrepräsentation) aktiviert werden, und ein anderes Modul, mit dem das gesamte Konstruktionswissen abgespeichert wird (siehe Bild 2.28).

Die Entwurfsprozeduren führen folgende Teilaufgaben durch:

- Festlegung von Entwurfszielen (Modul A)

- Zusammenstellung von Anforderungen/Randbedingungen (Modul B)

- Formulierung der Nebenbedingungen aufgrund der Anforderungsliste (Modul C)

- Optimierungsmodul zur optimalen Auslegung einzelner Tragwerkskomponenten (Modul D)

- Überprüfung des Entwurfs (Modul E)

Die Wissensbank für das Konstruktionswissen enthält

- Erfahrungswissen von Konstrukteuren

- Normenwissen

- Objektwissen (Taxonomien)

Die Aufteilung großer Wissensbereiche in mehrere kleinere, überschaubare Teile folgt dabei der im Ingenieurwesen üblichen Vorgehensweise, komplexe Zusammenhänge aufzugliedern, so wie etwa die Finite Element Logik komplexe technische Strukturen in einfachere Elemente zerlegt.

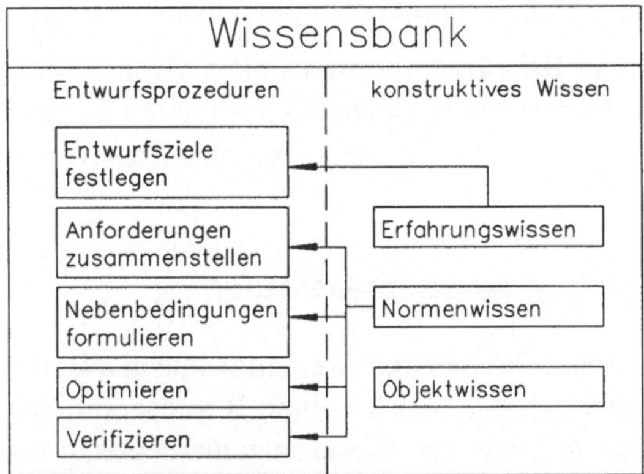

Bild 2.28 SPEX Wissensbasis

2.4.4 Tiefes Wissen

Die bislang gemachten Ausführungen geben den heutigen Stand der Wissensrepräsentation wieder. Regelbasierte, rahmenbasierte, objektorientierte Konzepte und ihre Vermischung zur hybriden Repräsentation, aber auch das Wandtafelkonzept gehören zu den Expertensystemen der ersten Generation. Im Grunde wird bei allen angesprochenen Repräsentationsmechanismen das „Oberflächenwissen" modelliert, also das Wissen, das durch die Erfahrung und den Umgang mit praktischen Problemen geprägt ist.

Tiefer gehendes Wissen über die funktionalen, kausalen und zeitlichen Zusammenhänge technischer Systeme - und damit tiefergehende Erklärungsfähigkeit von Schlußfolgerungen - läßt sich aber derzeit nur unzulänglich realisieren. Gerade der Schlußfolgerungsmechanismus, der einen entscheidenden Vorteil von Expertensystemen darstellt, kann mit den bisherigen Expertensystemen nur unzulänglich umgesetzt werden, da ihre (allgemeinen gehaltenen) Inferenzkomponenten nichts über die eigentliche Wissensdömane „wissen".

Die Realisierung von tiefem Wissen ist noch Gegenstand intensiver Forschung, man spricht von Expertensystemen II. Generation. Mit ihrer Entwicklung strebt man an, z.B. im Ingenieurbereich mathematisch-naturwissenschaftliche Abläufe in Expertensystemen abzubilden. Hierzu müssen Wissensrepräsentationen entworfen und erprobt werden, mit denen sich statische und zeitlich abhängige Vorgänge in technischen Systemen beschreiben lassen.

Tiefe Modelle können dabei sowohl quantitativer als auch qualitativer Art sein. Quantitative Modelle beschreiben beispielsweise räumliche bzw. zeitliche Veränderungen physikalischer Größen, etwa über Differentialgleichungen, die bei sich ändernden Gegebenheiten abgeglichen werden müssen. Hierzu bedarf es leistungsfähiger symbolischer Manipulatoren (vgl. MACSYMA), die aber derzeit für allgemeine Aufgabenstellungen (noch) nicht verfügbar sind. Qualitative Modelle beschreiben Zusammenhänge mit Begriffen wie größer, kleiner, schnell, langsam, usw.

Auf neue, in der Forschung befindliche Repräsentationstechniken (Constraints, temporale bzw. nicht-monotone Wissensformen) wird nochmals im letzten Kapitel (vgl. Abschnitt 6.3) eingegangen, in dem Trends und Perspektiven von Expertensystemen aufgezeigt werden.

2.2.4 Abschließende Bemerkungen zur Wissensrepräsentation

Die diversen, alle ihre Berechtigung habenden Wissensrepräsentationsmechanismen dürfen nicht als konkurrierende Varianten gesehen werden. Jede Repräsentationsform hat ihre Vorteile. Es kommt darauf an, daß der Wissensingenieur genau erkennt, wann welches Paradigma zur vollen Geltung kommt. Nur wenn die einzelnen Paradigmen sachgerecht eingesetzt werden, läßt sich Wissen klar, überschaubar, lesbar - und damit auch wartbar - darstellen.

3 Expertensystemschalen

Die Erstellung eines kompletten Expertensystems mit allen für die praktische Arbeit wichtigen Komponenten bedeutet einen erheblichen Arbeitsaufwand, den insbesondere Ingenieure aus der Praxis - wegen ihrer terminlichen Belastung mit Projekten - nicht leisten können. Aus diesem Grund lag es nahe, Systeme zu schaffen, die bis auf die problemabhängige Wissensbasis bereits alle Komponenten „gebrauchsfähig" enthalten. Derartige Systeme, die als Expertensystemschalen *(expert system shells)* bzw. Entwicklungssysteme *(programming environments)* bezeichnet werden, erleichtern folglich den Umgang mit Expertensystemen erheblich. Allerdings gibt es eine ganz wesentliche Einschränkung: Nicht jede Expertensystemschale paßt zu jedem Problem! Die innere Logik der Schale muß mit der inneren Logik eines konkreten Problems übereinstimmen, sonst können Effizienzverluste auftreten.

Es kommt also sehr darauf an, sich bei der Entscheidung für eine bestimmte Expertensystemschale an den Anforderungen, die durch die vorgegebene Problemklasse entstehen, zu orientieren. Die Entscheidung für eine bestimmte Schale wird dabei durch das zunehmend größer werdende kommerzielle Angebot erschwert. Einige allgemeine Kriterien, die bei der Auswahl eine Rolle spielen, sollen nachfolgend angesprochen werden.

3.1 Beurteilungskriterien für Expertensystemschalen

Bei der Auswahl einer Expertensystemschale sind folgende Gesichtspunkte von Bedeutung [3.1, 3.2], die stichwortartig zusammengestellt werden:

- *Konkrete Problemstellung / Anwendungsfall.* Fällt das zu lösende Problem in eine bekannte Problemklasse (z.B. Diagnose, Interpretation, Entwurf, Planung, Überwachung, usw.)?

- *Hardware-Konfiguration.* Steht z.B. ein Mikro- oder Minirechner zur Verfügung, oder vielleicht eine KI-Workstation?

- *Umfang des zu lösenden Problems.* Mit wievielen Regeln bzw. Objekten muß gerechnet werden? Können größere Wissensbasen strukturiert werden?

- *Antwortzeitverhalten bei Konsultationen.* Hält sich die Anwortzeit des Systems auch bei größeren Wissensbasen noch in Grenzen?

- *Qualität und Benutzerfreundlichkeit der Dialogkomponente.* Ist z.B. eine graphische Unterstützung möglich, falls dies erforderlich ist?

- *Eingesetzte Inferenzstrategien.* Kann zwischen Vorwärts- und Rückwärtsverkettung umgeschaltet werden? Können weitere Strategien definiert werden?

- *Möglichkeiten zur Behandlung von mathematischen Formeln.* Können Formeln gebildet werden, die z.B. auch die Quadratwurzelfunktion oder die Sinusfunktion enthalten?

- *Schnittstellen zu traditionellen Programmen.* Können externe Programme (z.B. FORTRAN-Programme) aufgerufen werden?

- *Hilfen im Bereich der Wissenserwerbskomponente.* Gibt es eine gute Wissensbeschreibungssprache? Kann vorhandenes Wissen leicht modifiziert werden?

- *Übertragbarkeit (Portabilität) auf verschiedene Hardware.* Wird das System auf unterschiedlichen Rechnern angeboten?

- *Benutzerunterstützung durch den Anbieter der Expertensystemschale.* Kann in schwierigen Situationen Hilfe angefordert werden?

- *Kosten.* Ist das Preis-/Leistungsverhältnis akzeptabel?

Das Spektrum möglicher Expertensystemschalen ist dabei sehr breit. Seit der ersten Expertensystemschale EMYCIN, die aus dem bereits erwähnten Expertensystem MYCIN (vgl. Abschnitt 1.2.4) durch Extraktion der medizinischen Wissensbasis entstand (deshalb EMYCIN = Empty MYCIN), haben sich die Verhältnisse grundlegend geändert. Während bei EMYCIN in erster Linie der Wunsch im Vordergrund stand, die ungewohnte LISP-Programmierung von MYCIN zu umgehen und durch eine verständlichere, einfachere Programmierung mit Produktionsregeln zu ersetzen, geht es heute darum, Schalen anzubieten, die eine Vielzahl der oben aufgestellten Kriterien erfüllen.

Wegen der großen Anzahl von konkurrierenden Schalen ist es jedoch im Rahmen dieses Buches nicht möglich, alle derzeitig angebotenen Produkte vorzustellen. Vielmehr soll das Schwergewicht auf nur eine einzige Expertensystemschale (INSIGHT 2) gelegt werden, die unter MS-DOS auf IBM-PC kompatiblen Rechnern läuft. INSIGHT 2 wurde deshalb gewählt, weil der Umgang mit dieser Schale relativ leicht - auch für den nicht tagtäglich mit KI-Problemen befaßten Ingenieur - zu erlernen ist. Die in INSIGHT 2 zur Verfügung gestellten Strukturen, Konstrukte und Mechanismen sind einfach und decken vor allem Anwendungen ab, die über das Regelparadigma erfaßt werden können. Insbesondere ist es leicht möglich, mit INSIGHT 2 praktische Anwendungsbeispiele zu entwickeln, so daß abstrakte Sachverhalte gut veranschaulicht werden können.

Um andererseits die Leistungsfähigkeit von INSIGHT 2 richtig einschätzen und abgrenzen zu können, soll im folgenden aber dennoch ein kurzer Überblick über einige exemplarisch herausgegriffene, repräsentative Expertensystemschalen gegeben werden.

3.2 Übersicht über Expertensystemschalen

Vorgestellt werden die Expertensystemschalen INSIGHT 2, KEE, LOOPS, S.1 und TWAICE. Bei der Beschreibung der einzelnen Schalen werden dabei jeweils folgende Komponenten angesprochen:

- Wissensbasis (Wissensrepräsentation)

- Inferenzkomponente

- Erklärungskomponente

- Benutzerschnittstelle (Dialogkomponente)

3.2.1 INSIGHT 2

INSIGHT 2 ist eine einfache und relativ preiswerte Expertensystemschale, die auf PC-kompatiblen Rechnern läuft. Sie besteht aus einer Reihe von Software-Komponenten, die über eine Menüsteuerung aufgerufen werden können.

Der Benutzer erstellt seine Wissensbasis entweder mit dem im INSIGHT 2 eingebauten Editor oder einem externen Editor. Die Wissensbasis wird dann über einen Compiler in eine „maschinenlesbare" Form übersetzt, die anschließend von INSIGHT 2 zur Ausführung gebracht werden kann.

Die Wissensrepräsentation basiert auf IF-THEN-ELSE Produktionsregeln, wobei die üblichen logischen Verknüpfungen (AND, OR, NOT) erlaubt sind. Regeln können mit Konfidenzfaktoren versehen werden (Zahlen im Bereich 0 bis 100), so daß die Reihenfolge der Regelauswertung beeinflußt werden kann. Weitere Formen der Wissensrepräsentation sind: numerische Variable, Boolsche Ausdrücke (Aussagen) sowie sog. Objekt-Attribut-Wert-Konstrukte (OAW). Ein OAW ordnet Attributen eines Objekts konkrete Ausprägungen zu, wie z.B. dem Objekt *Stahlsorte St37* mit dem Attribut *Zugfestigkeit* der Wert 160 N/mm^2 über

St37(Zugfestigkeit, 160)

zugeordnet werden kann. Ein OAW kann somit als vereinfachtes Rahmenkonstrukt gedeutet werden.

Der grundlegende Auswertemechanismus ist die Rückwärtsverkettung, wobei unter Verwendung spezieller Schlüsselwörter auch Vorwärtsverkettung realisiert werden kann. Bei Rückwärtsverkettung wird von einer Zielbehauptung *(goal)* ausgegangen, die es nachzuweisen gilt. Variable und Aussagen, die zu Beginn undefiniert sind, werden im Laufe einer Sitzung durch eine menügeführte Benutzerbefragung mit Werten belegt; einmal eingegebene Werte werden nicht wieder abgefragt.

Während einer Sitzung kann der aktuelle Zustand von Variablen, Aussagen und OAWs auf dem Bildschirm ausgegeben werden. Über die Erklärungskomponente kann am Ende einer Sitzung die Menge aller aktivierten Regeln angefordert werden.

INSIGHT 2 ist ein menügesteuertes System. Über Funktionstasten und Cursor-Steuerung können die verschiedenen Aktionen angestoßen und mit Parametern versorgt werden. Konsultationen werden ebenfalls menügesteuert geführt, wobei entweder aus einer Liste von möglichen Antworten eine ausgewählt wird, oder Werte für Variable manuell eingegeben werden. Es besteht die Möglichkeit, dBase-kompatible Dateien von INSIGHT 2 aus anzusprechen und externe Algorithmen in PASCAL-artiger Notation aufzurufen.

3.2.2 KEE

KEE ist ein umfangreiches (und deshalb teures) hybrides Entwicklungssystem zur Erstellung von komplexen Expertensystemen. Es besitzt eine ganze Reihe unterschiedlicher Formen der Wissensrepräsentation und mehrere Schlußfolgerungsmechanismen. KEE ist in LISP geschrieben und läuft auf vielen Workstations (z.B. Symbolics, Apollo, Sun, Xerox, Explorer).

Die Wissensrepräsentation in KEE ist objektorientiert. Eine Wissenseinheit - in KEE *unit* genannt - kann beliebig viele Attribute *(slots)* enthalten, die ihrerseits durch Facetten näher definiert werden. Ein Facette enthält neben dem Wert eines Attributs auch dessen Wertebereich (Typ, Kardinalität); dadurch kann das System die Attribute zur Laufzeit exakt überprüfen und ggf. Korrekturmöglichkeiten veranlassen. Darüber hinaus wird über die Facetten die Art des Vererbungsmechanismus festgelegt, der die Objekthierarchie bestimmt. In den Facetten können außerdem LISP-Prozeduren - die Basissprache von KEE - definiert werden, die bei der Erstellung, Veränderung oder Löschung von Attributen aktiviert werden *(demons)*.

Die Units der Wissensbasis bilden eine Hierarchie, wobei jedes Element dieser Hierarchie mehrere Vorgänger besitzen darf. Hiermit ist eine mehrfache Vererbung (multiple Vererbung) möglich, so daß semantische Netze abgebildet werden können. Units dienen nicht nur zur Darstellung der Anordnung von Objekten *(Taxonomie)*, sie werden auch zur Darstellung von Regeln verwendet.

Sowohl Vorwärts- als auch Rückwärtsverkettung sind möglich und können über Schlüsselworte veranlaßt werden. Schließlich können benutzereigene Kontrollstrategien definiert und mit bereits implementierten Strategien (z.B. Tiefensuche, Breitensuche) kombiniert werden. In KEE lassen sich verschiedene Alternativen durchspielen, indem sog. Welten *(KEE-worlds)* generiert werden. Jede Welt kann unterschiedliche Fakten und Hypothesen enthalten, die zeitlich veränderlich sind.

Als Erklärungskomponente dient ein TMS *(Truth Maintenance System)*, das Konsistenzüberprüfungen durchführen kann. Somit kann bei jedere Änderung der

Wissensbasis überprüft werden, ob eine Wissensportion noch gültig ist, oder aus der Wissensbank gelöscht werden muß (nichtmonotone Logik).

Zum interaktiven Editieren steht ein interaktives Graphikpaket zur Verfügung. Gerade für den Ingenieurbereich von Bedeutung ist die Möglichkeit, Attribute mit Graphik *(Icons)* zu koppeln, so daß Änderungen von Attributwerten graphisch hinterlegt werden können. Umgekehrt können Attributwerte durch Manipulation der Graphik verändert werden. Außerdem kann der Ablauf einer Sitzung verfolgt und der Regelinterpreter jederzeit zu Testzwecken unterbrochen werden.

3.2.3 LOOPS

LOOPS (LISP Object Oriented Programming System) ist ein Entwicklungstool für Expertensysteme, das sich der KI-Programmiersprache Smalltalk80 bedient. LOOPS bietet zur Entwicklung von Expertensystemen einen objekt-, regel-, zugriffs- und prozedurorientierten Ansatz an. Hiermit lassen sich Klassen, Metaklassen und Instanzen, die hierarchisch bzw. netzartig geordnet sein können, definieren. Jede Klasse kann Objekte besitzen, die aus Attributen mit zugehörigen Werten bestehen. Werte sind z.B. Zeiger auf andere Objekte, Konfidenzfaktoren oder auch eine „Wertegeschichte" von Variablen, so daß ein Verlauf aufgezeichnet werden kann. Methoden (Prozeduren) können mit LOOPS- bzw. Interlisp-Anweisungen definiert werden.

Bei Zugriff auf den Wert eines Attributs können Standardfunktionen oder benutzerdefinierte Funktionen ausgeführt werden. Durch Gruppierung von Produktionsregeln zu einem Satz von Regeln *(RuleSets)* ist es möglich, gezielt Wissen über einen RuleSet zu modellieren (Metawissen, Wissen über Wissen). Hierzu gehört beispielsweise die Definition von Prioritäten bei der Regelauswertung oder Anweisungen für Sonderfälle. Der Konklusions- bzw. Aktionsteil kann andere Regeln aufrufen oder LISP-Funktionen einbinden. Es ist aber auch möglich, Informationen an andere Regeln weiterzuleiten (Senden von Nachrichten).

Der Inferenzmechanismus in LOOPS ist stark von der gewählten Wissensrepräsentation abhängig, beispielsweise kann Metawissen den Auswerteablauf ganz erheblich beeinflussen. Die Vorwärtsverkettung ist voreingestellt. Es ist jedoch möglich, durch Definition einer entsprechenden Kontrollstruktur auch Rückwärtsverkettung zu veranlassen. Mit einem weiteren speziellen Inferenzmechanismus (Agenda) können in LOOPS Planungsaufgaben behandelt werden.

Die Erklärungskomponente ist implizit im Inferenzmechanismus enthalten, was beim Formulieren von Regeln berücksichtigt werden muß. Regeln können sog. Seiteneffekte auslösen: Über Regeln kann die Ausgabe von Texten oder Resultaten ausgegeben werden. Durch einen besonderen Mechanismus können verschiedene Fallbeispiele durchgespielt werden. Es können also gezielt Attribute geändert werden, um deren Auswirkungen zu erforschen.

LOOPS ist in der Programmiersprache Interlisp-D implementiert und erlaubt somit den Zugriff auf die in diesem Dialekt vorhandene LISP-Funktionen. LOOPS verfügt über eine graphik- und menüorienterte Schnittstelle, mit der die Informationen über die Wissensbasis (z.B. Aufbau von Klassen) graphisch dargestellt werden können. Mit Hilfe von Menüs *(browsers)* kann der Benutzer einzelne Elemente der Wissensbasis (z.B. RuleSets) bearbeiten oder gezielt anstoßen.

3.2.4   S.1

S.1 ist eine Expertensystemschale, mit der sich vor allem Diagnoseprobleme lösen lassen. Sie ist eine Weiterentwicklung des EMYCIN-Systems und kann - wie dieses - Wissen mit Konfidenzfaktoren verarbeiten. Die Wissensrepräsentation von S.1 besteht aus Regeln und Klassen, wobei Klassen zu einer Klassenhierarchie zusammengefaßt werden können. Klassen haben Attribute, die ebenfalls mit Konfidenzen belegt werden können.

Die Auswertung der Regeln geschieht durch Rückwärtsverkettung. Mit speziellen Kontrollblöcken läßt sich auch eine Vorwärtsverkettung realisieren. Ein Kontrollblock ist dabei eine Prozedur, die in einer S.1-eigenen Sprache formuliert wird. Zur Aufgabe eines Kontrollblocks gehört die Erzeugung von Instanzen einer Klasse oder die Ausgabe von Information an den Benutzer. Ziel einer S.1-Auswertung ist es, denjenigen Wert eines Attributs zu bestimmen, der den höchsten Konfidenzfaktor hat.

Sollen Erklärungen während der Konsultation ermöglicht werden, müssen diese bereits bei der Definition von Regeln und Klassen eingearbeitet werden. Objekte können mit Textbausteinen belegt werden, über die dann je nach Fall Erklärungen generiert werden können. Regeln werden bei der Ausgabe automatisch in *if-then-else*-Konstrukte konvertiert.

S.1 ist eine graphik- und menüorientierte Expertensystemschale. Bei der Erstellung der Wissensbank ist ein eingebauter Editor verfügbar, der gleichzeitig die Syntax der Eingabe überprüfen kann. Durch sog. Ereignisverfolgung *(event-tracing)* kann ermittelt werden, wann ganz bestimmte, vorher definierte Zustände im System auftreten. Bei Eintreten eines Ereignisses kann ein Ereignisbaum generiert werden, der dann Zustandsinformationen graphisch angezeigt.

3.2.5   TWAICE

TWAICE ist ein Werkzeug zur Erstellung von Expertensystemen. Es ist in PROLOG geschrieben und läuft auf verschiedene Rechnerklassen. Die in TWAICE eingesetzten Wissensrepräsentationformen sind Produktionsregeln und Objekte *(frames)*. Die Regeln stellen Beziehungen zwischen den Attributen von Objekten dar und können mit Konfidenzfaktoren verknüpft sein. Über eine Taxonomiekomponente werden alle Objekte in einem statischen Objektbaum definiert. Objekte werden hierarchisch geordnet, was durch spezielle Attribute, die auf das

„Elternobjekt" verweisen, erreicht wird. Auch Metawissen kann definiert werden, indem PROLOG-Prozeduren erstellt werden, die beim Eintreten gewisser Ereignisse aktiviert werden. Benutzerseitig definierte Prozeduren bzw. Standardprozeduren können auf die Wissensbasis zugreifen und ggf. modifizieren; Standardprozeduren dienen auch zur Realisierung von Kontrollstrukturen.

Im Normalfall werden die Produktionsregeln mit der Rückwärtsverkettungsstrategie abgearbeitet, es ist aber auch möglich, durch Verwendung bestimmter Schlüsselwörter die Vorwärtsverkettung zu realisieren. Methoden (Prozeduren) werden bei Eintreten bestimmter Ereignisse (z.B. bei Zugriff auf den Wert eines Attributs) aktiviert. Während einer Sitzung wird ein dynamischer Objektbaum aufgebaut, so daß auch Fallbeispiele durchgespielt werden können.

Die Erklärungskomponente gibt Hinweise über das Eintreten bzw. Nicht-Eintreten von Ereignissen. In der Wissensbasis verwendete Formulierungen können durch Hilfstexte ergänzt werden, um so die Verständlichkeit zu erhöhen. Die Benutzerführung ist menüorientiert, es können aber auch manuelle Kommandos eingegeben werden. Bei entsprechender Hardwarekonfigurierung steht eine graphische Schnittstelle zur Verfügung.

3.2.6 Bewertung

Die kurze Beschreibung einiger populärer Expertensystemschalen macht deutlich, daß sich die meisten Expertensystemschalen im Prinzip nicht wesentlich voneinander unterscheiden. Die Unterschiede liegen vor allem im Detail. Beispielsweise muß bei der Wissensrepräsentation beachtet werden, wie Variable konkret belegt oder wie diese über den Bildschirm ausgegeben werden sollen. Hinsichtlich des Inferenzmechanismus ist darauf zu achten, ob Vorwärts- oder Rückwärtsverkettung erlaubt ist, und wie diese mit welchen Schlüsselwörtern realisert werden können.

Da den Autoren dieses Buches daran gelegen ist, Ingenieuren - neben theoretischen Kenntnissen der Wissensrepräsentation (Kapitel 2) - auch einen möglichst raschen Einstieg in die praktische Wissensverarbeitung zu ermöglichen, wird im weiteren nur die Expertensystemschale INSIGHT 2 behandelt. Die Vorstellung dieser relativ einfachen, aber für die Einarbeitung in die Materie gut geeigneten Expertensystemschale orientiert sich dabei an kleineren, konkreten Problemen aus dem Ingenieurbereich. Hierbei wird zunächst ein quasi-selbsterklärendes Einführungsbeispiel (Diagnose-Expertensystem) betrachtet, dessen Struktur elementar genug ist, um ohne detaillierte Kenntnisse der Schale INSIGHT 2 in eine Wissensbasis überführt werden zu können. Anschließend wird INSIGHT 2 näher betrachtet, so daß dann in Abschnitt 3.5 ein ausführliches Beispiel (Nachweis-Expertensystem) in INSIGHT 2 programmiert werden kann.

3.3 Diagnose-Expertensystem - ein Einführungsbeispiel

In Anlehnung an das Beispiel „Automotor" im Abschnitt 2.4.1 über semantische
Netze soll als Einführungsbeispiel für die INSIGHT 2-Programmierung ein Diagnose-Expertensystem erstellt werden. Dieses soll die möglichen Ursachen für auftretende Defekte eines Motors auffinden. Aus Gründen der Übersichtlichkeit wird
vereinfachend angenommen, daß die Fehlerdiagnose nur von den drei Faktoren Typ
des Motors (Otto- oder Dieselmotor), Menge des vorhandenen Kraftstoffs und La-
dezustand der Batterie abhängig sein soll.

Um auch noch einmal an einem konkreten Beispiel den Unterschied zwischen
dem prozeduralen Konzept und dem eines Expertensystems deutlich zu machen,
wird vor der Erstellung des Expertensystems ein prozedurales Programm erstellt.
Hierzu wird ein Algorithmus im klassischen Sinne definiert: Dieser wird mit Eingabedaten versorgt, die vom Algorithmus in endlich vielen Arbeitsschritten in eine eindeutige Lösung (Ausgabedaten) überführt werden. Danach wird das im Algorithmus
enthaltene Wissen in eine Wissensbasis übergeführt, die den Konventionen von IN-
SIGHT 2 entspricht. Bei der Formulierung der Wissensbasis werden dabei bereits
die wichtigsten INSIGHT 2 Anweisungen und Konstrukte eingesetzt.

Der Algorithmus habe folgendes Aussehen, wobei zu seiner Beschreibung ein von
traditionellen Programmiersprachen unabhängiger, direkt verständlicher Pseudocode gewählt wurde:

```
BEGIN
    ausgabe( "Motorenart eingeben: (Otto/Diesel)")
    eingabe( Motorenart)

    ausgabe( "Kraftstoffmenge eingeben: (Liter)")
    eingabe( Kraftstoffmenge)

    IF Kraftstoffmenge < 2 (Liter) THEN
        IF Motorenart = Otto THEN
            ausgabe( "Sie müssen Benzin nachfüllen!")
        ELSE
            ausgabe( "Sie müssen Diesel nachfüllen!")
        ENDIF
    ENDIF

    ausgabe( "Batterieladung eingeben: (niedrig/hoch)")
    eingabe( Batterieladung)
    IF Batterieladung = niedrig THEN
        ausgabe( "Batterie nachladen!")
    ENDIF
```

```
    IF Motorenart = Otto THEN
    BEGIN
          ausgabe( "Zündkerzen überprüfen!")
          ausgabe( "Kraftstoffversorgung eingeben:
                    (Einspritzer/Vergaser)")
          eingabe( Kraftstoffversorgung)
          IF Kraftstoffversorgung = Vergaser THEN
                  ausgabe( "Vergaser reinigen!")
          ELSE
                  ausgabe( "Einspritzpumpe entlüften!")
    END
    ELSE
          ausgabe( "Einspritzpumpe entlüften!")
    ENDIF
END
```

Wie bei traditionellen Programmen üblich, werden Daten eingelesen, diese in Variablen abgespeichert und vom Algorithmus verarbeitet, der eine verschachtelte Kontrollstrategie von *if-then-else*-Anweisungen darstellt. Der Ablauf des Algorithmus wird dabei eindeutig durch die Anordnung der Anweisungen bestimmt, die nacheinander abgearbeitet werden. Soll der Algorithmus geändert werden (wenn z.B. neben Otto- und Dieselmotoren auch Elektromotoren berücksichtigen werden sollen), erfordert dies einen Eingriff in das Programm, wobei auch eine völlige Umstrukturierung nicht auszuschließen ist. Auch eine Erklärungskomponente ist nicht vorhanden - Erklärungen müßten durch zusätzliche Anweisungen explizit programmiert werden.

Einige der *if-then-else*-Anweisungen im Algorithmus sind voneinander unabhängig ausführbar - so ist es gleich, ob zuerst nach dem Zustand der Batterie oder nach dem Kraftstoffmenge gefragt wird. Andere *if-then-else*-Anweisungen stehen jedoch in einer festen Beziehung zueinander und müssen in der richtigen Reihenfolge abgearbeitet werden. Wird z.B. festgestellt, daß Kraftstoff nachgetankt werden muß, so muß vorher die Art des Motors (Otto oder Diesel) eingeben worden sein, da die Art des Motors die Kraftstoffart (Benzin oder Diesel) bestimmt.

Formal kann man die *if-then-else*-Anweisungen also als einzelne „Wissenseinheiten" (Regeln) auffassen, die als voneinander unabhängige Wissensportionen dargestellt werden können. Im einzelnen:

```
RULE  1
IF    Kraftstoffmenge < 2 Liter
AND   Motorenart ist Otto
THEN  Benzin muß nachgefüllt werden!


RULE  2
IF    Kraftstoffmenge < 2 Liter
AND   Motorenart ist Diesel
THEN  Diesel muß nachgefüllt werden!
```

```
RULE  3
IF    Batterieladung ist niedrig
THEN  Batterie muß nachgeladen werden!


RULE  4
IF    Motorenart ist Otto
THEN  Zündkerzen überprüfen!


RULE  5
IF    Motorenart ist Otto
AND   Kraftstoffversorgung ist Vergaser
THEN  Vergaser reinigen!


RULE  6
IF    Motorenart ist Otto
AND   Kraftstoffversorgung ist Einspritzer
THEN  Einspritzpumpe entlüften!


RULE  7
IF    Motorenart ist Diesel
THEN  Einspritzpumpe entlüften!
```

Wie man sieht, enthalten die Regeln 1 bis 7 die Logik und die Daten des Programms, wobei die Daten durch die Variablen (*Kraftstoffmenge, Batterieladung,* usw.) repräsentiert werden. Die bloße Aneinanderreihung voneinander unabhängiger, ungeordneter Regeln ergibt aber noch keinen Sinn. Was noch fehlt, ist eine Steuerung, die eine Regelverarbeitung nach einem Plan durchführt. Deshalb muß noch eine Steuerung definiert werden, die eine Auswertung der Regeln aufgrund der konkreten Problemdaten vornimmt.

Wird zur Steuerung die Rückwärtsverkettungsstrategie *(backward chaining)* gewählt, muß die obige Regelmenge mit zusätzlichen Regeln vervollständigt werden. Zur Erinnerung: Bei der Rückwärtsverkettung wird eine Aussage als Zielaussage definiert, die als *wahr* nachgewiesen werden soll. Die Zielaussage wird dabei durch Regelanwendung aus elementaren Aussagen abgeleitet.

In unseren Beispiel könnte die Zielaussage wie folgt lauten:

```
Motor wurde überprüft!
```

Zur Überprüfung des Motors gehört hier eine Kontrolle der Kraftstoffmenge, der Batterie und des Vergasers bzw. der Einspritzpumpe. Dieser Sachverhalt wird durch eine neu hinzukommende Regel konkretisiert, die den Namen *Motor überprüfen* erhält (ab jetzt werden wir unsere Regeln mit Namen versehen):

```
RULE   Motor überprüfen
IF     Kraftstoffmenge wurde überprüft
AND    Batterie wurde überprüft
AND    Kraftstoffversorgung wurde überprüft
THEN   Motor wurde überprüft!
```

Die bisher aufgestellten Regeln müssen folglich um diese Regel ergänzt werden, weil nur so gewährleistet ist, daß die jeweilig zutreffenden Regeln angesprochen und damit berücksichtigt werden können. Das bedeutet aber auch, daß alle bisherigen Regeln zur Sicherstellung einer korrekten Rückwärtsverkettung entsprechend um zusätzliche Aussagen ergänzt werden müssen; z.B. muß die Regel zur Überprüfung der Kraftstoffmenge um die Aussage *Kraftstoffmenge wurde überprüft* ergänzt werden, weil nur so diese Regel von der Regel *Motor überprüfen* aufgerufen werden kann. Durch Ergänzung von Regel „RULE 2" erhält man demnach:

```
RULE   Benzin checken
IF     Kraftstoffmenge < 2 Liter
AND    Motorenart ist Otto
THEN   Kraftstoffmenge wurde überprüft
AND    Benzin muß nachgefüllt werden!
```

Die Rückwärtsverkettung über eine Regelmenge läßt sich also nur dann erfolgreich durchgeführen, wenn alle Regeln durch geeignete Aussagen entsprechend miteinander „verkettet" werden.

Im folgenden sind die entsprechend erweiterten Regeln aufgeführt, wobei jede Regel in Anlehnung an den durch sie beschriebenen Sachverhalt mit einem eindeutigen Namen versehen wurde.

```
RULE   Motor überprüfen
IF     Kraftstoffmenge wurde überprüft
AND    Batterie wurde überprüft
AND    Kraftstoffversorgung wurde überprüft
THEN   Motor wurde überprüft!


RULE   Benzin checken
IF     Kraftstoffmenge < 2 Liter
AND    Motorenart ist Otto
THEN   Kraftstoffmenge wurde überprüft
AND    Benzin muß nachgefüllt werden!


RULE   Diesel checken
IF     Kraftstoffmenge < 2 Liter
AND    Motorenart ist Diesel
THEN   Kraftstoffmenge wurde überprüft
AND    Diesel muß nachgefüllt werden!
```

```
* RULE  Kraftstoffmenge ist ok
* IF    Kraftstoffmenge >= 2 Liter
* THEN  Kraftstoffmenge wurde überprüft
* AND   Kraftstoff ist ausreichend!


RULE  Batterie checken
IF    Batterieladung ist niedrig
THEN  Batterie wurde überprüft
AND   Batterie muß nachgeladen werden!
ELSE  Batterie wurde überprüft
AND   Batterie ist ok


RULE  Zündkerzen checken
IF    Motorenart ist Otto
THEN  Zündkerzen überprüft
AND   Zündkerzen reinigen!


RULE  Vergaser kontrollieren
IF    Motorenart ist Otto
AND   Kraftstoffversorgung ist Vergaser
THEN  Kraftstoffversorgung Ottomotor überprüft
AND   Vergaser reinigen!


RULE  Einspritzpumpe im Ottomotor kontrollieren
IF    Motorenart ist Otto
AND   Kraftstoffversorgung ist Einspritzer
THEN  Kraftstoffversorgung Ottomotor überprüft
AND   Einspritzpumpe entlüften!


* RULE  Kraftstoffversorgung im Ottomotor kontrollieren
* IF    Zündkerzen überprüft
* AND   Kraftstoffversorgung Ottomotor überprüft
* THEN  Kraftstoffversorgung wurde überprüft


RULE  Einspritzpumpe im Dieselmotor kontrollieren
IF    Motorenart ist Diesel
THEN  Kraftstoffversorgung wurde überprüft
AND   Einspritzpumpe entlüften!
```

Wie man erkennt, wurden darüberhinaus zwei weitere, mit * gekennzeichnete Regeln (Regel *Kraftstoffmenge is ok* und Regel *Kraftstoffversorgung im Ottomotor kontrollieren*) hinzugefügt, die ebenfalls für einen ordnungsgemäßen Ablauf benötigt werden. Durch die Regel *Kraftstoffmenge is ok* wird auch im Fall ausreichenden Kraftstoffs die Aussage *Kraftstoffmenge wurde überprüft* verifiziert. Die Regel *Kraftstoffversorgung im Ottomotor kontrollieren* bzw. die beiden neuen Aussagen *Zündkerze überprüft*, *Kraftstoffversorgung Ottomotor überprüft* sind erforderlich, da beim Ottomotor zwei voneinander unabhängige Bauteile (nämlich Zündkerzen und Vergaser bzw. Einspritzpumpe) zu untersuchen sind. Beim Dieselmotor ist dagegen nur eine Komponente (Einspritzpumpe) zu überprüfen. Die Regel *Batterieladung ist niedrig* wurde außerdem durch ELSE um weitere Aussagen ergänzt, da die Aussage *Batterie wurde überprüft* auch dann zutrifft, wenn die Prämisse *Batterieladung ist niedrig* mit „nein" beantwortet wird.

Die INSIGHT 2-gerecht konvertierten Regeln bilden den Kern einer Wissensbasis, aus der nach dem Rückwärtsverkettungsprinzip Schlußfolgerungen (neues Wissen) gezogen werden können. Damit die Auswertung mit INSIGHT 2 auch konkret durchgeführt werden kann, wird nachfolgend auf die Details von INSIGHT 2 eingegangen.

3.4　INSIGHT 2 - näher betrachtet

Die Charakteristika und die Konstrukte sowie die Bedienung von INSIGHT 2 wird nur soweit behandelt, wie dies für ein praktisches Arbeiten unbedingt erforderlich ist. Die wichtigsten Schlüsselwörter und Anweisungen werden schrittweise erläutert und durch Beispiele veranschaulicht.

3.4.1　Produktionsregeln

Grundlage der Expertensystemschale INSIGHT 2 sind Produktionsregeln. Da die Regeln nach ihrer Reihenfolge bei Eintrag in die Wissensbasis verarbeitet werden, kommt der Festlegung der Regelreihenfolge große Bedeutung zu. Produktionsregeln werden mit IF, THEN und ELSE Schlüsselwörtern gebildet, wobei das ELSE Schlüsselwort in einer Regel fehlen darf.

Daten bzw. Informationen, die während des Ablaufs einer Regelauswertung benötigt werden, können aus verschiedenen Quellen bezogen werden:

- Der Benutzer kann *menügeführt* aufgefordert werden, einen Wert einzugeben bzw. aus vorgegebenen Werten eine Auswahl zu treffen.

- Werte können durch einen *prozeduralen Anschluß* über einen Algorithmus (PASCAL-Programm) berechnet werden. Besonders unterstützt werden dabei Datenbankzugriffe, so daß Werte aus externen Dateien zugewiesen werden können.

- Werte können auch durch Regelverknüpfungen gewonnen werden, indem unbekannte Werte aus anderen Regeln abgeleitet werden.

3.4.1.1　IF, THEN, ELSE-Schlüsselwörter

Eine INSIGHT 2-Regel muß mindestens drei Komponenten haben:

- Einen *Regelnamen*, definiert durch das Schlüsselwort RULE,

- eine *Bedingung (Prämisse)*, eingeleitet durch das Schlüsselwort IF, und

- ein *Ergebnis (Konklusion)*, eingeleitet durch das Schlüsselwort THEN.

INSIGHT 2-Schlüsselwörter müssen groß geschrieben und im Normalfall an den Anfang einer Zeile gestellt werden. Die Regel *Ueberpruefe Motor* aus dem Beispiel zur Motordiagnose entspricht somit voll den INSIGHT 2-Konventionen:[1]

```
RULE  Ueberpruefe Motor
IF    Kraftstoffmenge wurde ueberprueft
AND   Batterie wurde ueberprueft
AND   Kraftstoffversorgung wurde ueberprueft
THEN  Motor wurde ueberprueft!
```

Der Name dieser Regel ist der Text

```
Ueberpruefe Motor,
```

die Bedingungen (Prämissen) sind die Aussagen

```
Kraftstoffmenge wurde ueberprueft,
Batterie wurde ueberprueft,
Kraftstoffversorgung wurde ueberprueft,
```

die durch das AND Schüsselwort miteinander verknüpft sind. Das dazugehörige Ergebnis (Konklusion) wird beschrieben durch

```
Motor wurde ueberprueft!
```

Werden Aussagen mit dem Schlüsselwort ELSE gebildet, ist die durch ELSE eingeleitete Aussage nur dann wahr, wenn die Prämisse unzutreffend ist. In unserem Motordiagnose-Beispiel etwa ist als Kraftstoffversorgung nur eine Einspritzpumpe oder ein Vergaser zulässig. Dies bedeutet: Ist die Kraftstoffversorgung keine Einspritzpumpe, so liegt ein Vergaser vor, und umgekehrt. Somit könnte folgende Regel aufgestellt werden, um zu entscheiden, ob die Einspritzpumpe zu entlüften oder der Vergaser zu reinigen ist:

```
RULE  Kraftstoffversorgung kontrollieren
IF    Kraftstoffversorgung ist Einspritzer
THEN  Einspritzpumpe entlueften!
ELSE  Vergaser reinigen!
```

3.4.1.2 AND, OR, NOT-Schlüsselwörter

Zur logischen Verknüpfung von Aussagen stehen die Schlüsselwörter AND, OR und NOT zur Verfügung. Mit dem AND Schlüsselwort wird die Konjunktion, mit dem

---

[1] Umlaute und ß sollten durch äquivalente Schreibweise ersetzt werden.

OR Schlüsselwort die Disjunktion realisiert. Werden sowohl AND und OR in einer Regel verwendet, so ist zu beachten, daß das AND stärker bindet als das OR.

Mit dem NOT Schlüsselwort werden Verneinungen abgebildet. Ein einfaches Beispiel ist folgendes NOT Konstrukt:

```
RULE  Vergaser kontrollieren
IF    NOT Kraftstoffversorgung ist Einspritzpumpe
THEN  Vergaser ueberpruefen!
```

Wissensbasen in INSIGHT 2 werden also mit einer Wissensbeschreibungssprache auf der Grundlage von Produktionsregeln aufgebaut. Da Produktionsregeln eine zentrale Rolle bei der Definition von INSIGHT 2-Programmen spielen, werden diese auch PRL-Programme (PRL = Production Rule Language) genannt. Bisher wurde nur ganz allgemein davon gesprochen, daß Regeln „Aussagen" enthalten. In INSIGHT 2 gibt es genauer betrachtet drei Typen von Aussagen, die nun vorgestellt werden sollen.

3.4.2 Aussagetypen in INSIGHT 2

Die Wissensbeschreibungssprache von INSIGHT 2 unterscheidet folgende Typen von Aussagen:

- Die *logische Aussage* (das *Faktum*), die eine Behauptung in Textform darstellt;

- die *numerische Aussage*, die sich auf berechenbare Größen bezieht;

- die *Eigenschaftsaussage*, die dem Attribut eines Objektes einen Wert zuordnet (OAW-Tupel).

3.4.2.1 Fakten

Fakten sind die einfachste Art, Wissen zu beschreiben. Ein Faktum besteht aus beliebigem Text ohne Schlüsselwörter, kann aber auch Sonderzeichen und Leerzeichen enthalten. Der Informationsgehalt eines Faktums ist entweder *wahr* oder *falsch*, d.h. ein Faktum hat Boolschen Charakter. Das Faktum

```
Batterieladung ist niedrig
```

ist z.B. je nach Fall entweder „wahr" oder „falsch".

Der Text einer logischen Aussage kann beliebig sein, er sollte jedoch Bezug zum dargestellten Sachverhalt haben, um die Lesbarkeit zu erhöhen. In diesem Zusammenhang sei auf eine Eigentümlichkeit hingewiesen. Obwohl z.B. die beiden Aussagen

```
Es ist eine Einspritzpumpe vorhanden.
Eine Einspritzpumpe ist vorhanden.
```

inhaltlich äquivalent sind, so sind sie für ein Expertensystem doch zwei völlig unterschiedliche Aussagen: Das Expertensystem besitzt von sich aus keine Fähigkeit, die semantische Gleichwertigkeit zu erkennen. Man muß bedenken, daß ein Expertensystem mit Textketten, also Symbolen, arbeitet. Zwei Aussagen sind folglich nur dann gleichwertig, wenn sie durch identische Zeichenketten dargestellt werden. Wird diese Tatsache nicht beachtet, sind überraschende, sich fatal auswirkende Fehler möglich!

3.4.2.2 Numerische Information

In einer numerischen Anweisung können Variable mit Werten belegt bzw. miteinander verglichen werden. Somit können einfache numerische Formeln als Bestandteile von Regeln auftreten und technische Sachverhalte abbilden. Dies ist vor allem für Expertensysteme im Ingenieurbereich wichtig. INSIGHT 2 kennt dabei sowohl ganze Zahlen *(integer)* als auch reelle Zahlen *(floating point real)*. Beispiel:

```
RULE   Kraftstoffmenge checken
IF     Kraftstoffmenge < 2 Liter
AND    Motorenart ist Otto
THEN   Kraftstoffmenge wurde ueberprueft
AND    Benzin muß nachgefuellt werden!
```

Durch den Vergleich *Kraftstoffmenge < 2 Liter* wird die numerische Größe *Kraftstoffmenge* mit der Zahl 2 verglichen; der Text *Liter* wird dabei ignoriert.

Ist der Wert einer Variable unbekannt, wird er vom Benutzer erfragt. Tritt dieser Wert auch in anderen Regeln auf, wird er nicht nochmal nachgefragt. Jede unbekannte Variable muß also somit nur einmal eingegeben werden.

Numerische Zuweisungen an Variable werden über den Ergibt-Zuweisungsoperator „:=" (so wie er in der Programiersprache PASCAL verwendet wird) vorgenommen. Beispielsweise könnte man folgende Regel definieren, mit der die Auswirkung eines *5l* Reservekanisters auf den Kraftstoffstand beschrieben wird:

```
RULE   Reservekanister nutzen
IF     Kraftstoffmenge < 2 Liter
AND    Reservekanister ist vorhanden
AND    Reservekanister ist voll
THEN   Reservekanister wurde benutzt!
AND    Kraftstoffmenge := Kraftstoffmenge + 5
```

Bei vorhandenem, vollem Reservekanister erhöht sich die Kraftstoffmenge also um 5 Liter.

Die vollständige Liste der Vergleichsoperatoren, die in INSIGHT 2 möglich sind, ist in Tabelle 3.1 aufgeführt.

Tabelle 3.1.   INSIGHT 2 Vergleichsoperatoren

```
<       kleiner
>       größer
<=      kleiner gleich
>=      größer gleich
<>      ungleich
=       gleich
```

Numerische Operationen können mit den Operatoren nach Tabelle 3.2 definiert werden.

Tabelle 3.2.   INSIGHT 2 numerische Operatoren

```
( )     Klammern
+       Addition
-       Subtraktion
*       Multiplikation
/       Division
```

Ob eine Aussage numerische Information enthält oder nicht, geht allein aus dem Aufbau der Aussage hervor: Enthält eine Aussage jedoch einen Vergleichsoperator oder das Zuweisungssymbol, wird sie stets als numerische Aussage interpretiert.

3.4.2.3 Eigenschaftsaussage (OAW-Aussage)

Die bisher betrachteten Aussagentypen haben nur eine „lokale" Wirkung, d.h. sie wirken nur auf die Regel, in der sie auftreten. OAW-Aussagen erstrecken sich dagegen auf mehrere, das gleiche Objekt enthaltene Regeln einer Wissensbasis. Um eine solche Wirkung zu erzielen, muß ein Konstrukt vorhanden sein, das einem in mehreren Regeln vorkommenden Objekt eindeutig Attribute zuordnet. Hierzu gibt es das Schlüsselwort IS, das zwischen Objekt und seinem zugehörigen Attribut steht.

In den folgenden Regeln

```
RULE  Benzin checken
IF    Kraftstoffmenge < 2 Liter
AND   Motorenart IS Otto
THEN  Kraftstoffmenge wurde ueberprueft
AND   Benzin muß nachgefuellt werden!


RULE  Diesel checken
IF    Kraftstoffmenge < 2 Liter
AND   Motorenart IS Diesel
THEN  Kraftstoffmenge wurde ueberprueft
AND   Diesel muß nachgefuellt werden!
```

wird mit dem Schlüsselwort IS dem Objekt *Motorenart* das Attribut *Otto* bzw. *Diesel* zugeordnet. Durch das Schlüsselwort IS erkennt der Regel-Compiler, daß in einer Aussage ein Objekt und ein ihm zugehöriges Attribut vorliegt. Somit wird nicht nur die hinter IS stehende Aussage abgefragt, sondern es werden alle in der Wissensbasis zu diesem Objekt gehörenden Attribut-Alternativen „gesammelt" und dem Benutzer als Auswahlliste angeboten. Es muß also nur *einmal* aus mehreren Alternativen ausgewählt werden. Wurde eine Entscheidung für ein Attribut getroffen, so sind automatisch alle anderen Attribute unzutreffend und brauchen bei weiteren Regelauswertungen nicht mehr berücksichtigt zu werden. Hat der Benutzer also im obigen Beispiel als Motorenart *Diesel* bestimmt, so bedeutet dies gleichzeitig, das die Motorenart *Otto* nicht mehr zutreffen kann.

Außer dem Schlüsselwort IS kann auch das zu IS gleichwertige Wort ARE benutzt werden, um grammatikalisch bessere (englische) Sätze zu bilden. Ein weitere, gleichwertige Möglichkeit, Objekte und Attribute zu definieren, liefert das „\"-Symbol. Die möglichen Attributzuweisungen werden dabei hinter das „\"-Symbol gesetzt und erlauben somit eine flüssigere sprachliche Gestaltung des Auswahlvorgangs. Das folgende Beispiel zeigt, daß mit Hilfe des „\"-Symbols ein natürlichsprachlicher Dialog in Deutsch aufgebaut werden kann:

```
RULE   Benzin checken
IF     Kraftstoffmenge < 2 Liter
AND    Motorenart ist \ Otto
THEN   Kraftstoffmenge wurde ueberprueft
AND    Benzin muß nachgefuellt werden!


RULE   Diesel checken
IF     Kraftstoffmenge < 2 Liter
AND    Motorenart ist \ Diesel
THEN   Kraftstoffmenge wurde ueberprueft
AND    Diesel muß nachgefuellt werden!
```

Beim Ablauf des Programms erscheint somit folgende Anfrage:

```
Motorenart ist

   --> Otto
       Diesel
```

Der Benutzer muß dann eine Alternative wählen.

Um den Unterschied zwischen OAW-Aussagen und einfachen Fakten zu demonstrieren, wird auf die im Diagnose-Beispiel verwendete Formulierung zurückgegriffen:

```
RULE   Benzin checken
IF     Kraftstoffmenge < 2 Liter
AND    Motorenart ist Otto
THEN   Kraftstoff wurde ueberprueft
AND    Benzin muß nachgefuellt werden!
```

```
RULE  Diesel checken
IF    Kraftstoffmenge < 2 Liter
AND   Motorenart ist Diesel
THEN  Kraftstoff wurde ueberprueft
AND   Diesel muß nachgefuellt werden!
```

Hier wurde die Motorenart durch einfache Aussagen definiert, da ja das Wort „ist" kein INSIGHT 2-Schlüsselwort darstellt und somit keine Wirkung auf die Inferenz besitzt. Da die einzelnen Regeln somit kein „\"-Symbol bzw. IS-Schlüsselwort enthalten, wird folglich jede einzelne Regel der Reihe nach abgearbeitet: Die erste Regel führt zur Anfrage:

```
Motorenart ist Otto,
```

wobei entweder TRUE oder FALSE auszuwählen ist. Wird FALSE gewählt, erfolgt der Übergang zur zweiten Regel, da die Prämisse der ersten Regel unwahr ist. Die zweite Regel führt zur Anfrage:

```
Motorenart ist Diesel.
```

Lautet die Antwort TRUE, und wurde als Kraftstoffmenge etwa 1 Liter eingegeben, kann über die zweite Regel auf das Resultat *Kraftstoff wurde ueberprueft* und *Diesel muß nachgefuellt werden* geschlossen werden.

Man sieht deutlich, daß Objekt-Attribut-Formulierungen eine elegante, weniger umständliche Abarbeitung erlauben, da Wertzuweisungen auf eine einzelne Anfrage beschränkt bleiben und sich nicht über mehrere separate Einzelanfragen erstrecken. Die Formulierung von OAWs ist dabei umso vorteilhafter, je mehr Attribute an ein Objekt geknüpft sind.

3.4.3 Hauptziele (goals)

Da INSIGHT 2 hauptsächlich nach dem Rückwärtverkettungsprinzip arbeitet, muß mindestens eine Aussage als Hauptziel (*goal*) definiert sein. Um eine Lösung zu garantieren, muß dieses Ziel auch mindestens einmal im Konklusionsteil einer Regel enthalten sein. Ein Hauptziel wird separat von der Regelmenge definiert und durch eine vorausgehende Nummer gekennzeichnet. Das Hauptziel markiert den Startpunkt der Rückwärtsverkettung. So kann man im Diagnosebeispiel die zentrale Aussage *Motor wurde ueberprueft!* wie folgt als Hauptziel definieren:

```
1.  Motor wurde ueberprueft!
```

Hauptziele werden deshalb mit Nummern versehen, weil in INSIGHT 2 mehrere Hauptziele definiert werden können und infolgedessen voneinander unterschieden werden müssen. Einzelne Ziele können wiederum in Unterziele aufgeteilt werden, so daß eine Wissensbasis ähnlich der Gliederung eines Buches strukturiert werden kann. So könnten beispielsweise im obigen Diagnosesystem die drei Teilziele

```
1. Kraftstoffmenge wurde ueberprueft
2. Batterie wurde ueberprueft
3. Kraftstoffversorgung wurde ueberprueft
```

definiert werden. Eine Aufteilung in Teilziele (Etappen) wäre etwa dann angebracht, wenn nur ein Teil des Motors (etwa die Kraftstoffversorgung) diagnostiziert werden soll.

3.4.4 Definition von Zusatzinformation

Die von INSIGHT 2 während des Dialogs generierten Fragen wirken schematisch und erfolgen zudem in Englisch. INSIGHT 2 bietet jedoch Möglichkeiten, Fragen benutzerfreundlicher zu gestalten, insbesondere können dem Benutzer auf Wunsch Zusatzinformationen gegeben werden, um Fachbegriffe oder schwierige Fragestellungen im Detail zu erläutern. Am Ende einer Konsultation können die wichtigsten Ergebnisse nochmals angezeigt werden.

Anweisungen, mit denen Zusatzinformationen während und nach einer Konsultation angezeigt werden können, sind:

- Die TEXT-Anweisung, mit der Fragen des Systems natürlichsprachlich formuliert werden können.

- Die DISPLAY-Anweisung, um automatisch Informationen zu Fragen oder Ergebnissen anzuzeigen, ohne daß der Benutzer dies explizit veranlassen muß.

- Die EXPAND-Anweisung, die zu einer Aussage optional weitere Erläuterungen ausgibt.

So kann etwa mit der TEXT Anweisung eine Variable im Dialog ausführlicher dargestellt werden. Im Diagnosebeispiel wurde z.B. die numerische Variable *Kraftstoffmenge* verwendet. Während einer Konsultation würde der Benutzer deshalb mit der kargen Meldung *Kraftstoffmenge* aufgefordert, einen Wert einzugeben. Besser wäre es, diesen Begriff wie folgt mit einer TEXT Anweisung für den Benutzer verständlicher zu machen:

```
RULE  Kraftstoffmenge checken
IF    Kraftstoffmenge < 2 Liter
AND   Motorenart ist Otto
THEN  Kraftstoffmenge wurde ueberprueft
AND   Benzin muß nachgefuellt werden!

TEXT  Kraftstoffmenge
      Wieviel Liter Kraftstoff sind noch vorhanden?
```

Die mit TEXT initiierte Meldung *Wieviel Liter Kraftstoff sind noch vorhanden?* ist eindeutiger und läßt weniger Fehlinterpretationen seitens des Benutzers zu.

Mit der DISPLAY Anweisung werden über den Bildschirm Meldungen an den Benutzer ausgegeben, die nicht unterdrückt werden können. Die Regel zur Bestimmung der Batterieladung kann so mit der DISPLAY-Information *Batterie muß nachgeladen werden* versehen werden. Trifft also die Prämisse der Regel zu, wird die damit verbundene Konklusion als Seiteneffekt auf dem Bildschirm protokolliert.

```
RULE  Batterie checken
IF    Batterieladung ist niedrig
THEN  Batterie wurde ueberprueft
AND   DISPLAY Batterie muß nachgeladen werden!
```

Schließlich können mit der EXPAND Anweisung auf Anforderung des Benutzers gezielt Hilfstexte ausgegeben werden. So könnte mit der EXPAND Anweisung definiert werden, was denn genau unter *Batterieladung ist niedrig* zu verstehen ist:

```
RULE  Batterie checken
IF    Batterieladung ist niedrig
THEN  Batterie wurde ueberprueft
AND   DISPLAY Batterie muß nachgeladen werden!

EXPAND Batterieladung ist niedrig
    Die Batterieladung ist niedrig, falls weniger
    als 11 Volt anliegen.
```

Falls ein Benutzer unsicher ist, was unter „niedriger Batteriespannung" zu verstehen ist, kann er mit einer Funktionstaste den entsprechenden EXPAND-Text anfordern. Ist ihm der Begriff dagegen hinlänglich bekannt, erfolgt keine Ausgabe des EXPAND-Textes.

Hilfe-Anweisungen sind zwar zur Erstellung von Wissensbasen inhaltlich nicht zwingend, sollten aber dann ausgiebig verwendet werden, wenn die Benutzerfreundlichkeit erhöht werden soll.

3.4.5 Konfidenzwerte

Vages bzw. unsicheres Wissen wird in INSIGHT 2 über Konfidenzwerte modelliert. Mit Hilfe der CONFIDENCE-Anweisung (Abkürzung CF) wird festgelegt, ob der Benutzer bei der Beantwortung von Fragen Konfidenzwerte eingeben muß, die dann nach den Regeln der *Fuzzy*-Logik verarbeitet werden. Durch

```
CONFIDENCE ON
```

wird die Konfidenzanforderung eingeschaltet. Während einer Konsultation müssen Eingaben dann mit Konfidenzwerten zwischen 0 und 100 belegt werden: Die Bedeutung eingegebener Zahlen zwischen 0 und 100 kann der Tabelle 3.3 entnommen werden, weitere Abstufungen sind möglich.

Tabelle 3.3. Konfidenzwerte in INSIGHT 2

Bedeutung	Wert
sicherlich wahr	100
vielleicht wahr	75
unsicher	50
vielleicht falsch	25
sicherlich falsch	0

Falls nicht mit Konfidenzen gearbeitet werden soll, kann mit der Anweisung

```
CONFIDENCE OFF
```

die Konfidenzanforderung ausgeschaltet werden; OFF ist dabei auch die Vorein-
stellung.

Hierzu ein Beispiel: Die Aussage *Batterieladung ist niedrig* beispielsweise ist keine
präzise Formulierung, da „niedrig" verschiedene Interpretationen zuläßt. Über die
CONFIDENCE Anweisung lassen sich Interpretationsabstufungen berücksichtigen.
In der Regel *Batterieladung checken*

```
RULE  Batterieladung checken
IF    Batterieladung ist niedrig
THEN  Batterie muß nachgeladen werden! CF 80
```

wird beispielsweise mit dem Konfidenzwert CF 80 zum Ausdruck gebracht, daß eine
Batterie mit 80 prozentiger „Wahrscheinlichkeit" nachgeladen werden muß, falls
ihre Ladung „niedrig" ist. Die Konklusion wird also mit einem Konfidenzwert von 80
belegt. Bei der Systemanfrage

```
Batterieladung ist niedrig
```

entsteht nun bei CONFIDENCE ON für einen Benutzer die Möglichkeit, seine eigene Einschätzung des Sachverhaltes auszudrücken. Liegt seine Einschätzung zwischen „unsicher" (50) und „vielleicht wahr" (75), wäre ein Konfidenzwert etwa 60
angebracht. Zusammen mit dem Konfidenzwert für die Konklusion (80) ergibt sich
somit ein Gesamtkonfidenzwert von $60\% \cdot 80\% = 48\%$.

In Anlehnung an die Fuzzy-Logik ist der Konfidenzwert mehrerer Aussagen, die
mit AND verknüpft sind, das Minimum der einzelnen Konfidenzfaktoren, bei einer
OR Verknüpfung das Maximum.

3.4.6 Prinzipieller Aufbau einer Wissensbank

Eine Wissensbank in INSIGHT 2 besteht aus einer Menge von Text-Zeilen, die
Schlüsselwörter zur Steuerung des Auswertungsablaufes der Wissensbank oder pro-
blemspezifisches, vom Entwickler eingegebenes Wissen, enthält. Darüberhinaus gibt
es noch Sonderzeichen, die folgende Wirkung haben:

- Ausrufezeichen (!) an der ersten Stelle einer Zeile kennzeichnen *Kommentarzeilen*. Diese werden bei der Abarbeitung einer PRL-Datei ignoriert, da sie alleine der Programmdokumentation dienen.

- Dollarsymbole ($) sind *Include-Zeichen*. Steht ein „$"-Symbol an erster Stelle einer Zeile, wird das nachfolgende Wort als Name einer PRL-Datei aufgefaßt und diese entsprechend eingefügt. So können größere PRL-Dateien übersichtlich in logisch zusammenhängende, kleinere Teile aufgespalten werden.

Der korrekte Aufbau einer typischen PRL-Datei kann der Tabelle 3.4 entnommen werden; Anweisungen gemäß Punkt 2 und 5 der Tabelle können entfallen, falls sie nicht benötigt werden. Alle anderen Komponenten sind verbindlich vorgeschrieben, und zwar exakt in der hier beschriebenen Reihenfolge.

Tabelle 3.4   Aufbau einer PRL-Datei

```
1. Titeldefinition TITLE
2. Allgemeine Steueranweisungen (z.B. CONFIDENCE)
3. Definition der Hauptziele (goals)
4. Definition der Regeln
5. Definition von Hilfsanweisungen (z.B. DISPLAY)
6. Das Schlüsselwort END
```

Die Regeln zum Beispiel „Motor-Diagnose" können nunmehr unter Berücksichtigung der einzuhaltenden Aufbaukonventionen zu einer vollständigen INSIGHT 2-Wissensbasis erweitert werden:

- Es muß die TITLE Anweisung zu Beginn der Wissensbank definiert werden. Der Text nach dem TITLE Schlüsselwort wird dabei nach Aufruf der Wissensbasis am oberen Bildschirmrand ausgegeben:

  ```
  TITLE    Diagnosesystem fuer Automotoren
  ```

- Es muß ein Hauptziel spezifiziert werden. Da nur ein Ziel verfolgt werden soll, reicht die Definition:

  ```
  1.    Motor wurde ueberprueft!
  ```

- Regeln in INSIGHT 2-Notation.

- Hilfe-Anweisungen werden im Anschluß an die Regeln angegeben, im vorliegenden Fall:

  ```
  TEXT  Kraftstoffmenge
        Wieviel Liter Kraftstoff sind noch vorhanden?
  ```

• Mit dem END Schlüsselwort wird das Ende einer INSIGHT 2-Wissens-
  bank gekennzeichnet:

```
END
```

Die vollständige INSIGHT 2-Wissensbasis hat somit nach Komplettierung mit
Kommentaren folgendes Aussehen:

```
TITLE    Diagnosesystem fuer Automotoren

!        Es sollen moegliche Fehlerquelle fuer Otto- und
!        Dieselmotoren bestimmt werden.
!        Autoren: Hartmann/Lehner
!        Version: 1.0

!        Alle Komponenten ueberpruefen
1.       Motor wurde ueberprueft!

RULE  Motor ueberpruefen
IF    Kraftstoffmenge wurde ueberprueft
AND   Batterie wurde ueberprueft
AND   Kraftstoffversorgung wurde ueberprueft
THEN  Motor wurde ueberprueft!


!     Kraftstoffmenge ueberpruefen

RULE  Benzin checken
IF    Kraftstoffmenge < 2 Liter
AND   Motorenart ist \ Otto
THEN  Kraftstoffmenge wurde ueberprueft
AND   DISPLAY Benzin muss nachgefuellt werden!

RULE  Diesel checken
IF    Kraftstoffmenge < 2 Liter
AND   Motorenart ist \ Diesel
THEN  Kraftstoffmenge wurde ueberprueft
AND   DISPLAY Diesel muss nachgefuellt werden!

RULE  Kraftstoffmenge ist ok
IF    Kraftstoffmenge >= 2 Liter
THEN  Kraftstoffmenge wurde ueberprueft
AND   DISPLAY Kraftstoff ist ausreichend!
```

```
!       Batterie ueberpruefen

RULE    Batterie checken
IF      Batterieladung ist niedrig
THEN    Batterie wurde ueberprueft
AND     DISPLAY Batterie muss nachgeladen werden!
ELSE    Batterie wurde ueberprueft
AND     DISPLAY Batterie ist ok


!       Kraftstoffversorgung ueberpruefen

RULE    Zuendkerzen checken
IF      Motorenart ist \ Otto
THEN    Zuendkerzen ueberprueft
AND     DISPLAY Zuendkerzen reinigen!


RULE    Vergaser kontrollieren
IF      Motorenart ist \ Otto
AND     Kraftstoffversorgung ist \ Vergaser
THEN    Kraftstoffversorgung Ottomotor ueberprueft
AND     DISPLAY Vergaser reinigen!


RULE    Einspritzpumpe im Ottomotor kontrollieren
IF      Motorenart ist \ Otto
AND     Kraftstoffversorgung ist \ Einspritzer
THEN    Kraftstoffversorgung Ottomotor ueberprueft
AND     DISPLAY Einspritzpumpe entlueften!


RULE    Kraftstoffversorgung im Ottomotor kontrollieren
IF      Zuendkerzen ueberprueft
AND     Kraftstoffversorgung Ottomotor ueberprueft
THEN    Kraftstoffversorgung wurde ueberprueft


RULE    Einspritzpumpe im Dieselmotor kontrollieren
IF      Motorenart ist \ Diesel
THEN    Kraftstoffversorgung wurde ueberprueft
AND     DISPLAY Einspritzpumpe entlueften!


!       Hilfstexte definieren

TEXT    Kraftstoffmenge
        Wieviel Liter Kraftstoff sind noch vorhanden?


END
```

3.4.7 Handhabung von INSIGHT 2

INSIGHT 2 ist menügesteuert, d.h. der Benutzer kann aus einer vorgegebenen Auswahl die für die Lösung seiner Aufgabe zweckmäßige Option auswählen. Dabei werden die Positionierungstasten (Cursor-Tasten) und die Funktionstasten (F1 bis F10) der Tastatur des Computers benutzt. Die Bedeutung der Funktionstasten wird jeweils am unteren Bildschirmrand angezeigt.

Die Hauptaufgaben des Anwenders von INSIGHT 2 besteht darin, die kausalen und heuristischen Zusammenhänge eines konkreten Problembereiches durch Regeln und Steueranweisungen mit Hilfe der INSIGHT 2-eigenen Wissensbeschreibungssprache zu erfassen und die Regeln vernünftig zu strukturieren. Hierzu gibt es einen eingebauten, *Wordstar*-ähnlichen Editor; es kann aber auch jedes andere Textverarbeitungsprogramm benutzt werden.

Nachdem die Regeln und sonstige Anweisungen in einer PRL-Quelldatei erfaßt worden sind, muß diese in eine maschinenlesbare Form umgewandelt (compiliert) werden. Durch ihre Compilation wird eine wesentlich schnellere, direkt lauffähige Version der Wissensbasis erzeugt. Da INSIGHT 2 zur Problemlösung nur die compilierte Version der PRL-Datei verwendet, ist es möglich, die Entwicklung eines Expertensystems von der Anwendung zu trennen. Der Entwickler arbeitet mit der Quellversion der Wissensbasis, der Endanwender nur mit der compilierten Wissensbasis. Durch die Compilation wird somit sichergestellt, daß ein Endanwender mit dem Expertensystem zwar Probleme lösen kann, er hat aber in der Regel keine Möglichkeit, Einblick in die Quelle zu nehmen oder dort Veränderungen vorzunehmen. Auf diese Weise kann sichergestellt werden, daß keine unkontrollierten Veränderungen der Wissensbasis vorgenommen werden.

Während einer Regelauswertung und am Ende der Sitzung können Informationen über den Ablauf erfragt werden, z.B.:

*   Aufzeigen der Beweiskette, die zu einer bestimmten Regel führt;

*   Aufzeigen aller Regeln, die zu einem Zeitpunkt aktiviert sind;

*   Aufzeigen aller Regeln, die zu einem bestimmten Zeitpunkt zur Weiterverarbeitung in Erwägung gezogen werden;

*   Auflisten aller verwendeten Regeln und das Ausgeben aller definierten numerischen Variablen und Objekte.

Der prozedurale Anschluß wird durch PASCAL-Programme erreicht, die in den Regeln aufgerufen werden. Dabei können numerische Daten zwischen Regeln und PASCAL-Programmen ausgetauscht werden. Die PASCAL-Programme müssen vor ihrer Verwendung innerhalb von INSIGHT 2 ebenfalls compiliert werden. Im Sprachumfang des INSIGHT 2-PASCALs (DB-PASCAL) sind einige Anweisungen enthalten, mit denen man dBase-Dateien lesen und schreiben kann, so daß man Zugriff auf Daten im dBase-Format hat.

Das Zusammenwirken der verschiedenen Komponenten von INSIGHT 2 ist dem Bild 3.1 zu entnehmen, wobei auch einige, hier nicht weiter beschriebene Komponenten dargestellt sind. Der Typ einer Datei wird durch eine fest vorgegebene Erweiterung des Dateinamens gekennzeichnet, wobei folgende Typen erlaubt sind:

.PRL (Production Rule Language, Quelldatei für INSIGHT 2)

.KNB (Compilierte Knowledge Base)

.PAS (Quellprogramm eines PASCAL-Programms)

.PCO (PASCAL Compiled Object File)

.DBF (Data Base File)

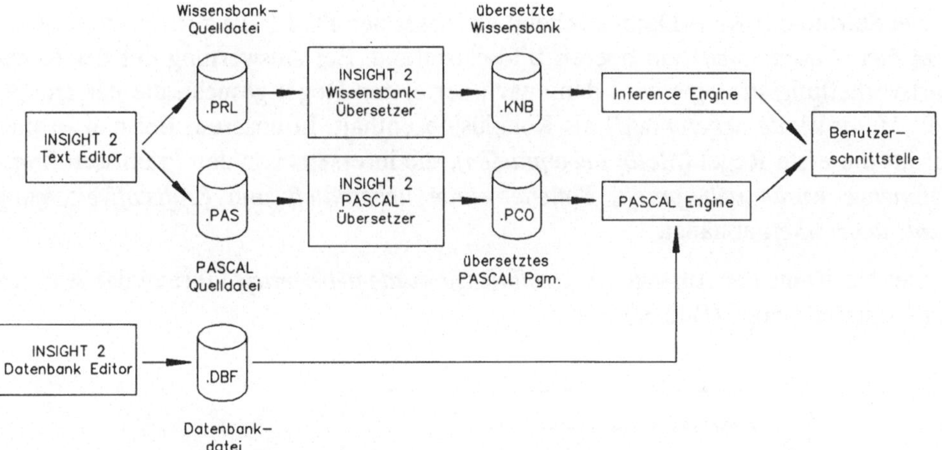

Bild 3.1.   INSIGHT 2 System - Gesamtübersicht

Um die Funktionsweise von INSIGHT 2 zu demonstrieren, wird die oben entwickelte INSIGHT 2-Wissensbasis zur Ausführung gebracht. Nachdem die INSIGHT 2-Schale mit dem Namen *i2* aufgerufen wurde, erscheint das Hauptmenü, über das sich der Compiler aktivieren läßt (vgl. Bild 3.2). Ist die PRL-Datei fehlerfrei compiliert worden, wird eine Statistik ausgegeben, die Auskunft über den belegten und freien Speicher gibt. Enthält die Datei dagegen Fehler, werden diese auf dem Bildschirm angezeigt. In unserem Fall ist die Quelldatei fehlerfrei, so daß eine KNB-Datei angelegt wird, die sofort ausgeführt werden kann.

```
        What would you like to do ?


        Run a knowledge base.
        Edit a knowledge base.
 ────▶  Compile a knowledge base.

        Run a DBPAS program.
        Edit a DBPAS program.
        Compile a DBPAS program.

        Edit a data base.



                                    6 HELP      7 EXIT
```

Bild 3.2.   INSIGHT 2 Hauptmenü

Bei Starten der KNB-Datei erscheint als erstes der TITLE Text (hier: *Diagnosesystem fuer Automotoren*) am oberen Bildschirmrand. Bei Auswertung mit der Rückwärtsverkettungsstrategie wird dann nach der ersten Regel gesucht, die das Hauptziel *(Motor wurde ueberprueft!)* als Konklusion enthält. In unserem Beispiel ist dies bereits die erste Regel *(Motor ueberpruefen)*, die ihrerseits von den Prämissen *Kraftstoffmenge wurde ueberprueft*, *Batterie wurde ueberprueft* und *Kraftstoffversorgung wurde ueberprueft* abhängt.

Der Nachweis der Aussage *Kraftstoffmenge wurde ueberprueft* führt zu der Anfrage der Kraftstoffmenge (Bild 3.3).


```
              Diagnosesystem fuer Automotoren
     Wieviel Liter Kraftstoff sind noch vorhanden?

                          :_________




     2 UNKNOWN  3 REPORT   4 EXPAND   5 MENU    6 HELP    7 EXIT
```

Bild 3.3.   INSIGHT 2-Eingabemenü für Variable

Wir nehmen an, daß als Antwort „10" eingegeben wurde. In diesem Fall erfolgt die Meldung *Kraftstoff ist ausreichend!*

Als nächstes muß die Prämisse *Batterie wurde ueberprueft* überprüft werden. Hierzu wird die Regel *Batterie checken* aktiviert, die vom Benutzer eine „wahr/falsch" Entscheidung abverlangt (Bild 3.4).

```
                Diagnosesystem fuer Automotoren

                      Is it true that :

     Batterieladung ist niedrig

                        TRUE    FALSE




     2 UNKNOWN  3 REPORT   4 EXPAND   5 MENU      6 HELP      7 EXIT
```

Bild 3.4.   INSIGHT 2-Eingabemenü für logische Aussagen

Wird etwa TRUE gewählt, erscheint die Meldung *Batterie muss nachgeladen werden*
auf dem Bildschirm. In der danach aktivierten Regel (*Zuendkerzen checken*) muß die
Motorart bestimmt werden. Da das „\"-Symbol benutzt wurde, wird eine Auswahlliste von Objektattributen erzeugt (Bild 3.5).

```
                Diagnosesystem fuer Automotoren
                     Select what describes :

        Motorenart ist

        ⟶  Otto

           Diesel



     2 UNKNOWN  3 REPORT   4 EXPAND   5 MENU      6 HELP
```

Bild 3.5.   INSIGHT 2-Eingabemenü für OAWs

Hier wird die Motorenart *Otto* gewählt, so daß die Regel *Zuendkerzen checken* aktiviert wird und die Meldung *Zuendkerzen reinigen!* erfolgt. Wird schließlich noch als
Kraftstoffversorgung Vergaser gewählt, erhält man die Aufforderung, den Vergaser zu
reinigen. Damit ist auch das Ende der Sitzung erreicht, da von der Regel *Motor ueberpruefen* alle drei Prämissen als richtig nachgewiesen worden sind und somit die
Konklusion, die zugleich Hauptziel ist, inferiert werden kann. Anschließend kann
eine weitere Sitzung gestartet, oder die INSIGHT 2-Schale verlassen werden.

3.5 Nachweis-Expertensystem

Ziel eines konkreten Expertensystems ist es, das Wissen eines Wissensgebietes möglichst vollständig zu repräsentieren und es so jederzeit verfügbar zu machen. Dabei

können verschiedene Wissensquellen genutzt werden, wie z.B. Fachliteratur, Vorschiften, Richtlinien, und natürlich auch das Wissen eines Fachexperten.

Am schwierigsten ist es dabei, das Wissen von Experten aufzudecken. Ein Experte sei definiert als eine Person, die aufgrund langjähriger Erfahrung auf einem eng umgrenzten Arbeitsgebiet Probleme lösen kann, wobei „Lehrbuchwissen" allein nicht ausreicht. Die Schwierigkeit liegt vor allem in der Wissenserfassung: Würde ein Experte nur nach einem festen Schema arbeiten, könnten seine Aufgaben relativ leicht auf andere übertragen werden, die dann seinen Anweisungen folgen würden. Ein Experte zeichnet sich aber gerade dadurch aus, daß er auch dann Probleme löst, wenn andere nicht mehr weiterwissen. Da er jedoch meistens nicht direkt in Begriffen wie Regeln, semantischen Netze o.ä. arbeitet, ist es äußerst mühsam, das Wissen eines Experten rechnergerecht aufzubereiten und in ein Expertsystem einzubringen.

Viel einfacher ist es dagegen, Wissen zu erfassen, das schon in aufbereiteter Form - etwa in Form einer DIN - vorliegt. In diesem Abschnitt soll die DIN 18800 [3.3] als Wissensvorlage dienen, aus der ein Teil in einem konkreten Expertsystem erfaßt werden soll. Die DIN 18800 ist ein typisches Beispiel für Wissen aus dem Ingenieurbereich: Es liegt in natürlichsprachlicher Form vor und enthält zusätzlich Formeln, Tabellen und Bilder zur Wissensdarstellung.

Die DIN 18800 ist dabei schon von ihrem Aufbau und ihrer Konzeption her gut als Wissensvorlage für ein Expertsystem geeignet. Ihre Gliederung ist konsequent, ihr Layout gut strukturiert. Die Norm ist beispielsweise klar in Abschnitte und Unterabschnitte eingeteilt, wobei die Abschnitte nach dem Dezimalsystem geordnet sind. Darüber hinaus ist der gesamte Text in sog. „Elemente" gegliedert, die abschnittsweise durchnummeriert werden. Jedes Element enthält eine in sich geschlossene Aussage und wird mit einer charakteristischen Überschrift versehen. Auch Bilder, Graphen, Formeln und Bedingungen werden durchnummiert, so daß ein eindeutiger Bezug auf jede der „Wissensportionen" möglich ist.

Das äußere Erscheinungsbild der DIN 18800 wird durch die Aufteilung des Textes in zwei Spalten bestimmt. Die rechte Spalte enthält den Regeltext, der verbindliche Regelungen in Form von Geboten, Verboten und Grundsätzen vorschreibt. In der linken Spalte dagegen stehen Erläuterungen in Form von Beispielen, Hinweisen, Skizzen und Bildern. Der Regeltext wird noch zusätzlich aufgeteilt in verbindliche und unverbindliche Regelungen, wobei Passagen mit unverbindlichen Regelungen zur besseren optischen Unterscheidung eingerückt sind. Wie erwähnt, wird jedes Element, jede Gleichung, jedes Bild und jede Tabelle mit einer Nummer gekennzeichnet, die zur eindeutigen Referenzierung dienen kann. Die DIN 18800 ist also schon weitgehend computergerecht aufbereitet, was die Eingabe in eine geeignete Expertsystemschale wesentlich erleichtert.

Die DIN 18800 besteht aus drei Teilen: Teil 1 befaßt sich mit der Bemessung und Konstruktion von Stahlbauten, Teil 2 behandelt Stabilitätsfälle im Stahlbau, wobei das Knicken von Stäben und Stabwerken geregelt wird, schließlich untersucht Teil 3 das Plattenbeulen von Stahlbauten.

Die DIN 18800, Teil 2, die hier behandelt wird, enthält dabei sieben Abschnitte:

- In Abschnitt 1 werden allgemeine Angaben gemacht, wie z.B. die Festlegung des Anwendungsbereiches und Definitionen der verwendeten Begriffe.

- Abschnitt 2 befaßt sich mit Imperfektionen, die für Berechnungen nach der Elastizitätstheorie II. Ordnung benötigt werden.

- Abschnitt 3 regelt den Nachweis einteiliger Stäbe nach dem Ersatzstabverfahren mit den folgenden Unterabschnitten:

    - Abschnitt 3.1 *Allgemeines*,

    - Abschnitt 3.2 *Planmäßig mittiger Druck*,

    - Abschnitt 3.3 *Einachsige Biegung ohne Normalkraft*,

    - Abschnitt 3.4 *Einachsige Biegung mit Normalkraft*,

    - Abschnitt 3.5 *Zweiachsige Biegung mit und ohne Normalkraft*.

- Abschnitt 4 behandelt mehrteilige, einfeldrige Stäbe,

- Abschnitt 5 Stabwerke,

- Abschnitt 6 Bogenträger

- Abschnitt 7 planmäßig gerade Stäbe mit dünnwandigem Querschnitt.

Hier soll nur ein kleiner Teil der DIN 18800, Teil 2, exemplarisch ausgewertet werden, und zwar nur die Unterabschnitte 3.2 und 3.3 des Abschnitts 3. Bei der Erstellung der Regelbasis wird insbesondere Wert darauf gelegt, die einzelnen Schritte in chronologischer Reihenfolge darzulegen. Bei den nachfolgenden Ausführungen empfielt es sich, den entsprechenden DIN-Text (vgl. Abschnitt 3.5.8) zur Hand zu nehmen.

Ziel soll sein, den Nachweis für einen einteiligen Stab nach einem vereinfachten Verfahren auf der Grundlage der Elastizitätstheorie I. Ordnung zu führen, wobei lediglich zwei Fälle untersucht werden:

Fall 1: Stab mit mittiger Normalkraft

Fall 2: Stab mit Biegemomentbelastung

Der Aufbau der Norm wird schematisch in Bild 3.6 wiedergegeben, wobei der implementierte Teil hervorgehoben ist.

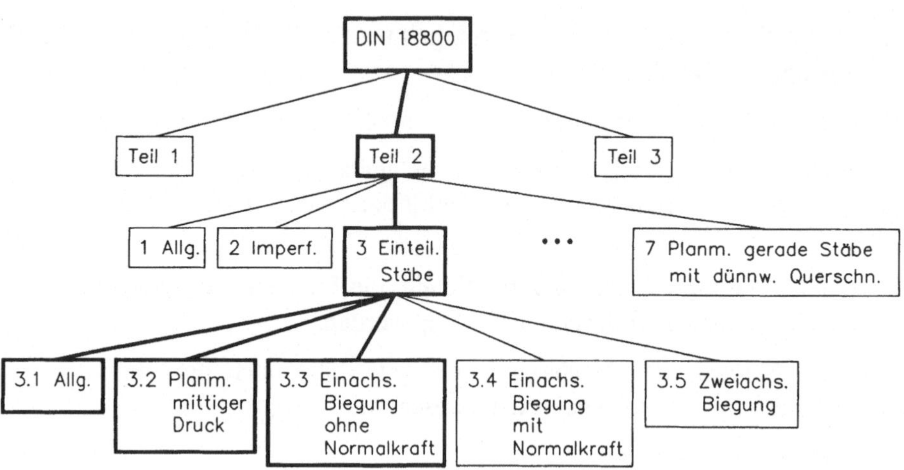

Bild 3.6.   Aufbau der DIN 18800, Teil 2

Zur Wissensrepräsentation des in der Norm enthaltenen Wissens wird das Prinzip der schrittweisen Verfeinerung angewendet: Ausgehend von einem Grobziel werden stufenweise Verfeinerungen eingeführt. Diese Vorgehensweise hängt eng mit der Rückwärtsverkettungsstrategie zusammen: Aussagen werden als „Zielaussagen" definiert und dann durch weitere Aussagen präzisiert. Da es unser Ziel ist, einen Nachweis zu führen, lautet die Zielbehauptung

    1. Nachweis ist durchgefuehrt,

die im Sinne von INSIGHT 2 als Goal angesehen werden kann.

Bevor jedoch konkrete Formelauswertungen durchgeführt werden können, muß - je nach Belastungs- und Versagensart - der entsprechende Nachweisabschnitt der DIN 18800 bestimmt werden. Zur Auswahl stehen die Nachweiskonzepte „elastisch-elastisch", „elastisch-plastisch" oder „plastisch-plastisch", wobei sich jeweils die erste Angabe auf die Berechnungsmethode der Schnittgrößen und die zweite Angabe auf die Berechnung der Beanspruchbarkeiten bezieht.

Da wir aber nur den vereinfachten Nachweis für einteilige Stäbe im Auge haben, bei dem Biegeknicken und Biegedrillknicken getrennt untersucht werden dürfen, genügt es, den entsprechenden Unterabschnitt von Abschnitt 3 auszuwählen.

Die erste Regel der Regelbasis hat somit im Prämissenteil zwei Aussagen: Zuerst muß der Nachweisabschnitt bestimmt werden *(Nachweisabschnitt ist bekannt)*, dann soll die entsprechende Formelauswertung durchgeführt werden *(Formelauswertung ist durchgefuehrt)*:

```
!   Nachweis wird nach einem vereinfachten Verfahren berechnet.

RULE    Nachweis nach vereinfachtem Verfahren
IF      Nachweisabschnitt ist bekannt
AND     Formelauswertung ist durchgefuehrt
THEN    Nachweis ist durchgefuehrt
```

Die Auswahl des Nachweisabschnitts erfolgt mit Hilfe der Tabelle E101 der DIN 18800, aus der in Abhängigkeit von der jeweiligen vorhandenen Schnittgröße und der Versagensart der passende Abschnitt abgelesen werden kann. Diese Tabelle ist in Tabelle 3.5 wiedergegeben.

Tabelle 3.5. Zusammenstellung der vereinfachten Tragsicherheitsnachweise

Schnittgröße	Versagensart	Abschnitt
N	Biegeknicken	3.2.1
N	Biegedrillknicken	3.2.2
My	Biegedrillknicken	3.3
N+My	Biegeknicken	3.4.2
N+Mz	Biegeknicken	3.4.2
N+My	Biegedrillknicken	3.4.3
N+My+Mz	Biegeknicken	3.5.3
N+My+Mz	Biegedrillknicken	3.5.3
N = Normalkraft; My, Mz = Biegemomente		

Wir berücksichtigen gemäß unser Voraussetzung (Fall 1 bzw. Fall 2) nur die ersten drei Einträge der Tabelle, so daß sich folgende drei Regeln ergeben:

```
RULE    Bestimmung des Abschnitts 3.2.1
IF      Vorhandene Schnittgroessen sind \ nur eine Normalkraft
AND     Versagensart ist \ Biegeknicken
THEN    Nachweisabschnitt ist \ 3.2.1
AND     Nachweisabschnitt ist bekannt


RULE    Bestimmung des Abschnitts 3.2.2
IF      Vorhandene Schnittgroessen sind \ nur eine Normalkraft
AND     Versagensart ist \ Biegedrillknicken
THEN    Nachweisabschnitt ist \ 3.2.2
AND     Nachweisabschnitt ist bekannt


RULE    Bestimmung des Abschnitts 3.3
IF      Vorhandene Schnittgroessen sind \ nur ein Biegemoment
THEN    Nachweisabschnitt ist \ 3.3.
AND     Nachweisabschnitt ist bekannt
```

Um zu der Konklusion *Nachweisabschnitt ist bekannt* zu kommen, wird der Benutzer bei der Verifikation der Prämissen zu jeder Regel aufgefordert, die vorhandene Schnittgröße bzw. Versagensart auszuwählen. Als weitere Konklusion (AND) wird der entsprechende Nachweisabschnitt festgehalten, der dann seinerseits zur Steuerung weiterer Regelgruppen dient.

Die weiteren Kombinationen der Tabelle können analog in Regelform gebracht
werden:

```
RULE    Bestimmung des Abschnittts 3.4.2
IF      Vorhandene Schnittgroessen sind \ Normalkraft und Biegemoment
AND     Versagensart ist \ Biegeknicken
THEN    Nachweisabschnitt ist bekannt
AND     DISPLAY Dieser Fall ist nicht implementiert.


RULE    Bestimmung des Abschnittts 3.4.3
IF      Vorhandene Schnittgroessen sind \ Normalkraft und Biegemoment
AND     Versagensart ist \ Biegedrillknicken
THEN    Nachweisabschnitt ist bekannt
AND     DISPLAY Dieser Fall ist nicht implementiert.


RULE    Bestimmung des Abschnittts 3.5.3_1
IF      Vorhandene Schnittgroessen sind \ Normalkraft und zwei Biegemom.
AND     Versagensart ist \ Biegeknicken
THEN    Nachweisabschnitt ist bekannt
AND     DISPLAY Dieser Fall ist nicht implementiert.


RULE    Bestimmung des Abschnittts 3.5.3_2
IF      Vorhandene Schnittgroessen sind \ Normalkraft und zwei Biegemom.
AND     Versagensart ist \ Biegedrillknicken
THEN    Nachweisabschnitt ist bekannt
AND     DISPLAY Dieser Fall ist nicht implementiert.
```

Alle o.a. Regeln können als „Hauptprogramm" der Wissensbasis gedeutet werden,
Regeln zur Ausführung einzelner Unterabschnitte entsprechend als
„Unterprogramme".

3.5.1   Abschnitt 3.2.1 der DIN 18800

Im Abschnitt 3.2.1 der DIN 18800, Teil 2, wird der Biegeknicknachweis eines normalkraftbelasteten Einzelstabes behandelt. Wir definieren eine charakteristische
Größe *nquer*, mit der die Tragsicherheit bezeichnet wird. Je nachdem, ob der Wert
von *nquer* größer oder kleiner als 1 ist, ist ausreichende Tragsicherheit vorhanden
oder nicht.

Es kann somit zu Abschnitt 3.2.1 eine zentrale Regel aufgestellt werden, die als
Konklusion die Aussage *Formelauswertung ist durchgefuehrt* enthält:

```
!   Fuehre den Nachweis nach Abschnitt 3.2.1 durch.
!   Schnittgroessen sind:    nur Normalkraft
!   Versagensart:            Biegeknicken


RULE    Nachweis der Tragsicherheit {1}
IF      Nachweisabschnitt ist \ 3.2.1
AND     Formelauswertung_321 ist durchgefuehrt
AND     nquer >= 1.0
THEN    Formelauswertung ist durchgefuehrt
AND     DISPLAY ausreichende Tragsicherheit
```

Für den Fall, daß *nquer* kleiner als 1 ist, gilt folgende Regel:

```
RULE    Nachweis der Tragsicherheit {2}
IF      Nachweisabschnitt ist \ 3.2.1
AND     Formelauswertung_321 ist durchgefuehrt
AND     nquer < 1.0
THEN    Formelauswertung ist durchgefuehrt
AND     DISPLAY keine ausreichende Tragsicherheit
```

Der Wert von *nquer* kann nach Formel 301 der DIN 18800 berechnet werden, und stellt somit die Formelauswertung nach Abschnitt 3.2.1 (*Formelauswertung_321 ist durchgefuehrt*) dar:

```
RULE    Ermittlung der Tragsicherheit
IF      Querschnittswerte sind bekannt
AND     kappa ist bekannt
THEN    Formelauswertung_321 ist durchgefuehrt
AND     nquer := (kappa * Npl) / N
```

Hierbei ist *N* die vorhandene Normalkraft, *Npl* die Normalkraft im vollplastischem Zustand und *kappa* ein Abminderungsfaktor. Um den Wert *nquer* berechnen zu können, müssen also nach obiger Formel zuvor die Werte *Npl* und *kappa* bekannt sein; erst dann kann die Formel angewendet werden.

Der Wert *Npl* kann aus Querschnittswerten berechnet werden; hierbei wird durch die Aussage *Querschnittswerte sind bekannt* eine Regelmenge aktiviert, die neben *Npl* auch andere, wichtige Querschnittsparameter erfaßt. Dieses Vorgehen ist sinnvoll, denn sonst würden die benötigten Querschnittswerte in einer für den Benutzer undurchschaubare Reihenfolge abgefragt (Regeln zur Definition der Querschnittswerte werden später gegeben).

Zuvor soll der Wert *kappa* bestimmt werden: Zur Berechnung von *kappa* stehen zwei Formeln zur Verfügung, je nachdem ob *lambda_k_q* (bezogener Schlankheitsgrad) größer oder kleiner als 0,2 ist. Somit sind zwei Regeln aufzustellen, um den Wert *kappa* zu berechnen (vgl. Formeln 302a und 302b der DIN 18800):

```
RULE    Bestimmung von kappa {1}
IF      lambda_k_q ist ermittelt
AND     lambda_k_q <= 0.2
THEN    kappa ist bekannt
AND     kappa := 1


RULE    Bestimmung von kappa {2}
IF      lambda_k_q ist ermittelt
AND     lambda_k_q > 0.2
AND     k ist bekannt
THEN    kappa ist bekannt
AND     tmp := k * k  -  lambda_k_q * lambda_k_q
AND     kappa :=  1 / (k + sqrt(tmp))
```

Die Größe *lambda_k_q* ist ein Stabkennwert; Regeln zur Bestimmung von Stabkennwerten werden später ebenfalls gesondert behandelt. Zunächst ist noch der Wert *k* zu bestimmen, der in der zweiten Formel neben dem Hilfswert *tmp* auftritt. Hierzu kann eine weitere Formel verwendet werden, die zur folgenden Regel führt:

```
RULE    Bestimmung von k
IF      alpha ist bekannt
AND     lambda_k_q ist ermittelt
THEN    k ist bekannt
AND     k :=0.5*(1+alpha*(lambda_k_q - 0.2) + lambda_k_q*lambda_k_q)
```

Die Berechnung von *k* wiederum hängt von der Größe *alpha* ab, die in Abhängigkeit der Knickspannungslinie zu wählen ist (vgl. Abschnitt *Knickspannungslinie*). Die Knickspannungslinie richtet sich dabei nach Art der Querschnittsform, die der Benutzer spezifizieren muß.

Die somit aufgebauten Regeln haben folgende Wirkung: Anhand der Querschnittsform kann die Knickspannungslinie und somit der Wert *alpha* gewählt werden. Aus noch zu ergänzenden Regeln für Stabkennwerte und Querschnittswerte kann letztendlich durch Nutzung weiterer Formeln der Wert *nquer*, und somit die Tragsicherheit, bestimmt werden. Querschnittswerte, Stabkennwerte und Knickspannungslinie erfordern demnach drei weitere Regelgruppen, die nun nacheinander behandelt werden.

3.5.2 Querschnittswerte

Querschnittswerte werden an den unterschiedlichsten Stellen im Nachweis benötigt: Querschnittsfläche, Trägheitsmomente um die y- und z-Achse, Trägheitsradien um die y- und z-Achse, sowie die Werte *Npl* und *Mpl* (Normalkraft und Moment im vollplastischem Zustand). Hierzu wird folgende Regel aufgestellt:

```
!   Querschnittswerte ( Abschnitt 1.3.3 )

RULE    Querschnittswerte
IF      Querschnittsflaeche ist bekannt
AND     Traegheitsmoment_y ist bekannt
AND     Traegheitsradius_y ist bekannt
AND     Traegheitsmoment_z ist bekannt
AND     Traegheitsradius_z ist bekannt
AND     Npl ist bekannt
AND     Mpl ist bekannt
THEN    Querschnittswerte sind bekannt
```

Es müssen nun Regeln angegeben werden, die alle o.g. Größen im einzelnen berechnen. So kann etwa der Trägheitsradius bei bekanntem Trägheitsmoment und Querschnittsfläche berechnet werden:[2]

```
RULE    Traegheitsradius_y berechnen
IF      Traegheitsmoment_y ist bekannt
AND     Querschnittsflaeche ist bekannt
THEN    Traegheitsradius_y ist bekannt
AND     iiy := sqrt(iy / area)


RULE    Traegheitsradius_z berechnen
IF      Traegheitsmoment_z ist bekannt
AND     Querschnittsflaeche ist bekannt
THEN    Traegheitsradius_z ist bekannt
AND     iiz := sqrt(iz / area)
```

Die Größe *area* ist hierbei die Querschnittsfläche. Für geometrisch einfache Querschnittsformen wie Rechteck oder Kreis können Querschnittsfläche und Trägheitsmoment mit einfachen Formeln direkt bestimmt werden:

```
RULE    Querschnittsflaeche Rechteck
IF      Querschnittsform ist \ Rechteck_Vollquerschnitt
THEN    Querschnittsflaeche ist bekannt
AND     Traegheitsmoment_y ist bekannt
AND     Traegheitsmoment_z ist bekannt
AND     area := b * h
AND     iy   := (area * h * h) / 12.
AND     iz   := (area * b * b) / 12.
```

---

[2] Da INSIGHT 2 nicht zwischen Groß- und Kleinbuchstaben unterscheidet, wird das Trägheitsmoment mit *iy* bzw. *iz* bezeichnet, der Trägheitsradius dagegen mit *iiy* bzw. *iiz*.

```
RULE    Querschnittsflaeche Kreis
IF      Querschnittsform ist \ Kreis_Vollquerschnitt
AND     Konstanten sind bekannt
THEN    Querschnittsflaeche ist bekannt
AND     Traegheitsmoment_y ist bekannt
AND     Traegheitsmoment_z ist bekannt
AND     area := pi * r * r
AND     iy   := (area * r * r) / 4.
AND     iz   := (area * r * r) / 4.
```

Hierbei ist *b* die Querschnittsbreite, *h* die Querschnittshöhe eines Rechteckquerschnitts und *r* der Radius eines Kreisquerschnitts. Konstanten, die an verschiedenen Stellen benötigt werden, können zweckmäßigerweise in einer Regel zusammengefaßt werden; hier wird nur die Konstante *pi* benötigt:

```
RULE    Konstanten definieren
IF      pi := 3.14159
THEN    Konstanten sind bekannt
```

Auch für komplexere Querschnittsformen wie z.B. geschweißte I-Querschnitte können Querschnittsfläche und Trägheitsmomente aus den Abmessungen bestimmt werden:

```
RULE    Querschnittsflaeche I_Querschnitt
IF      Querschnittsform ist \ geschweisster I_Querschnitt
THEN    Querschnittsflaeche ist bekannt
AND     Traegheitsmoment_y ist bekannt
AND     Traegheitsmoment_z ist bekannt
AND     b_a   := b
AND     b_i   := b_a - s
AND     h_a   := h
AND     h_i   := h_a - 2*t
AND     area  := (b_a*h_a) - (b_i*h_i)
AND     iy    := ( (b_a*h_a*h_a*h_a) - ( b_i*h_i*h_i*h_i) )/12.
AND     iz    := ( (h_a*b_a*b_a*b_a) - ( h_i*b_i*b_i*b_i) )/12.
```

Hierbei bezeichnen *b_a* und *b_i* bzw. *h_a* und *h_i* die äußere und innere Breite[3] bzw. die äußere und innere Höhe des Trägers. Die Größe *s* ist die Stegdicke, *t* ist die Flanschdicke.

Für Querschnittsformen, die in den Profilreihen definiert sind, können Querschnittsfläche und Trägheitsmoment nicht auf einfache Weise berechnet werden; sie müssen vielmehr den entsprechenden Profiltabellen entnommen werden. Ist ein Datenbankanschluß möglich, können bei gegebenem Profil die benötigten Werte aus einer Datenbank gelesen werden. Dies ist die effektivste Art, Daten zu speichern. Es besteht jedoch grundsätzlich die Möglichkeit, Tabellen durch Regeln

---

[3]   innere Breite = äußere Breite - Stegdicke

darzustellen, indem zu jeder Zeile einer Tabelle eine Regel aufgestellt wird. So beschreibt etwa folgende Regel den I-Träger IPE160, der eine Querschnittsfläche von 20,1 cm^2 und die Trägheitsmomente iy = 869 cm^4 bzw. iz = 68,3 cm^4 besitzt:

```
RULE     mittelbreiter I_Traeger IPE160
IF       Querschnittsform ist \ mittelbreiter I_Traeger
AND      Traegertyp ist \ IPE160
THEN     Querschnittsflaeche ist bekannt
AND      Traegheitsmoment_y ist bekannt
AND      Traegheitsmoment_z ist bekannt
AND      area := 20.1
AND      iy   := 869.0
AND      iz   := 68.3
```

Diese Form der Informationsspeicherung kann jedoch bei vielen Daten sehr aufwendig werden, da für jeden Tabelleneintrag eine Regel aufgestellt werden muß.

Eine weitere Möglichkeit besteht darin, daß - falls keine weiteren Daten in der Wissensbasis vorhanden sind oder auch nicht berechnet werden können - die benötigten Werte vom Benutzer direkt eingegeben werden. Dies wird durch eine „Trick-Regel" veranlaßt. Der „Trick" darin besteht, bei unbekannten Profile so zu tun, als ob Querschnittswert und Trägheitsmoment bekannt wären. Werden diese Größen in Formeln benötigt, erkennt das System, daß die entsprechenden Variablen nicht belegt sind und ihr Wert vom Benutzer erfragt werden müssen:

```
RULE     Querschnittswerte sonst
IF       Querschnittsform ist \ Hohlprofil
OR       Querschnittsform ist \ gewalztes I_profil
OR       Querschnittsform ist \ U_profil
OR       Querschnittsform ist \ L_profil
OR       Querschnittsform ist \ T_profil
THEN     Querschnittsflaeche ist bekannt
AND      Traegheitsmoment_y ist bekannt
AND      Traegheitsmoment_z ist bekannt
```

Nachdem nunmehr die entsprechenden Querschnittswerte bekannt sind, läßt sich die Regel für *Npl* aufstellen. Der Wert *Npl* wird aus der Querschnittsfläche *area*, dem charakteristischen Wert der Streckgrenze *beta_s* sowie den Teilsicherheitsbeiwert für den Widerstand *gamma_M* berechnet:

```
RULE     Bestimmung von Npl
IF       Querschnittsflaeche ist bekannt
AND      Sicherheitsbeiwerte sind bekannt
AND      Material ist bekannt
THEN     Npl ist bekannt
AND      Npl := area * beta_S / gamma_M
```

Zuvor müssen allerdings die neuaufgetretenen materialabhängigen Werte sowie die Sicherheitsbeiwerte bekannt sein. Materialwerte können ebenfalls, wie schon angedeutet, als Datenmenge in einer Datenbank abgespeichert werden. Wir wollen uns hier auf drei Stahlsorten beschränken und formulieren folgende Regeln:

```
RULE      Material St37
IF        Stahlsorte ist \ St37
THEN      Material ist bekannt
AND       emodul := 21000.0
AND       gmodul :=  8100.0
AND       beta_S :=    24.0


RULE      Material St52
IF        Stahlsorte ist \ St52
THEN      Material ist bekannt
AND       emodul := 21000.0
AND       gmodul :=  8100.0
AND       beta_S :=    36.0


RULE      Material StE460
IF        Stahlsorte ist \ StE460
THEN      Material ist bekannt
AND       emodul := 21000.0
AND       gmodul :=  8100.0
AND       beta_S :=    46.0
```

Auch die Sicherheitsbeiwerte werden über einfache Regeln belegt, wobei auch der Sicherheitsbeiwert *gamma_F* für die äußeren Einwirkungen auftritt:

```
RULE      Bestimmung von Sicherheitsbeiwerten
IF        gamma_M ist bekannt
AND       gamma_F ist bekannt
THEN      Sicherheitsbeiwerte sind bekannt


RULE      Bestimmung von gamma_M
IF        gamma_M := 1.1
THEN      gamma_M ist bekannt


RULE      Bestimmung von gamma_F
IF        gamma_F := 1.3
THEN      gamma_F ist bekannt
```

Schließlich können noch die beiden Momente *Mply* bzw. *Mplz* mit Hilfe der plastischen Widerstandsmomente *Wply* bzw. *Wplz* berechnet werden, wobei *Wply* bzw. *Wplz* vom Benutzer einzugeben sind:

```
RULE    Bestimmung von Mply und Mplz
IF      Sicherheitsbeiwerte sind bekannt
AND     Material ist bekannt
THEN    Mpl ist bekannt
AND     Mply := Wply * beta_S / (gamma_M * 100)
AND     Mplz := Wplz * beta_S / (gamma_M * 100)
```

Das maximale Moment aus *Mply* und *Mplz* kann nach folgender Regel bestimmt werden:

```
RULE    Bestimmung des max. Moments
IF      Mpl ist bekannt
AND     Mply > Mplz
THEN    max. Moment ist bekannt
AND     max_M := Mply
ELSE    max. Moment ist bekannt
AND     max_M := Mplz
```

Somit sind die wichtigsten Querschnittswerte erfaßt. Als nächstes sollen die Stabkennwerte behandelt werden.

3.5.3 Stabkennwerte

Zur Ermittlung der Stabkennwerte werden die elastische Verzweigungslast *Nki*, der Schlankheitsgrad *lambda*, der Bezugsschlankheitsgrad *lambda_s* und der bezogene Schlankheitsgrad bei Druckbeanspruchung *lambda_k_q* benötigt. Die Bestimmungung dieser Größen wird mit folgender Basisregel gesteuert:

```
RULE    Stabkennwerte
IF      Elastische Verzweigungslast ist bekannt
AND     lambda ist ermittelt
AND     lambda_s ist ermittelt
AND     lambda_k_q ist ermittelt
THEN    Stabkennwerte sind bekannt
```

Die elastische Verzweigungslast *Nki* läßt sich aus Materialkonstanten, Querschnittswerten und der Knicklänge *sk* bestimmen:

```
RULE    elastische Verzweigungslast Nki
IF      Material ist bekannt
AND     Querschnittswerte sind bekannt
AND     Konstanten sind bekannt
AND     Knicklaenge ist bekannt
THEN    Elastische Verzweigungslast ist bekannt
AND     Nki := (emodul * iy * pi * pi) / (sk * sk)
```

Die Knicklänge *sk* kann wiederum aus der bezogenen Schlankheit *lambda_q*, der Systemlänge *systemlaenge* und dem Trägheitsradius *iy* bestimmt werden:

```
RULE     Schlankheitsgrad lambda
IF       lambda_q ist ermittelt
AND      Querschnittswerte sind bekannt
THEN     lambda ist ermittelt
AND      Knicklaenge ist bekannt
AND      sk := lambda_q * systemlaenge
AND      lambda := sk / iiy
```

Gleichzeitig wird die Größe *lambda* bestimmt.

Bezugsschlankheitsgrad *lambda_s* und bezogener Schlankheitsgrad *lambda_k_q* können ebenfalls mit einfachen Formeln berechnet werden:

```
RULE     Bezugsschlankheitsgrad lambda_s
IF       Material ist bekannt
AND      Konstanten sind bekannt
THEN     lambda_s ist ermittelt
AND      lambda_s := pi * sqrt(emodul / beta_s)


RULE     bezogener Schlankheitsgrad lambda_k_q
IF       lambda ist ermittelt
AND      lambda_s ist ermittelt
THEN     lambda_k_q ist ermittelt
AND      lambda_k_q := lambda / lambda_s
```

Zur Bestimmung der bezogenen Schlankheit *lambda_q* werden die in der Literatur angegebenen Möglichkeiten verwendet; hier beschränken wir uns nur auf die vier Eulerfälle (vgl. Bild E301 der DIN 18800):

```
RULE     Bestimmung von lambda_q {Eulerfall 1}
IF       Lagerungsart ist \ Eulerfall_1
THEN     lambda_q ist ermittelt
AND      lambda_q := 2.0


RULE     Bestimmung von lambda_q {Eulerfall 2}
IF       Lagerungsart ist \ Eulerfall_2
THEN     lambda_q ist ermittelt
AND      lambda_q := 1.0


RULE     Bestimmung von lambda_q {Eulerfall 3}
IF       Lagerungsart ist \ Eulerfall_3
THEN     lambda_q ist ermittelt
AND      lambda_q := 0.7


RULE     Bestimmung von lambda_q {Eulerfall 4}
IF       Lagerungsart ist \ Eulerfall_4
THEN     lambda_q ist ermittelt
AND      lambda_q := 0.5
```

Um die „Nicht-Eulerfälle" aufzufangen, kann eine manuelle Eingabe vom *lambda_q*
mit folgender spezieller Regel angefordert werden:

```
RULE    manuelle Knicklaenge
IF      Lagerungsart ist \ kein Eulerfall
AND     lambda_q > 0
THEN    lambda_q ist ermittelt
```

Da *lambda_q* zu Beginn eine unbelegte Variable ist, führt die numerische Aussage
lambda_q > 0 automatisch zu einer Eingabeaufforderung.

Bei der Auswahl der Eulerfälle ist ein Hilfstext als Hinweis für den Benutzer angebracht. Alternativ können Regeln zur näheren Bestimmung der Eulerfälle verwendet werden. Die Eulerfälle hängen von der Lagerungsart des Stabes ab. So ist
z.B. im ersten Eulerfall ein Ende fest eingespannt, das andere Ende dagegen frei
beweglich. Diese Lagerungsart läßt sich als Regel wie folgt definieren:

```
RULE    Definition Eulerfall 1
IF      Lagerungsart Ende 1 ist \ fest eingespannt
AND     Lagerungsart Ende 2 ist \ frei
THEN    Lagerungsart ist \ Eulerfall_1
```

Analog können Regeln für die anderen Eulerfälle definiert werden:

```
RULE    Definition Eulerfall 2
IF      Lagerungsart Ende 1 ist \ drehbar gelagert
AND     Lagerungsart Ende 2 ist \ verschieblich gelagert
THEN    Lagerungsart ist \ Eulerfall_1


RULE    Definition Eulerfall 3
IF      Lagerungsart Ende 1 ist \ fest
AND     Lagerungsart Ende 2 ist \ verschieblich gelagert
THEN    Lagerungsart ist \ Eulerfall_1


RULE    Definition Eulerfall 4
IF      Lagerungsart Ende 1 ist \ fest
AND     Lagerungsart Ende 2 ist \ fest
THEN    Lagerungsart ist \ Eulerfall_1
```

Um auch Regeln zur Bestimmung von *lambda_q* bei Nicht-Eulerfällen aufzustellen zu können, müßte der zu untersuchende Einzelstab näher beschrieben werden,
z.B. müßte die Art der möglichen Zwischenauflager oder federelastische Halterungen angegeben werden. Falls analytische Formeln zur Berechnung von *lambda_q*
vorliegen, könnten diese in Regeln eingebaut werden. Oft sind aber nur Diagramme
vorhanden, aus denen bei einer bestimmten Lagerungsart ein Wert für *lambda_q* abgelesen werden kann (vgl. Bild E302 der DIN 18800). Es wäre deshalb denkbar, über
ein graphikfähiges Expertensystem ein entsprechendes Diagramm zur Belegung der
Variable *lambda_q* dem Benutzer anzuzeigen.

3.5.4 Knickspannungslinie

Der Abminderungsfaktor *alpha* kann in Abhängigkeit der Knickspannungslinie nach
Tabelle 301 der DIN 18800, Teil 2, bestimmt werden (siehe Tabelle 3.6). Die Tabelle kann mit folgenden Regeln umgesetzt werden:

```
RULE      Bestimmung von alpha {a}
IF        Knickspannungslinie ist \ vom Typ a
THEN      alpha ist bekannt
AND       alpha := 0.21


RULE      Bestimmung von alpha {b}
IF        Knickspannungslinie ist \ vom Typ b
THEN      alpha ist bekannt
AND       alpha := 0.34


RULE      Bestimmung von alpha {c}dargestellt
IF        Knickspannungslinie ist \ vom Typ c
THEN      alpha ist bekannt
AND       alpha := 0.49


RULE      Bestimmung von alpha {d}
IF        Knickspannungslinie ist \ vom Typ d
THEN      alpha ist bekannt
AND       alpha := 0.76
```

Tabelle 3.6. Bestimmung von *alpha* anhand der Knickspannungslinie

Knickspannungslinie	a	b	c	d
alpha	0,21	0,34	0,49	0,76

Jede der vier Knickspannungslinien hängt dabei von der Querschnittsform ab (vgl.
Tabelle 302 der DIN 18800). So wird z.B. den Hohlprofilen die Knickspannungslinie
a zugeordnet; geschweißte I-Querschnitte besitzen bei einer Knickung rechtwinkelig
zur *y*-Achse und einer Flanschdicke von weniger als 4 cm die Knickspannungslinie *b*.
Weitere Angaben sind der Tabelle 3.7 zu entnehmen, die nachfolgend in Regelform
überführt wird.

Tabelle 3.7.   Bestimmung der Knickspannungslinie

Querschnittsform	Knickung rechtw. zur Achse	Knickspannungs- linie
Hohlprofil	y-y,z-z	a
geschweisster Kastenquerschnitt ("dicke" Schweißnaht)	y-y,z-z	c
geschweisster Kastenquerschnitt	y-y,z-z	b
gewalztes I-Profil, h/b > 1.2	y-y	a
gewalztes I-Profil, h/b > 1.2	z-z	b
gewalztes I-Profil, h/b <= 1.2	y-y	b
gewalztes I-Profil, h/b <= 1.2	z-z	c
geschweißter I-Querschnitt, t <= 4 cm	y-y	b
geschweißter I-Querschnitt, t <= 4 cm	z-z	c
geschweißter I-Querschnitt, t > 4 cm	y-y	c
geschweißter I-Querschnitt, t > 4 cm	z-z	d
U-Profil	y-y,z-z	c
L-Profil	y-y,z-z	c
T-Profil	y-y,z-z	c
Rechteck-Vollquerschnitt	y-y,z-z	c
Kreis-Vollquerschnitt	y-y	c

h = Höhe, b = Breite, t = Flanschdicke

```
RULE    Hohlprofil
IF      Querschnittsform ist \ Hohlprofil
THEN    Knickspannungslinie ist \ vom Typ a


RULE    geschweisster Kastenquerschnitt {1}
IF      Querschnittsform ist \ geschweisster Kastenquerschnitt
AND     Schweissnaht ist "dick"
THEN    Knickspannungslinie ist \ vom Typ c


RULE    geschweisster Kastenquerschnitt {2}
IF      Querschnittsform ist \ geschweisster Kastenquerschnitt
AND     NOT Schweissnaht ist "dick"
THEN    Knickspannungslinie ist \ vom Typ b


RULE    gewalzte I-Profile {1}
IF      Querschnittsform ist \ gewalztes I_Profil
AND     h/b > 1.2
AND     Knickung ist rechtwink. zur Achse y
THEN    Knickspannungslinie ist \ vom Typ a


RULE    gewalzte I-Profile {2}
IF      Querschnittsform ist \ gewalztes I_Profil
AND     h/b > 1.2
AND     Knickung ist rechtwink. zur Achse z
THEN    Knickspannungslinie ist \ vom Typ b


RULE    gewalzte I-Profile {3}
IF      Querschnittsform ist \ gewalztes I_Profil
AND     h/b <= 1.2
AND     Knickung ist rechtwink. zur Achse y
THEN    Knickspannungslinie ist \ vom Typ b
```

```
RULE      gewalzte I-Profile {4}
IF        Querschnittsform ist \ gewalztes I_Profil
AND       h/b <= 1.2
AND       Knickung ist rechtwink. zur Achse z
THEN      Knickspannungslinie ist \ vom Typ c


RULE      geschweisste I-Querschnitte {1}
IF        Querschnittsform ist \ geschweisster I_Querschnitt
AND       t <= 4 cm
AND       Knickung ist rechtwink. zur Achse y
THEN      Knickspannungslinie ist \ vom Typ b


RULE      geschweisste I-Querschnitte {2}
IF        Querschnittsform ist \ geschweisster I_Querschnitt
AND       t <= 4 cm
AND       Knickung ist rechtwink. zur Achse z
THEN      Knickspannungslinie ist \ vom Typ c


RULE      geschweisste I-Querschnitte {3}
IF        Querschnittsform ist \ geschweisster I_Querschnitt
AND       t > 4 cm
AND       Knickung ist rechtwink. zur Achse y
THEN      Knickspannungslinie ist \ vom Typ c


RULE      geschweisste I-Querschnitte {4}
IF        Querschnittsform ist \ geschweisster I_Querschnitt
AND       Knickung ist rechtwink. zur Achse z
AND       t > 4 cm
THEN      Knickspannungslinie ist \ vom Typ d


RULE      Weitere Querschnitte
IF        Querschnittsform ist \ U_Profil
OR        Querschnittsform ist \ L_Profil
OR        Querschnittsform ist \ T_Profil
OR        Querschnittsform ist \ Rechteck_Vollquerschnitt
OR        Querschnittsform ist \ Kreis_Vollquerschnitt
THEN      Knickspannungslinie ist \ vom Typ c
```

3.5.5 Abschnitt 3.2.2 der DIN 18800

Bis jetzt wurde nur der Abschnitt 3.2.1 der DIN 18800, Teil 2, behandelt. Der doch beträchtliche Umfang der Regelmenge hängt dabei damit zusammen, daß viele „Grundlagen" geschaffen werden mußten, wie z.B. die die Bestimmung der Querschnittswerte oder der Materialkonstanten. Die Umsetzung weiterer Abschnitte erfordert deshalb weniger Aufwand.

Der Abschnitt 3.2.2 der DIN 18800, Teil 2, behandelt den Nachweis des Biegedrillknickens eines Stabes, der mit einer Normalkraft belastet ist. Unter bestimmten
Umständen ist ein Biegedrillknicknachweis nicht erforderlich, so daß dieser entfällt;
ansonsten ist ein vereinfachter Nachweis des Biegedrillknickens durchzuführen.

Wir beginnen mit dem Fall, daß kein Nachweis geführt werden muß. In Abschnitt
3.2.2, Element 306, wird eine Ausnahmebedingung angegeben. Ist sie erfüllt, so gilt
die Formelauswertung als durchgeführt (d.h. die Aussage *Formelauswertung ist
durchgefuehrt* ist wahr), und der Nachweis kann als abgeschlossen gelten. Dieser
Sachverhalt läßt sich in Regelform wie folgt ausdrücken:

```
!    Schnittgroessen sind:    nur Normalkraft
!    Versagensart:            Biegedrillknicken


RULE    Biegedrillknicken fuer Ausnahmefaellle (1)
IF      Nachweisabschnitt ist \ 3.2.2
AND     Ausnahmebedingung_322 ist erfuellt
THEN    Formelauswertung ist durchgefuehrt
AND     DISPLAY Kein Nachweis fuer Biegedrillknicken erford.
```

Der Ausnahmefall liegt dann vor, wenn die Querschnittsform einem gewalzten I-
Profil entspricht, so daß hierzu folgende Regel aufgestellt werden kann:

```
RULE    Ausnahmebedingung_322
IF      Querschnittsform ist \ gewalztes I_Profil
OR      Querschnittsform ist \ geschweisster I_Querschnitt
AND     Querschnittsform entspricht gewalztem I_Profil
THEN    Ausnahmebedingung_322 ist erfuellt
AND     DISPLAY Vereinfachung_322
```

Gelten die Ausnahmebedingungen nicht, muß eine vereinfachte Biegedrillknickuntersuchung nach Abschnitt 3.2.1 durchgeführt werden. Hierzu muß der Wert *nquer*
bestimmt werden:

```
RULE    Nachweis der Tragsicherheit {1}
IF      Nachweisabschnitt ist \ 3.2.2
AND     NOT Ausnahmebedingung_322 ist erfuellt
AND     Formelauswertung_322 ist durchgefuehrt
AND     nquer >= 1
THEN    Formelauswertung ist durchgefuehrt
AND     DISPLAY Nachweis 3.2.2 ist gefuehrt
AND     DISPLAY ausreichende Tragsicherheit
```

```
RULE     Nachweis der Tragsicherheit {2}
IF       Nachweisabschnitt ist \ 3.2.2
AND      NOT Ausnahmebedingung_322 ist erfuellt
AND      Formelauswertung_322 ist durchgefuehrt
AND      nquer < 1
THEN     Formelauswertung ist durchgefuehrt
AND      DISPLAY Nachweis 3.2.2 ist gefuehrt
AND      DISPLAY keine ausreichende Tragsicherheit
```

Sind die Ausnahmebedingungen also nicht erfüllt, muß eine Formelauswertung nach
Abschnitt 3.2.2 durchgeführt, die jedoch auf die Formelauswertung nach Abschnitt
3.2.1 zurückgeführt werden kann. Dabei ist allerdings die Knickspannungslinie gesondert zu bestimmen (*Knickspannungslinie_322 ist bekannt*):

```
RULE     Ermittlung der Tragsicherheit
IF       Nachweisabschnitt ist \ 3.2.2
AND      Knickspannungslinie_322 ist bekannt
AND      Formelauswertung_321 ist durchgefuehrt
THEN     Formelauswertung_322 ist durchgefuehrt
```

Die Aussage *Formelauswertung_321 ist durchgefuehrt* stellt die „Verbindung" zu Abschnitt 3.2.1 her. Die Aussage *Knickspannungslinie_322 ist bekannt* erzwingt die
Bestimmung der Knickspannungslinie nach folgender Vorschrift (vgl. Element 306
der DIN 18800):

```
RULE     Knickspannungslinie nach Abschnitt 3.2.2 bestimmen
IF       Querschnittsform ist \ geschweisster I_Querschnitt
AND      Querschnittsflaeche ist bekannt
AND      t >= 4 cm
THEN     Knickspannungslinie_322 ist bekannt
AND      Knickspannungslinie ist \ vom Typ d
ELSE     Knickspannungslinie_322 ist bekannt
AND      Knickspannungslinie ist \ vom Typ c
```

Damit ist auch die Umsetzung des Abschnitts 3.2.2 der DIN 18800, Teil 2, abgeschlossen. Als letzter Abschnitt wird schließlich der Abschnitt 3.3 behandelt.

3.5.6 Abschnitt 3.3 der DIN 18800

Im Abschnitt 3.3 der DIN 18800, Teil 2, wird der Nachweis einteiliger Stäbe geregelt,
die auf einachsige Biegung ohne Normalkraft beansprucht werden. Der Abschnitt
besteht aus vier Unterabschnitten:

- Abschnitt 3.3.1 enthält Allgemeines. Es sind Bedingungen aufgeführt,
  wann eine Biegedrillknickuntersuchung *nicht* erforderlich ist.

- Abschnitt 3.3.2 befaßt sich mit dem Nachweis der ausreichenden Behinderung der Verformung.

* Im Abschnitt 3.3.3 wird der Nachweis von Druckgurten als Druckstab beschrieben, wobei eine vereinfachte Nachweisform möglich ist.

* Schließlich behandelt Abschnitt 3.3.4 den Fall des Biegedrillknickens in allgemeiner Form.

Jedem Abschnitt kann eine Regel zugeordnet werden:

```
!    Schnittgroessen:        Biegemoment
!    Versagensart:           Biegedrillknicken


RULE    Nachweis fuer Biegemoment My
IF      Nachweisabschnitt ist \ 3.3.
AND     Nachweis fuer Biegedrillknicken \ 3.3.1 ist erfuellt
THEN    Formelauswertung ist durchgefuehrt
AND     DISPLAY Nachweis nach Abschnitt 3.3.1


RULE    Nachweis fuer Biegemoment My
IF      Nachweisabschnitt ist \ 3.3.
AND     Nachweis fuer Biegedrillknicken \ 3.3.2 ist erfuellt
THEN    Formelauswertung ist durchgefuehrt
AND     DISPLAY Nachweis nach Abschnitt 3.3.2


RULE    Nachweis fuer Biegemoment My
IF      Nachweisabschnitt ist \ 3.3.
AND     Nachweis fuer Biegedrillknicken \ 3.3.3 ist erfuellt
THEN    Formelauswertung ist durchgefuehrt
AND     DISPLAY Nachweis nach Abschnitt 3.3.3


RULE    Nachweis fuer Biegemoment My
IF      Nachweisabschnitt ist \ 3.3.
AND     Nachweis fuer Biegedrillknicken \ 3.3.4 ist erfuellt
THEN    Formelauswertung ist durchgefuehrt
AND     DISPLAY Nachweis nach Abschnitt 3.3.4
```

Betrachten wir den ersten Unterabschnitt, in dem Ausnahmebedingungen definiert werden: So darf eine Biegedrillknickuntersuchung entfallen, falls Biegung um die schwache Achse vorliegt:

```
RULE    Biegedrillknicken { 3.3.1 306 }
IF      Biegemoment ist um schwache Achse
THEN    Nachweis fuer Biegedrillknicken \ 3.3.1 ist erfuellt
```

Im Unterabschnitt 3.3.2 werden zwei Möglichkeiten angegeben, mit denen die ausreichende Behinderung der Verformung nachgewiesen werden kann: Hierzu muß entweder die Behinderung der seitlichen Verschiebung oder die Behinderung der Verdrehung gewährleistet sein.

Eine ausreichende Behinderung der seitlichen Verschiebung liegt vor, wenn bei Aussteifung durch Mauerwerk die Dicke des Mauerwerks nicht geringer ist als die 0,3-fache Querschnittshöhe des Trägers (vgl Bild E303 der DIN 18800):

```
RULE    Aussteifung durch Mauerwerk { 3.3.2 308 }
IF      Querschnittsflaeche ist bekannt
AND     Mauerwerksdicke >= 0.3*h
THEN    Nachweis fuer Biegedrillknicken \ 3.3.2 ist erfuellt
AND     Seitliche Halterung ist ausreichend
```

Träger, an die Trapezprofile nach DIN 18807 angeschlossen sind und die Bedingung 305 der DIN 18800 erfüllen, können dann ebenfalls als in der Trapezblechebene unverschieblich gehalten angesehen werden. Dieser Fall soll jedoch hier jedoch unberücksichtigt bleiben.

Die Behinderung der Verdrehung bei Trägern mit doppeltsymmetrischem, I-förmigem Querschnitt, deren Abmessungen denen von Walzprofilen entsprechen, gilt als nachgewiesen, wenn die erforderliche Drehbettung *erf_c_theta* kleiner-gleich der vorhandenen Drehbettung *vorh_c_theta* ist:

```
RULE    Nachweis der vorhandenen Drehbettung { 3.3.2 309 }
IF      Querschnittsform ist \ gewalztes I_Profil
OR      Querschnittsform ist \ geschweisster I_Querschnitt
AND     Querschnittswerte sind bekannt
AND     max. Moment ist bekannt
AND     k_theta ist bekannt
AND     k_v         := 0.35
AND     erf_c_theta := max_M * max_M / (emodul*iz) * k_theta * k_v
AND     vorh_c_theta >= erf_c_theta
THEN    Nachweis fuer Biegedrillknicken \ 3.3.2 ist erfuellt
```

Hierbei ist *max_M* das maximale Biegemoment, *iz* das Trägheitsmoment um die z-Achse, und *k_v* ein Beiwert, der laut Element 309 der DIN 18800 auf 0,35 zu setzen ist, da „elastisch-elastisch" gerechnet wird. Die Größe *k_theta* ist ein Beiwert, der vom Momentenverlauf und Art der Drehachselagerung (frei oder gebunden) abhängig ist. In der Tabelle 303 der DIN 18800 sind Werte für *k_theta* angegeben, die zur Bildung folgender Regeln führen:

```
RULE    Bestimmung k_theta, Zeile 1, Tabelle 303
IF      Momentenverlauf ist \ parabelfoermig
AND     Stabendmomente sind \ beide Null
AND     Drehachse ist \ frei
THEN    k_theta ist bekannt
AND     k_theta := 4.0
```

```
RULE     Bestimmung k_theta, Zeile 1, Tabelle 303
IF       Momentenverlauf ist \ parabelfoermig
AND      Stabendmomente sind \ beide Null
AND      Drehachse ist \ gebunden
THEN     k_theta ist bekannt
AND      k_theta := 0.0


RULE     Bestimmung k_theta, Zeile 2a/2b, Tabelle 303
IF       Momentenverlauf ist \ parabelfoermig
AND      NOT Stabendmomente sind \ beide Null
AND      Drehachse ist \ frei
THEN     k_theta ist bekannt
AND      k_theta := 3.5


RULE     Bestimmung k_theta, Zeile 2a, Tabelle 303
IF       Momentenverlauf ist \ parabelfoermig
AND      Stabendmomente sind \ einseitig Null
AND      Drehachse ist \ gebunden
THEN     k_theta ist bekannt
AND      k_theta := 0.12


RULE     Bestimmung k_theta, Zeile 2b, Tabelle 303
IF       Momentenverlauf ist \ parabelfoermig
AND      Stabendmomente sind \ beide ungleich Null
AND      Drehachse ist \ gebunden
THEN     k_theta ist bekannt
AND      k_theta := 0.0


RULE     Bestimmung k_theta, Zeile 3, Tabelle 303
IF       Momentenverlauf ist \ linear
AND      Stabendmomente sind \ beide Null
AND      Drehachse ist \ frei
THEN     k_theta ist bekannt
AND      k_theta := 2.8


RULE     Bestimmung k_theta, Zeile 3, Tabelle 303
IF       Momentenverlauf ist \ linear
AND      Stabendmomente sind \ beide Null
AND      Drehachse ist \ gebunden
THEN     k_theta ist bekannt
AND      k_theta := 0.0
```

```
RULE     Bestimmung k_theta, Zeile 4, Tabelle 303
IF       Momentenverlauf ist \ linear
AND      Stabendmomente sind \ einseitig Null
AND      Drehachse ist \ frei
THEN     k_theta ist bekannt
AND      k_theta := 1.6


RULE     Bestimmung k_theta, Zeile 4, Tabelle 303
IF       Momentenverlauf ist \ linear
AND      Stabendmomente sind \ einseitig Null
AND      Drehachse ist \ gebunden
THEN     k_theta ist bekannt
AND      k_theta := 1.0


RULE     Bestimmung k_theta, Zeile 5, Tabelle 303
IF       Momentenverlauf ist \ linear
AND      Stabendmomente sind \ beide ungleich Null
AND      Drehachse ist \ frei
THEN     k_theta ist bekannt
AND      k_theta := 1.0


RULE     Bestimmung k_theta, Zeile 5, Tabelle 303
IF       Momentenverlauf ist \ linear
AND      Stabendmomente sind \ beide ungleich Null
AND      Drehachse ist \ gebunden
THEN     k_theta ist bekannt
AND      k_theta := 0.7
```

Die in den DIN-Erläuterungen gegebene Formel E301 zur Ermittlung der vorhandenen Drehbettung für den Fall, daß Verformungen des Anschlußbereiches zwischen dem Träger und dem abstützenden Bauteil zu berücksichtigen sind, wird hier zur Vereinfachung nicht in Regeln umgesetzt.

Im Abschnitt 3.3.3 wird der Nachweis von Druckgurten als Druckstab angegeben. Diese Nachweisform ist bei Druckgurten von I-Trägern mit zur Stegachsen symmetrischem Querschnitt erlaubt, wenn der Träger im Abstand c durch seitliche Halterungen unverschieblich gehalten wird. Dabei muß zusätzlich die Bedingung 307 der DIN 18800 erfüllt sein:

```
RULE     Nachweis des Druckgurtes als Druckstab { 3.3.3 310 }
IF       Querschnittsform ist \ gewalztes I_Profil
OR       Querschnittsform ist \ geschweisster I_Querschnitt
AND      Nachweis nach Formel 307 ist erfuellt
THEN     Nachweis fuer Biegedrillknicken \ 3.3.3 ist erfuellt
AND      DISPLAY Nachweis nach Formel 307
```

Die Bedingung 307 der DIN 18800 ist dann erfüllt, falls die Größe *lambda_c_q* (bezogener Schlankheitsgrad) kleiner-gleich 0,5 ist:

```
RULE      Nachweis von lambda_c_q { Formel 307 }
IF        lambda_c_q ist bekannt
AND       lambda_c_q <= 0.5
THEN      Nachweis nach Formel 307 ist erfuellt
```

Zur Berechnung von *lambda_c_q* kann die Formel 308 der DIN 18800 angewendet werden:

```
RULE      Berechnung von lambda_c_q { Formel 308 }
IF        Querschnittswerte sind bekannt
AND       Stabkennwerte sind bekannt
AND       k_c ist bekannt
AND       iizg := iiz
THEN      lambda_c_q ist bekannt
AND       lambda_c_q := ( c * k_c ) / ( iizg * lambda_s )
```

Hierin ist *iizg* der Trägheitsradius um die Stegachse z, der gemäß DIN aus Druckgurt und 1/5 des Steges gebildeten Querschnittsfläche berechnet wurde. Vereinfachend darf statt dessen auch mit dem Trägheitsradius des Gesamtprofils gerechnet werden, d.h. es gilt *iizg* := *iiz*. Die Größe *c* ist der Abstand der seitlichen Halterungen, der Wert *k_c* ein Beiwert, der vom Verlauf der Druckkraft im Druckgurt abhängig ist und der Tabelle 304 der DIN 18800 entnommen werden kann. Da vier Fälle möglich sind, werden zur Bestimmung von *k_c* auch vier Regeln aufgestellt:

```
RULE      Beiwerte k_c { 3.3.3 Tabelle 304 } Zeile 1
IF        Normalkraftverlauf ist nach Tabelle 304 \ konstant
THEN      k_c ist bekannt
AND       k_c := 1.0


RULE      Beiwerte k_c { 3.3.3 Tabelle 304 } Zeile 2
IF        Normalkraftverlauf ist nach Tabelle 304 \ parabelfoermig
THEN      k_c ist bekannt
AND       k_c := 0.94


RULE      Beiwerte k_c { 3.3.3 Tabelle 304 } Zeile 3
IF        Normalkraftverlauf ist nach Tabelle 304 \ dreiecksfoermig
THEN      k_c ist bekannt
AND       k_c := 0.86


RULE      Beiwerte k_c { 3.3.3 Tabelle 304 } Zeile 4
IF        Normalkraftverlauf ist nach Tabelle 304 \ trapezfoermig
THEN      k_c ist bekannt
AND       k_c := 1.0 / (1.33-0.33*phi)
```

Hierbei ist die Größe *phi* in der letzen Regel das Verhältnis der Druckkräfte an den beiden Stabenden.

Ist die Bedingung 307 nicht erfüllt, darf ein vereinfachter Nachweis nach Formel
309 der DIN 18800 geführt werden:

```
RULE     Nachweis des Druckgurtes als Druckstab { 3.3.3 310 }
IF       Querschnittsform ist \ gewalztes I_Profil
OR       Querschnittsform ist \ geschweisster I_Querschnitt
AND      Nachweis nach Formel 309 ist erfuellt
THEN     Nachweis fuer Biegedrillknicken \ 3.3.3 ist erfuellt
AND      DISPLAY Nachweis nach Formel 309
```

Die Formel 309 der DIN 18800 kann dabei unmittelbar als Regel formuliert werden:

```
RULE     Nachweis mit Mpl { Formel 309 }
IF       Wert fuer kappa_309 ist bekannt
AND      kappa ist bekannt
AND      Querschnittswerte sind bekannt
AND      m_q := ( 0.843 * max_M ) / ( kappa * Mply )
AND      m_q <= 1.0
THEN     Nachweis nach Formel 308 ist erfuellt
```

Hierin ist *max_M* der größte Absolutwert des Biegemoments und *kappa* ein Abminderungsfaktor der Knickspannungslinie *c*:

```
RULE     Bestimmung von lambda_k_q { Formel 309 }
IF       Nachweisabschnitt ist \ 3.3.
AND      Querschnittswerte sind bekannt
AND      lambda_c_q ist bekannt
THEN     Knickspannungslinie ist \ vom Typ c
AND      lambda_k_q := lambda_c_q
AND      lambda_k_q ist ermittelt
AND      Wert fuer kappa_309 ist bekannt
```

Schließlich können für I-Träger sowie für U- und C-Profile, bei denen keine planmäßige Torsion auftritt, Tragsicherheitsnachweise mit Bedingung 310 der DIN 18800
geführt werden:

```
RULE     Biegedrillknicknachweis { 3.3.4 }
IF       Querschnittsform ist \ gewalztes I_Profil
OR       Querschnittsform ist \ geschweisster I_Querschnitt
OR       Bedingung_311 ist erfuellt
AND      Formel 310 ist ausgewertet
AND      m_q <= 1.0
THEN     Nachweis fuer Biegedrillknicken \ 3.3.4 ist erfuellt


RULE     Bedingung 311
IF       Querschnittsform ist \ U_Profil
AND      Planmaessige Torsion tritt nicht auf
THEN     Bedingung_311 ist erfuellt
```

Die hierbei auftretende Formel 310 der DIN 18800 kann mit folgender Regel realisiert werden:

```
RULE    Nachweis nach Formel 310
IF      kappa_M ist bekannt
AND     Mply ist bekannt
AND     max. Moment ist bekannt
THEN    Formel 310 ist ausgewertet
AND     m_q := max_M / ( kappa_M * Mply )
```

Der Abminderungsfaktor *kappa_M* hängt von der bezogenen Schlankheit *lambda_m_q* ab: Ist *lambda_m_q* kleiner-gleich 0,4, so hat *kappa_M* den Wert 1 (vgl. Formel 311 der DIN 18800). Hieraus folgt:

```
RULE    Berechnung von kappa_M { 3.3.4 311 }
IF      lambda_m_q ist bekannt
AND     lambda_m_q <= 0.4
THEN    kappa_M ist bekannt
AND     kappa_M := 1.0
```

Ist andererseits *lambda_m_q* größer als 0,4, so läßt sich *kappa_M* über einen Systemfaktor berechnen (vgl. Formel 312 der DIN 18800):

```
RULE    Berechnung von kappa_M { 3.3.4 312 }
IF      lambda_m_q ist bekannt
AND     lambda_m_q > 0.4
THEN    kappa_M ist bekannt
AND     Systemfaktor ist bekannt
AND     tmp := 1.0/(1.0 + lambda_m_q ** (2.0*Systemfaktor))
AND     kappa_M := tmp ** (1.0/Systemfaktor)
```

(Die Variable *tmp* ist ein Hilfswert.) Der Systemfaktor hängt dabei von der Art des Profils ab (vgl. Tabelle 305 der DIN 18800). Im Regelfall beträgt er 2,5; in Sonderfällen (z.B. geschweißter Träger, Wabenträger, ausgeklinkter Träger oder Voutenträger) kann er geringer sein. Mit Tabelle 305 der DIN 18800 können folgende Regeln aufgestellt werden, um den Systemfaktor zu ermitteln:

```
RULE    Bestimmung des Systemfaktors { 1 }
IF      Profil ist \ gewalzter Traeger
THEN    Systemfaktor ist bekannt
AND     Systemfaktor := 2.5
```

```
RULE    Bestimmung des Systemfaktors { 2 }
IF      Profil ist \ geschweisster Traeger
THEN    Systemfaktor ist bekannt
AND     Systemfaktor := 2.0
```

```
RULE    Bestimmung des Systemfaktors { 1 }
IF      Profil ist \ Wabentraeger
THEN    Systemfaktor ist bekannt
AND     Systemfaktor := 1.5


RULE    Bestimmung des Systemfaktors { 1 }
IF      Profil ist \ ausgeklinkter Traeger
THEN    Systemfaktor ist bekannt
AND     Systemfaktor := 2.0


RULE    Bestimmung des Systemfaktors { 1 }
IF      Profil ist \ Voutentraeger
THEN    Systemfaktor ist bekannt
AND     Systemfaktor := 0.7 + 1.8 * h_min / h_max
```

Die Größen *h_min* und *h_max* des Voutenträgers sind die Höhen an den Enden des Trägers.

3.5.7 Benutzerschnittstelle

Abschließend soll noch auf einige Verbesserungen der Benutzerschnittstelle eingegangen werden. Um beispielsweise Fachbegriffe erläutern zu können, ist es sinnvoll, Hilfstexte mit der EXPAND-Anweisung in die Wissensbasis aufzunehmen. Auf Anforderung des Benutzers können diese Texte dann auf dem Bildschirm ausgegeben werden. So können etwa die o.e. Eulerfälle mit folgender EXPAND-Anweisung näher beschrieben werden:

```
EXPAND  Lagerungsart ist
     Eulerfall_1 : Der Stab ist an einem Ende fest eingespannt,
                   das andere Ende ist frei

     Eulerfall_2 : Der Stab ist an beiden Enden frei drehbar
                   gelagert

     Eulerfall_3 : Der Stab ist an einem Ende fest eingespannt,
                   an dem anderen Ende frei drehbar gelagert

     Eulerfall_4   Der Stab ist an beiden Enden fest eingespannt
```

Mit der DISPLAY-Anweisung können Kommentartexte mit weiteren Ausführungen versehen werden. So wird durch folgende Anweisung der Text *Vereinfachung_322* näher erläutert:

```
DISPLAY Vereinfachung_322
     Fuer den geschweissten I_Querschnitt, der den Abmessungen
     ueblicher I_Profile entspricht, ist der Nachweis fuer
     Biegedrillknicken nach Abschnitt 3.2.2 nicht erforderlich.
```

In INSIGHT 2 können in einer DISPLAY-Anweisung zusätzlich die Werte von Variablen ausgegeben werden, indem sie in eckigen Klammern gesetzt werden. Somit kann bei einer Erläuterung z.B. der Bezug auf eine Formel hergestellt werden:

```
DISPLAY Nachweis nach Formel 308
    Nachweis des Druckgurtes als Druckstab erfuellt mit
    m_q = ( 0.843 * max_M ) / ( kappa * Mply ) = [m_q]
```

Schließlich ist es auch wichtig, verwendete Variable mit einem ausführlichen Text zu versehen, damit Eingabeaufforderungen nicht von Benutzern mißverstanden werden. Variable sollten deshalb erläutert und ihre Dimensionen angezeigt werden. Beispiele hierzu sind etwa:

```
TEXT N
    Druckkraft N eingeben (positiv).....................kN..:

TEXT r
    Radius r eingeben ..................................cm..:

TEXT area
    Querschnittsflaeche A eingeben ...................cm^2..:

TEXT iy
    Traegheitsmoment iy eingeben .....................cm^4..:

TEXT iz
    Traegheitsmoment iz eingeben .....................cm^4..:
```

Damit ist auch der Abschnitt 3.3 der DIN 18800 in eine Regelbasis überführt und unser Prototyp-Expertensystem komplettiert worden. Zur vollständigen Umsetzung der Norm wären noch weitere Abschnitte zu behandeln; unser Expertensystem zeigt aber hinreichend detailliert das prinzipielle Vorgehen bei einer Umsetzung, so daß auf weitere Betrachtungen verzichtet werden kann.

3.5.8 Auszug DIN-Text

Es folgen die Seiten 13 bis 19 der DIN 18800, Teil 2, die Grundlage des hier entwickelten Nachweis-Expertensystems sind.[4]

---

[4] Wiedergabe mit Erlaubnis des DIN Deutsches Institut für Normung e.V. Maßgebend für das Anwenden der Norm ist deren Fassung mit dem neuesten Ausgabedatum, die bei der Beuth Verlag GmbH, Burggrafenstraße 6, 1000 Berlin 30, erhältlich ist.

Entwurf DIN 18 800 Teil 2   Seite 13

Erläuterungen	Regeltext

Biegedrillknicken

303 - Die Biegedrillknickuntersuchung ist für die aus dem Gesamtsystem herausgelösten Einzelstäbe durchzuführen. Dabei sind die Stabendmomente erforderlichenfalls nach Theorie II. Ordnung zu bestimmen. Die Feldmomente dürfen mit diesen Stabendmomenten nach Theorie I. Ordnung berechnet werden.

Die Biegedrillknickuntersuchung ist nicht erforderlich

- für Stäbe mit Hohlquerschnitten

- für Stäbe, deren Verdrehung ϑ oder seitliche Verschiebung v ausreichend behindert ist

- für Stäbe mit planmäßiger Biegung, wenn deren bezogener Schlankheitsgrad

$$\overline{\lambda}_M \leq 0{,}4$$

ist.

3.2 Planmäßig mittiger Druck

3.2.1 Biegeknicken

Nachweisformat

304 - Der Tragsicherheitsnachweis ist für die maßgebende Ausweichrichtung mit Bedingung (301) zu führen.

$$\frac{N}{\kappa \cdot N_{pl}} \leq 1 \tag{301}$$

Der Abminderungsfaktor κ ($= \kappa_y$ bzw. κ_z) ist in Abhängigkeit von dem bezogenen Schlankheitsgrad $\overline{\lambda}_K$ und der dem jeweiligen Querschnitt nach Tabelle 302 zugeordneten Knickspannungslinie mit den Gleichungen (302a) bis (302c) zu ermitteln.

$$\overline{\lambda}_K \leq 0{,}2 : \quad \kappa = 1 \tag{302a}$$

$$\overline{\lambda}_K > 0{,}2 : \quad \kappa = \frac{1}{k + \sqrt{k^2 - \overline{\lambda}_K^2}} \tag{302b}$$

$$k = 0{,}5 \left[1 + \alpha \, (\overline{\lambda}_K - 0{,}2) + \overline{\lambda}_K^2 \right]$$

vereinfachend für $\overline{\lambda}_K > 3{,}0$:

$$\kappa = \frac{1}{\overline{\lambda}_K \, (\overline{\lambda}_K + \alpha)} \tag{302c}$$

mit α nach Tabelle 301.

Tabelle 301.   Parameter α zur Berechnung des Abminderungsfaktors κ

Knickspannungs-linie	a	b	c	d
α	0,21	0,34	0,49	0,76

Zum Nachweis ausreichender Behinderung der Verformungen siehe Abschnitt 3.3.2.

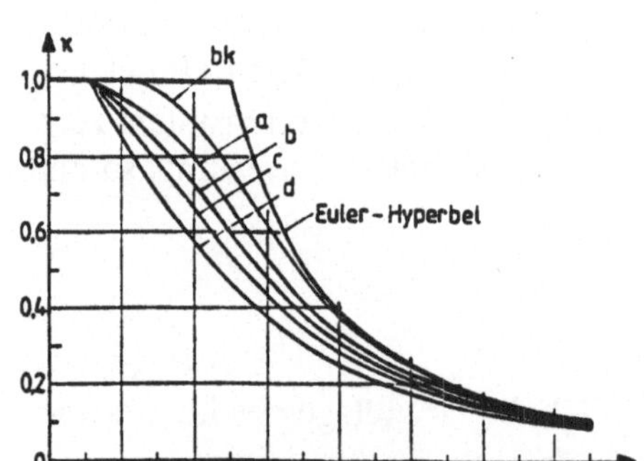

Bild E301.   Beispiele für Knicklängen einfacher Stäbe

Die zur Berechnung von $\overline{\lambda}_K$ benötigte Knicklänge kann der Literatur entnommen werden. Vier einfache Fälle sind in Bild E301 angegeben, weitere Fälle können mit Hilfe der Bilder E503 und E504 behandelt werden. Behält in Sonderfällen die am Stab angreifende Last ihre Richtung beim Ausweichen des Stabes nicht bei, so ist dies bei der Ermittlung der Knicklänge s_K zu berücksichtigen, z. B. mit Hilfe der Bilder E603 bis E605.

Die zahlenmäßige Auswertung der Gleichungen (302a) bis (302c) kann der Literatur entnommen werden.

Bild E302.   Abminderungsfaktoren κ für Biegeknicken (Knickspannungslinien a, b, c, d) und Biegedrillknicken (bk) nach Gleichung (311) mit n = 2,5

Bild 3.7.   Entwurf DIN 18800, Teil 2 (1)

Seite 14   Entwurf DIN 18 800 Teil 2

| Erläuterungen | Regeltext |

Tabelle 302. Zuordnung der Querschnitte zu den Knickspannungslinien

	1	2	3
	Querschnitt	Ausweichen rechtwinklig zur Achse	Knickspannungslinie
1	Hohlprofile	$y-y$ / $z-z$	a
2	geschweißte Kastenquerschnitte	$y-y$ / $z-z$	b
	dicke Schweißnaht und $h_y/t_y < 30$ / $h_z/t_z < 30$	$y-y$ / $z-z$	c
3	gewalzte I-Profile — $h/b > 1,2$ / $t \leq 80$ mm	$y-y$ / $z-z$	a / b
	$h/b \leq 1,2$ / $t \leq 80$ mm	$y-y$ / $z-z$	b / c
4	geschweißte I-Querschnitte — $t_f \leq 40$ mm	$y-y$ / $z-z$	b / c
	$t_f > 40$ mm	$y-y$ / $z-z$	c / d
5	U-, L-, T- und Vollquerschnitte und mehrteilige Stäbe nach Abschnitt 4.4	$y-y$ / $z-z$	c
6	Hier nicht aufgeführte Profile sind sinngemäß einzuordnen. Dei Einordnung soll dabei nach den möglichen Eigenspannungen und Blechdicken erfolgen.		

Als dicke Schweißnähte sind solche mit a ≥ min t zu verstehen.

Zusatzbedingungen bei veränderlichen Querschnitten
und Normalkräften

305 - Bei Anwendung von Bedingung (301) auf Stäbe
mit veränderlichen Querschnitten und/oder Normalkräften müssen zusätzlich folgende Bedingungen eingehalten werden:

Bild 3.7.   Entwurf DIN 18800, Teil 2 (2)

Erläuterungen	Regeltext

$$\eta_{Ki} \geq 1,2 \qquad (303)$$

und

$$\min M_{pl} \geq 0,05 \ \max M_{pl} \qquad (304)$$

3.2.2 Biegedrillknicken

306 - Für Stäbe mit beliebiger, aber unverschieblicher Lagerung der Enden, mit unveränderlichem Querschnitt und konstanter Normalkraft ist ein Tragsicherheitsnachweis nach Abschnitt 3.2.1 zu führen. Bei der Berechnung des bezogenen Schlankheitsgrades $\bar{\lambda}_K$ ist dabei für N_{Ki} die Normalkraft unter der kleinsten Verzweigungslast für Biegedrillknicken anzusetzen. Der Abminderungsfaktor κ ist dabei in der Regel für Knickspannungslinie c, bei geschweißten Querschnitten und Blechdicken t > 40 mm für Knickspannungslinie d zu ermitteln.

Für Stäbe mit I-förmigen Querschnitten, deren Abmessungsverhältnisse denen der Walzprofile entsprechen, braucht der Einfluß des Biegedrillknickens nicht berücksichtigt zu werden.

3.3 Einachsige Biegung ohne Normalkraft

3.3.1 Allgemeines

307 - Es ist ein Tragsicherheitsnachweis nach Abschnitt 3.3.4 zu führen.

Dieser Nachweis darf bei Biegung um die schwache Achse oder, wenn eine der Bedingungen der Abschnitte 3.3.2 oder 3.3.3 eingehalten ist, enfallen.

3.3.2 Behinderung der Verformung

Behinderung der seitlichen Verschiebung

308 - Ausreichende Behinderung der seitlichen Verschiebung ist vorhanden bei Stäben, die durch ständig am Druckgurt anschließendes Mauerwerk ausgesteift sind, dessen Dicke nicht geringer ist als die 0,3fache Querschnittshöhe des Stabes.

Wenn an Träger Trapezprofile nach DIN 18 807 angeschlossen sind und Bedingung (305) erfüllt ist, dann darf die Anschlußstelle als in Trapezblechebene unverschieblich gehalten angesehen werden.

Der hier behandelte Stabilitätsfall wurde in DIN 4114 Teil 1/07.52 und meistens in der Literatur als "Kippen" bezeichnet.

$$S \geq (EI_\omega \frac{\pi^2}{\ell^2} + GI_T + EI_z \frac{\pi^2}{\ell^2} \ 0,25 \ h^2) \ \frac{70}{h^2} \quad (305)$$

mit

   S   Schubsteifigkeit für Trapezbleche bei Befestigung in jeder Profilrippe nach DIN 18 807.

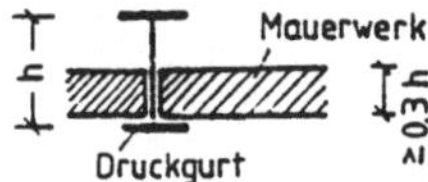

Bild E303. Aussteifung durch Mauerwerk

Bedingung (305) zur Bestimmung der seitlichen Unverschieblichkeit eines Trägergurtes (gebundene Drehachse) kann bei entsprechender Ausbildung der Anschlußstellen auch für andere Bekleidungen als Trapezbleche angewandt werden.

Wenn die Befestigung der Trapezprofile nur in jeder zweiten Profilrippe erfolgt, ist der Wert S durch 0,2 · S zu ersetzen.

Bild 3.7.   Entwurf DIN 18800, Teil 2 (3)

Seite 16   Entwurf DIN 18 800 Teil 2

| Erläuterungen | Regeltext |

Bei der Ermittlung der vorhandenen Drehbettung vorh c_θ sind gegebenenfalls Verformungen des Anschlußbereiches zwischen dem gestützten Träger und dem abstützenden Bauteil zu berücksichtigen. Dies kann z. B. nach Gleichung E301 geschehen.

$$\frac{1}{\text{vorh } c_\theta} = \frac{1}{c_{\theta M}} + \frac{1}{c_{\theta A}} + \frac{1}{c_{\theta P}} \qquad \text{(E301)}$$

Hierin bedeuten:

vorh c_θ wirksame vorhandene Drehbettung

$c_{\theta M}$ theoretische Drehbettung aus der Biegesteifigkeit des abstützenden Bauteils "a" bei Annahme einer starren Verbindung nach Gleichung E302.

$$c_{\theta M} = k \; \frac{E \cdot I_a}{a} \qquad \text{(E302)}$$

mit

k = 2   für Einzelfelder

k = 4   für Durchlaufträger mit 3 oder mehr Feldern

a   Stützweite des abstützenden Bauteils

$c_{\theta A}$ Drehbettung aus der Verformung des Anschlusses für Trapezbleche mit den Werten nach Tabelle E301 aus Gleichung E303 zu ermitteln

$$c_{\theta A} = \overline{c}_{\theta A} \; (\frac{\text{vorh } b}{100})^2 \qquad \text{(E303)}$$

mit

vorh b vorhandene Gurtbreite des gestützten Trägers in mm

$c_{\theta P}$ Drehbettung aus der Profilverformung des gestützten Trägers

Behinderung der Verdrehung

309 - Bei Trägern mit doppeltsymmetrischem, I-förmigem Querschnitt, deren Abmessungsverhältnisse denen von Walzprofilen nach den Normen der Reihe DIN 1025 entsprechen, ist eine ausreichende Drehbettung vorhanden, wenn Bedingung (306) erfüllt ist.

$$\text{vorh } c_\theta \geq \frac{M_{pl}^2}{E I_z} \, k_\theta \cdot k_v \qquad \text{(306)}$$

mit

k_v = 1,0 bei Anwendung der Berechnungsverfahren Elastisch-Plastisch und Plastisch-Plastisch (Tabelle 101, Zeilen 2 und 3)

k_v = 0,35 bei Anwendung des Berechnungsverfahrens Elastisch-Elastisch (Tabelle 101, Zeile 1)

k_θ - nach Tabelle 303, Spalte 2, wenn sich der Träger ungehindert verdrehen und seitlich verschieben kann

   - nach Tabelle 303, Spalte 3, wenn der Träger am Obergurt seitlich unverschieblich gehalten ist (gebundene Drehachse)

Tabelle 303.   Beiwerte k_θ

	1	2	3
Zeile	Momentenverlauf	freie	gebundene Drehachse
1		4,0	0
2a			0,12
2b	3,5		0
3		2,8	0
4		1,6	1,0
5		1,0	0,70

Bild 3.7.   Entwurf DIN 18800, Teil 2 (4)

| Erläuterungen | | Regeltext |

Tabelle E301. Anschlußsteifigkeiten $\bar{c}_{\theta A}$ von Trapezblechen aus Stahl, bezogen auf eine
Gurtbreite b = 100 mm

Zei-le	Trapezblech-lage		Schrauben im		Schraubenab-stand		Scheiben-durchmesser	$c_{\theta A}$	max b_t ***)
	posi-tiv	nega-tiv	Unter-gurt	Ober-gurt	b_r *)	2 b_r *)	in mm	[kNm/m]	in mm
	Auflast								
1	X		X		X		22	5,2	40
2	X		X			X	22	3,1	40
3		X		X	X		Ka **)	10,0	40
4		X		X		X	Ka **)	5,2	40
5		X	X		X		22	3,1	120
6		X	X			X	22	2,0	120
	Sog								
7	X		X		X		16	2,6	40
8	X		X			X	16	1,7	40

*) b_r : Rippenabstand
**)   Ka: Abdeckkappen aus Stahl mit t $\geq$ 0,75 mm
***) b_t = Breite des angeschlossenen Gurtes des Trapezprofils

Die angegebenen Werte gelten für Schrauben mit dem
Durchmesser d $\geq$ 6,3 mm sowie für Unterlegscheiben
aus Stahl mit der Dicke d $\geq$ 1,0 mm und aufvulkani-
sierter Neoprendichtung.

3.3.3 Nachweis des Druckgurtes als Druckstab

310 - Bei I-Trägern mit zur Stegachse symmetrischem
Querschnitt, deren Druckgurt in einzelnen Punkten
im Abstand c seitlich unverschieblich gehalten ist,
ist eine genauere Biegedrillknickuntersuchung nicht
erforderlich, wenn Bedingung (307) erfüllt ist.

$$\bar{\lambda} \leq 0,5 \tag{307}$$

Hierin ist

$$\bar{\lambda} = \frac{c \cdot k_c}{i_{z,g} \cdot \lambda_a} \tag{308}$$

Vereinfachend kann statt mit $i_{z,g}$ auch mit dem
Trägheitsradius i_z des Gesamtprofils gerechnet werden.

mit $i_{z,g}$ Trägheitsradius um die Stegachse z der
     aus Druckgurt und 1/5 des Steges gebil-
     deten Querschnittsfläche

     k_c Beiwert für den Verlauf der Druckkraft
     im Druckgurt, nach Tabelle 304

Bild 3.7.   Entwurf DIN 18800, Teil 2 (5)

Seite 18   Entwurf DIN 18 800 Teil 2

| Erläuterungen | Regeltext |

Tabelle 304.   Druckkraftbeiwerte k_c

Zeile	Normalkraftverlauf	k_c
1	max N —[c]—	1,00
2	max N	0,94
3	max N	0,86
4	max N $\psi\cdot$max N	$\dfrac{1}{1,33 - 0,33\ \psi}$

Ist Bedingung (307) nicht erfüllt, darf ein vereinfachter Nachweis mit Bedingung (309) geführt werden.

$$\frac{0,843\ M_y}{\kappa \cdot M_{pl,y}} \leq 1 \qquad (309)$$

Hierin ist

M_y größter Absolutwert des Biegemomentes

κ Abminderungsfaktor der Knickspannungslinie c nach Gleichung (302) für $\bar{\lambda}$ aus Gleichung (307)

3.3.4 Biegedrillknicken

311 - Für I-Träger sowie U- und C-Profile, bei denen keine planmäßige Torsion auftritt, ist der Tragsicherheitsnachweis mit Bedingung (310) zu führen.

$$\frac{M_y}{\kappa_M \cdot M_{pl,y}} \leq 1 \qquad (310)$$

Hierin ist

M_y größter Absolutwert des Biegemomentes

κ_M Abminderungsfaktor für Biegemomente in Abhängigkeit vom bezogenen Schlankheitsgrad $\bar{\lambda}_M$

$$\kappa_M = 1 \qquad\qquad \text{für } \bar{\lambda}_M \leq 0,4 \qquad (311)$$

$$\kappa_M = \left(\frac{1}{1 + \bar{\lambda}_M^{2n}}\right)^{1/n} \quad \text{für } \bar{\lambda}_M > 0,4 \qquad (312)$$

mit

n   Systemfaktor nach Tabelle 305.

Zur Berechnung von $\bar{\lambda}_M$ muß das ideale Biegedrillknickmoment $M_{Ki,y}$ bekannt sein. Dazu können Angaben der Literatur entnommen werden. Bei gleichbleibendem, doppeltsymmetrischem Querschnitt darf Gleichung (E304) oder (E305) angewendet werden.

$$M_{Ki,y} = \zeta \cdot N_{Ki,z} \left(\sqrt{c^2 + 0,25\ z_p^2} + 0,5\ z_p\right) \qquad (E304)$$

mit

ζ Momentenbeiwert für Gabellagerung an den Enden, nach Tabelle E302

$$N_{Ki,z} = \pi^2 \cdot E \cdot I_z/\ell^2$$

$$c^2 = \frac{I_\omega + 0,039\ \ell^2 \cdot I_T}{I_z}$$

z_p Abstand der Querbelastung vom Schwerpunkt, auf der Biegezugseite positiv

κ_M kann auch dem Bild E302 entnommen werden wenn der Systemfaktor n = 2,5 ist; die Kurve ist dort mit bk bezeichnet.

Bild 3.7.   Entwurf DIN 18800, Teil 2 (6)

Entwurf DIN 18 800 Teil 2   Seite 19

| Erläuterungen | Regeltext |

Tabelle E302. Momentenbeiwerte ζ

Zeile	Momentenverlauf	ζ
1	max M $\llcorner\quad\ell\quad\lrcorner$	1,00
2	max M	1,12
3	max M	1,35
4	max M $\psi \cdot$ max M	$1{,}77 - 0{,}77\ \psi$

Vereinfachend darf bei Trägerhöhen $h \leq 60$ cm Gleichung (E304) auch durch (E305) ersetzt werden.

$$M_{Ki,y} = \frac{0{,}66\ E \cdot W_y \cdot b \cdot t}{\ell \cdot h} \qquad\qquad \text{(E305)}$$

mit

W_y Widerstandsmoment der Gurtaußenkante, bezogen auf die y-Achse

Der Wert $\kappa_M = 1$ darf bei Trägerhöhen $h \leq 60$ cm und gleichbleibendem Querschnitt angenommen werden, wenn die Bedingung (E306) erfüllt ist.

$$\ell \leq \frac{b \cdot t}{h}\ 200\ \frac{240}{\beta_S} \qquad\qquad \text{(E306)}$$

Literatur unter anderem:
Roik, K. Carl, J. und Lindner, J.: Biegetorsionsprobleme gerader dünnwandiger Stäbe. Berlin, München, Düsseldorf: Ernst & Sohn 1972;
Petersen, Chr.: Statik und Stabilität der Baukonstruktionen. Braunschweig, Wiesbaden: Friedr. Vieweg und Sohn, 2. Auflage 1982.

Tabelle 305. Systemfaktoren n

	Profil	n	Bemerkung
1	gewalzte Träger	2,5	Regelfall
2	geschweißte Träger	2,0	
3	Wabenträger — M_{pl}	1,5	Sonderfälle
4	Ausgeklinkte Träger — M_{pl}	2,0	
5	Voutenträger — max h — M_{pl} — Schweißnaht — $\frac{\min h}{\max h} \geq 0{,}25$	$0{,}7 + 1{,}8\ \dfrac{\min h}{\max h}$	

3.4 Einachsige Biegung mit Normalkraft

3.4.1 Stäbe mit geringer Normalkraft

312 - Stäbe mit geringer Normalkraft, die die Bedingung (313) erfüllen, dürfen unter Vernachlässigung dieser Normalkraft nach Abschnitt 3.3 nachgewiesen werden.

$$\frac{N}{\kappa \cdot N_{pl}} < 0{,}1 \qquad\qquad \text{(313)}$$

3.4.2 Biegeknicken

3.4.2.1 Vereinfachter Nachweis für Sonderfälle

313 - Für den beidseitig gelenkig gelagerten Stab mit einer Querbelastung in Form einer Strecken- oder Einzellast und dem maximalen Moment M darf Bedingung (301) angewendet werden, wobei jedoch in Gleichung (302b) k nach Gleichung (314) einzusetzen ist.

Bild 3.7.   Entwurf DIN 18800, Teil 2 (7)

4 Überblick über die Programmiersprache LISP

Expertensysteme und andere „KI-Programme" müssen mit einer adäquaten Programmiersprache erstellt werden. Die Festlegung einer bestimmten Programmiersprache ist im Prinzip freigestellt, allerdings eignen sich besonders solche Sprachen für Expertensystementwicklungen, die speziell auf Problemstellungen der KI zugeschnitten sind.

Beispielsweise ist die an MYCIN angelehnte Expertensystemschale EXPERT [4.1] vollständig in FORTRAN geschrieben worden. Sie ist regelbasiert, arbeitet mit Rückwärtsverkettung und läßt Konfidenzwerte zu. EXPERT besitzt - obwohl FORTRAN-orientiert - auch eine Erklärungskomponente, eine Komponente zur Wissensakquisition und eine Komponente zur Überprüfung der Regelkonsistenz.

Expertensystemschalen können demzufolge durchaus in Programmiersprachen wie FORTRAN oder C programmiert werden. Es stellt sich jedoch die Frage, mit welchem Aufwand die Programmierung verbunden ist. Zu bedenken ist, daß der Schwerpunkt von Expertensystemschalen auf der Symbolmanipulation liegt und nicht - wie bei „konventionellen" Programmiersprachen - in der numerischen Verarbeitung großer Zahlenmengen. Bei Einsatz einer konventionellen Programmiersprache wird deshalb ein nicht unerheblicher Arbeitsaufwand für die Schaffung einer geeigneten Arbeitsumgebung zur Manipulation und Verarbeitung von Symbolen benötigt. KI-Programmiersprachen bieten dagegen eine geradezu ideale Arbeitsumgebung für die Symbolverarbeitung. Darüber hinaus enthalten sie oftmals noch weitere, für ein effizientes Arbeiten erforderliche Komponenten, wie z.B. graphische Ein- und Ausgabe, verschiedene Kontrollmechanismen (Vorwärts-, Rückwärtsverkettung) und Fehlersuchoptionen *(debugger, tracer)*.

In diesem Buch sollen zwei KI-Programmiersprachen näher behandelt werden: Zunächst wird die Programmiersprache LISP, dann die Programmiersprache PROLOG vorgestellt. Beide Sprachen sind für denjenigen interessant, der Expertensystemschalen bzw. wissensbasierte Programme selbst entwickeln möchte. Vorhandene Expertensystemschalen erlauben aber auch oft benutzerseitige Erweiterungen in der Entwicklersprache der Schale (in der Mehrzahl der Fälle LISP oder PROLOG) vorzunehmen, so daß auch der Anwender von Expertensystemschalen wenigstens Grundkenntnisse in diesen Sprachen haben sollte. Ziel der Kapitel zu LISP und PROLOG ist es, die für den Ingenieur erforderlichen Grundkenntnisse, insbesondere die mit LISP und PROLOG verbundene Programmierphilosophie, zu vermitteln.

4.1 Entwicklung der Programmiersprache LISP

FORTRAN - im Ingenieurbereich bislang dominierend - ist die älteste höhere Programmiersprache. Die zweitälteste Programmiersprache ist LISP, deren Ursprünge sich bis in das Jahr 1958 verfolgen lassen. Damals begannen John McCarthy und Marvin Minsky am Massachusetts Institute of Technology (MIT) ein Projekt im Bereich der Künstlichen Intelligenz, wobei sie schon bald die Notwendigkeit einer neuen Programmiersprache erkannten. KI-Aufgaben unterscheiden sich nämlich von traditionellen Aufgaben dadurch, daß Problemstrukturen und deren Zusammenhänge - und nicht die numerische Lösung von Aufgaben - im Vordergrund stehen. Es ist zwar möglich, jedes nicht-numerische Problem in ein „äquivalentes" numerisches umzuwandeln, allerdings geht dabei viel vom ursprünglichen Bedeutungsinhalt verloren. McCarthy erkannte, daß es insbesonders auf die Verarbeitung von Datenobjekten ankam und diese Verarbeitung auf einer abstrakteren Stufe als bisher ablaufen mußte.

Erprobt wurde diese Erkenntnis zuerst bei der Verarbeitung algebraischer Formeln: Die Regeln der Mathematik sind klar definiert und somit gut zu realisieren. Auf diesem Gebiet gewonnene Erfahrungen zeigten, daß

- die *symbolische Darstellung* algebraischer Formeln und

- die *Manipulation von Symbolen* nach gegebenen Regeln auf formaler Ebene unterstützt werden mußte.

Genau diese Forderungen wurden mit der neu entwickelten Sprache LISP erfüllt, da in ihr erstmals Symbole, und nicht Zahlen, die Grundlage der Programmierung waren.

Heute gibt es verschiedene „Dialekte" von LISP, die zwar alle einen gemeinsamen Kern haben, sich jedoch in den angebotenen höheren Datenstrukturen oder Anweisungen unterscheiden. Beispiele für LISP-Dialekte sind: INTERLISP, MacLISP, ELISP, FranzLISP, u.v.a.m., die auf unterschiedlichen Rechnern und unter verschiedenen Betriebssystemen laufen. Als *de facto* Standard wird mittlerweile das Common LISP angesehen, das auch diesem Buch zugrundegelegt wird.

LISP als Symbolmanipulationssprache ist nicht nur für die Entwicklung von Expertensystemen gut geeignet, sie eignet sich auch als „Ingenieur-Sprache". Im Ingenieurbereich sind zwar viele Aufgaben numerischer Natur, es fallen aber auch sehr viele „wissensbasierte" Aufgaben an. Bislang umging man die Lösung wissensbasierter Aufgaben, oder man wandelte sie mehr schlecht als recht in numerische Aufgabenstellungen um, damit man sie mit den vorhandenen Programmiersprachen lösen konnte.

Um zu zeigen, daß sich die Programmiersprache LISP auch gut zur Bearbeitung bislang rein numerisch gelösten Ingenieurproblemen einsetzen läßt, soll ein kleines Programmsystem zum Bereich „Statik" entwickelt werden: Die Aufgabe besteht darin, das maximale Moment eines mit einer Steckenlast beanspruchten Einfeldträgers zu bestimmen. Bevor jedoch mit der eigentlichen LISP-Programmierung begonnen wird, werden die Teilschritte zur Problemlösung analysiert.

4.2 Demonstrationsbeispiel: Einfeldträger mit Auflast

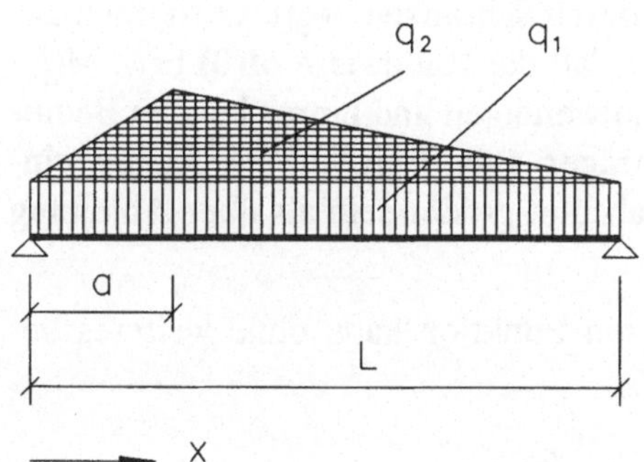

Bild 4.1. Beispiel einfeldriger Biegestab

Wir betrachten nur beliebig gelagerte Einfeldträger mit konstantem Querschnitt, die mit einer gegebenen Steckenlast belastet werden. Die Streckenlast hat eine Momentenverteilung zur Folge, die durch eine analytische Funktion beschrieben werden kann. Unsere Aufgabe soll nun darin bestehen, das Maximum der Momententenfunktion zu berechnen und seinen Wert auszugeben.

Für einfache Belastungsfälle kann der Maximalwert direkt aus entsprechenden Tabellen ermittelt werden. Für Fälle, in denen die Streckenlast eine kompliziertere Form hat, können Lösungen nicht unmittelbar gefunden werden. Durch das Superpositionsprinzip (Überlagerungsprinzip) kann jedoch auch in diesen Fällen eine analytische Lösung gefunden werden, indem die gegebene Streckenlast aus bekannten, einfacheren Streckenlasten zusammengesetzt wird.

Betrachten wir hierzu den Einfeldträger der Länge L in Bild 4.1, der mit den beiden Steckenlasten q_1 und q_2 belastet ist. Der Momentenverlauf M für die Gesamtsteckenlast kann aus den Momentenfunktionen M_1 bzw. M_2 für die Einzelstreckenlasten q_1 (konstant) bzw. q_2 (dreiecksförmig) ermittelt werden. Da

$$M_1(x) = \frac{q_1 x}{2}(L - x),$$

$$M_2(x) = \frac{q_2 x}{6a}(2aL - a^2 - x^2),$$

mit a als Abstand des Maximalwertes der Last q_2 vom linken Lager, ergibt sich nach dem Superpositionsprinzip:

$$M(x) = M_1(x) + M_2(x).$$

Durch Ordnen nach x, x^2 und x^3 erhalten wir:

$$M(x) = (\frac{q_1 L}{2} + \frac{q_2 L}{3} - \frac{q_2 a}{6})x - \frac{q_1}{2}x^2 - \frac{q_2}{6a}x^3 .$$

Gesucht ist nun der Wert x^*, der das Maximum der Funktion M im Intervall $[0,L]$ darstellt. Notwendige Bedingung für die Existenz eines Extremums ist das Verschwinden der ersten Ableitung der Funktion M. Ob ein so gefundener Extremwert Maximum, Minimum oder Sattelpunkt ist, kann mit Hilfe höherer Ableitungen geprüft werden (hinreichende Bedingung).

Da der Definitionsbereich der Funktion M durch Schranken begrenzt ist, muß außerdem überprüft werden, ob im allgemeinen Fall die Randwerte $M(0)$ bzw. $M(L)$ nicht größer bzw. kleiner sind als die mit der notwendigen und hinreichenden Bedingung gefundenen Extrema. Ist der Einfeldträger zum Beispiel am Rande eingespannt, können entsprechende Randwerte absolut größer sein als über Ableitung gefundene Extrema.

Die erste Ableitung M' der hier betrachteten Funktion kann ohne weiteres bestimmt werden:

$$M'(x) = (\frac{q_1 L}{2} + \frac{q_2 L}{3} - \frac{q_2 a}{6}) - q_1 x - \frac{q_2}{2a}x^2 .$$

Um die Schreibarbeit zu erleichtern, gehen wir von konkreten Zahlenwerten aus:

$L = 10\,\text{m},\ a = 3\,\text{m},\ q_1 = 10\,\text{kN/m}$ und $q_2 = 6\,\text{kN/m}$.

Mit diesen Werten haben die Funktionen M bzw. M' folgende Form:

$$M(x) = 67x - 5x^2 - \frac{x^3}{3} ,$$

$$M'(x) = 67 - 10x - x^2 .$$

Lösen der quadratischen Gleichung $M'(x)=0$ führt zu:

$$x_1^* = -14,6;\quad x_2^* = 4,6 .$$

Da der Wert x^*_1 nicht im Intervall $[0,10]$ liegt, wird er verworfen, so daß nur x^*_2 zulässiger Extremwert ist. Ob dieser Maximum ist, kann mit Hilfe der zweiten Ableitungen geprüft werden: Die Funktion M hat an der Stelle x^*_2 ein Maximum, falls dort die zweite Ableitung von M negativ ist.

Eine Nachrechnung ergibt, daß x^*_2 tatsächlich ein Maximum ist; denn:

$$M''(x) = -10 - 2x ,$$

so daß für $x = x^*_2 = 4{,}6$ gilt:

$$M''(x^*_2) = -10 - 2\cdot(4{,}6) = -19{,}2 < 0.$$

Da im vorliegenden Fall des beidseitig gestützten Einfeldträgers die Randwerte $M(0)$ bzw. $M(L)$ verschwinden, tritt das maximale Moment M* an der Stelle

$$x^*_2 = x^* = 4{,}6$$

auf mit:

$$M^* = M(x^*) = 162{,}1 \ kNm$$

Fassen wir die wichtigsten Schritte zur Problemlösung noch einmal schematisch zusammen:

1. Zuerst muß der Momentenverlauf in Abhängigkeit der gegebenen Streckenlast durch eine analytische Funktion M beschrieben werden. Definitionsmenge ist das Intervall $[0,L]$, wobei L die Länge des Biegeträgers ist. Formeln für einfache Steckenlasten (z.B. konstant, linear steigend bzw. fallend) werden als bekannt vorausgesetzt. Eine zusammengesetzte Streckenlast wird mit Hilfe des Superpositionsprinzips auf einfachere Fällen zurückgeführt.

2. Es muß die Ableitung $M'(x)$ der durch Superposition gewonnenen Momentenfunktion $M(x)$ gebildet werden.

3. Es müssen die Nullstellen der Ableitung M' bestimmt werden, die neben den Randwerten $M(0)$ bzw. $M(L)$ mögliche Extremwerte von M sein können (notwendige Bedingung).

4. Ob ein Extremwert x^* Maximum oder Minimum ist, wird mit Hilfe der zweiten Ableitung von M überprüft (hinreichende Bedingung):

$$M''(x^*) < 0 \ \Rightarrow \ x^* \ \text{ist Maximum,}$$

$$M''(x^*) > 0 \ \Rightarrow \ x^* \ \text{ist Minimum,}$$

$$M''(x^*) = 0 \ \Rightarrow \ \text{Entscheidung über höhere Ableitungen.}$$

5. Die Funktionswerte der Extrema müssen mit den Randwerten $(M(0), M(L))$ verglichen werden, falls eine Einspannung vorliegt. Der durch Vergleich gefundene größte Funktionswert ist das globale Maximum.

Analysiert man die durchzuführenden Arbeitsschritte genauer, so läßt sich feststellen, daß eine Reihe von Operationen dagegen rein numerischen Charakter haben, andere sind rein symbolischer Natur, eine dritte Gruppe läßt sich sowohl numerisch als auch symbolisch umsetzen. Hierzu einige Ausführungen:

zu 1:

Im Zusammenhang mit Funktionen ergeben sich zwei Fragen:

- Wie werden Funktionen dargestellt?

- Wie werden sie für bestimmte Argumente ausgewertet?

Die Darstellung in einer konventionellen Programmiersprache wie FOR-TRAN erfolgt durch Definition von Funktionsprozeduren (FUNCTIONS). Änderungen oder Modifizierungen der Funktionen machen eine Neuübersetzung erforderlich. LISP erlaubt dagegen die Änderung von Funktionen zur Laufzeit, so daß eine wesentlich größere Flexibilität gegeben ist. Will man folglich eine größere Handlungsfreiheit haben, weil beispielsweise nachträglich ohne den Zwang zur Neuübersetzung zusätzliche Streckenlasten mit den zugehörigen Momentenfunktionen aufgenommen werden sollen, wäre eine symbolische Programmierung angebracht.

zu 2:

Die Berechnung von Ableitungen kann sowohl numerisch als auch in geschlossener, also symbolischer Form erfolgen. Die numerische Berechnung erfolgt über Differentialformeln; zum Beispiel ergibt sich nach der Formel für mittlere Differenzenquotienten (vgl. Bild 4.2)

$$f'(x_k) \approx f'_k = \frac{f_{k+1} - f_{k-1}}{2\Delta x}$$

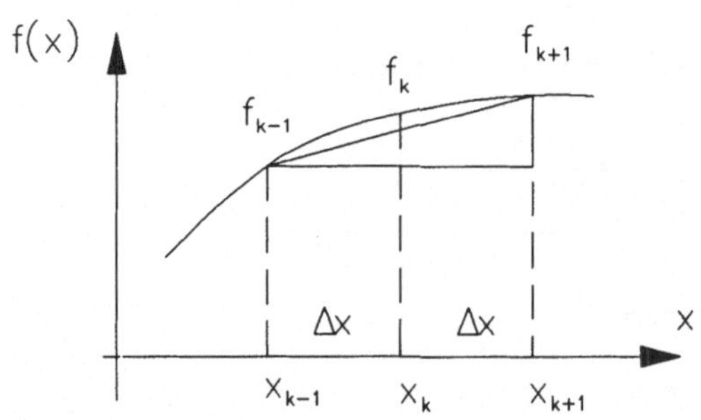

Bild 4.2   Mittlerer Differenzenquotient

Die numerische Berechnung ist oft mit Rundungsfehlern behaftet; außerdem liefert sie nur den Ableitungswert (Zahlenwert) an einer bestimmten Stelle. Will man Einblick in Gesamtzusammenhänge der Ableitungsfunktion bekommen, muß die Ableitung in geschlossener Form - unter Beachtung der Differentiationsregeln - durchgeführt werden. In diesem Fall muß auf Symbolverarbeitung zurückgegriffen werden, mit deren Hilfe Ableitungsfunktionen explizit in analytischer Form beschafft werden können.

zu 3:

Die Berechnung von Nullstellen ist ein typisch numerisches Problem, das iterativ gelöst wird. Ein oft eingesetztes numerisches Verfahren ist das Newton-Iterationsverfahren, das gutes Konvergenzverhalten aufweist. Beginnend mit einem Schätzwert x_n, $n = 0$ für die Nullstelle erhält man (Divergenz ausgeschlossen) einen verbesserten Wert x_{n+1} mit der Vorschrift

$$x_{n+1} = x_n - \frac{f(x_n)}{f'(x_n)}.$$

Man beachte, daß hierbei die Ableitung f' benötigt wird, die dann anschließend an der Stelle x_n ausgewertet werden muß.

zu 4:

Zur Überprüfung der Art des Extremums werden die zweiten Ableitungen benötigt, die wiederum sowohl numerisch über zweite Differenzformeln, aber auch über symbolische Ableitung gewonnen werden können.

zu 5:

Der Vergleich der Extrema mit Randwerten (zur Bestimmung des globalen Extremums) kann durch numerischen Vergleich und symbolische Manipulation vorgenommen werden.

Es zeigt sich also, daß selbst bei kleineren Problemstellungen - wie bei der hier betrachteten - numerische Lösungsansätze mit symbolischen konkurrieren. Wie Symbolverarbeitung und -manipulation, aber auch numerische Operationen mit der Programmiersprache LISP durchgeführt werden, soll im folgenden Überblick konkretisiert und detailliert werden.

Der Überblick beschränkt sich auf die wichtigsten LISP-Konstrukte. Ausgeklammert werden beispielsweise Ein-/Ausgabeoperationen, das Dateihandling, Makrodefinitionen und höhere LISP-Techniken - der interessierte Leser sei diesbezüglich auf die Literatur [4.2, 4.3, 4.4] verwiesen. Ziel des Überblicks ist es vielmehr, die Leistungsfähigkeit von LISP anhand des betrachteten Beispiels „Einfeldträger" zu demonstrieren. Ziel ist es außerdem, ein Grundrepertoire an Kenntnissen in der Programmiersprache LISP zu vermitteln, damit kleinere Probleme selbständig in LISP programmiert werden können (z.B. benutzerseitige Ergänzungen in einer LISP-Schale). Zunächst wird die Programmierung arithmetischer Ausdrücke behandelt, da „Zahlen" für den Ingenieur einen „natürlichen Einstieg" in LISP darstellen.

4.3 Arithmetische Ausdrücke in LISP

Die Summe aus 3 und 4 wird in LISP wie folgt definiert:

```
(+ 3 4)        Resultat: 7
```

Der arithmetische Ausdruck besteht aus drei Elementen: Dem Operator (Pluszeichen) gefolgt von seinen beiden Operanden (die Zahlen 3 und 4). Das Pluszeichen sowie die Zahlen sind Beispiele für Atome, d.h. Datenobjekte, die sich nicht weiter zerlegen lassen. Neben Zahlen und Sonderzeichen können auch beliebige Zeichenketten Atome sein, die symbolische Atome, oder kürzer Symbole, genannt werden.

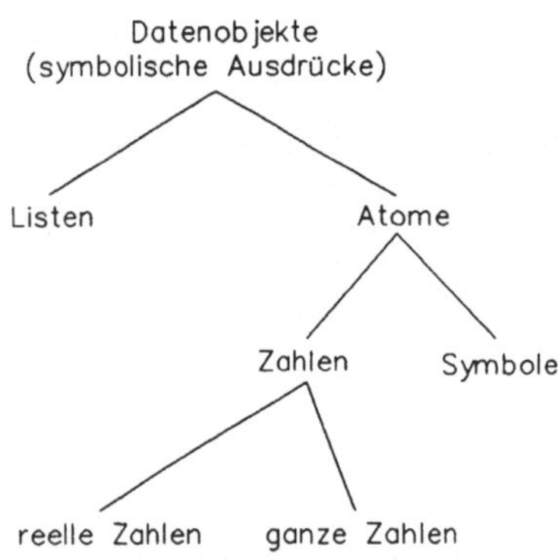

Bild 4.3.   Datenobjekte in LISP

Die drei Atome des Additionsausdrucks werden zu einer Liste zusammengefaßt, um einen vollständigen LISP-Ausdruck zu erhalten. Eine Liste ist eine geordnete Ansammlung von Datenelementen, die in runden Klammern gesetzt wird. Elemente einer Liste können Atome, aber auch weitere Listen sein, so daß komplexe Strukturen realisiert werden können. Die Datenobjekte in LISP - Atome und Listen - sind in Bild 4.3 dargestellt.

Jede Liste in LISP liefert bei Auswertung ein Ergebnis zurück - im Beispiel der Addition ist es die Summe aus 3 und 4, nämlich die Zahl 7.

Im arithmetischen Ausdruck wurde zuerst der Operator angegeben (Pluszeichen), dann folgten die Operanden. Diese Darstellungsart eines arithmetischen Ausdrucks wird *Präfixnotation* genannt, da der Operator grundsätzlich an erster Stelle steht. Die Präfixnotation gilt nicht nur für die Addition, sondern für *jeden* Ausdruck in LISP. Obwohl sie auf den ersten Blick verwirrend sein mag, da der Operator bei den Grundrechenarten normalerweise zwischen die Operanden gesetzt wird, hat sie allgemein Vorteile: Operatoren, die auf beliebig viele Operanden angewendet werden, lassen sich eindeutiger darstellen, da der Operand immer an erster Stelle einer Liste steht und somit sofort erkennbar ist. So kann etwa der Umfang eines Rechtecks mit den Seitenlängen 7 und 10 als Summe aller Seitenlängen repräsentiert werden:

```
(+ 7 7 10 10)        Resultat: 34
```

oder es kann die Fläche eines Kreises mit dem Radius 100 als Produkt dreier Zahlen angegeben werden:

```
(* 3.1416 100 100)      Resultat: 31416
```

Die Operanden eines arithmetischen Ausdrucks können selbst wieder arithmetische Ausdrücke sein, so daß verschachtelte Ausdrücke möglich sind. So kann der Umfang des oben gegebenen Rechtecks auch als Summe zweier Produkte dargestellt werden:

```
(+ (* 2 7) (* 2 10))      Resultat: 34
```

Um einen verschachtelten Ausdruck auszuwerten, werden zuerst alle Operanden (Teilausdrücke) von innen nach außen fortschreitend ausgewertet, erst dann wird der Wert des Ausdrucks selbst bestimmt. Teilausdrücke eines zusammengesetzten Ausdrucks in richtiger Reihenfolge auszuwerten ist somit eine Aufgabe des LISP-Interpreters bzw -Compilers.

Der Verschachtelungskomplexität sind dabei in Prinzip keine Grenzen gesetzt. Komplex zusammengesetzte Ausdrücke werden vom Rechner ohne Schwierigkeiten ausgewertet, sie können aber schwer lesbar sein. So ist etwa der logische Aufbau des Ausdrucks

```
(* (/ 12 2) (+ (* 2 8 8) (* 11 2 8) 12 2) (-34 12))
```

nicht auf Anhieb ersichtlich. Abhilfe kann dadurch geschaffen werden, daß das Layout der Darstellung verbessert wird. Da Eingaben in LISP frei-formatierbar sind, d.h. in einem Ausdruck beliebig viele Leerzeichen und Tabulatoren einfügt werden dürfen, ohne den Wert des Ausdrucks zu ändern, darf die Eingabe über mehrere Zeilen hinweg erfolgen. Durch entsprechende Klammerung sind Anfang und Ende einer Liste immer eindeutig definiert. Somit läßt sich der obige Ausdruck besser strukturieren:

```
(* (/ 12 2)
   (+ (* 2 8 8)
      (* 11 2 8)
      12
      2
   )
   (-34 12)
)
```

Viele LISP-Interpreter haben eingebaute Formatierer, die Listen nach diesem (oder einem ähnlichen) Schema automatisch aufbereiten.

Die Struktur eines arithmetischen Ausdrucks läßt sich auch graphisch als Baumstruktur darstellen. Zur Erinnerung: Eine Baumstruktur besteht aus einer hierarchisch geordneten Menge von Knoten. Knoten können Folgeknoten zugeordnet werden, wobei die Zuordnungen die Äste des Baumes bilden. Ein besonderer Knoten ist die „Wurzel" des Baumes: Er steht „ganz oben" im Baum und ist Ausgangsknoten des Baumes.

So kann etwa die Struktur des obigen arithmetischen Ausdrucks als Baum graphisch dargestellt werden (siehe Bild 4.4). Die arithmetischen Operatoren (+, −, * und /) sind Knoten des Baumes. Ihre

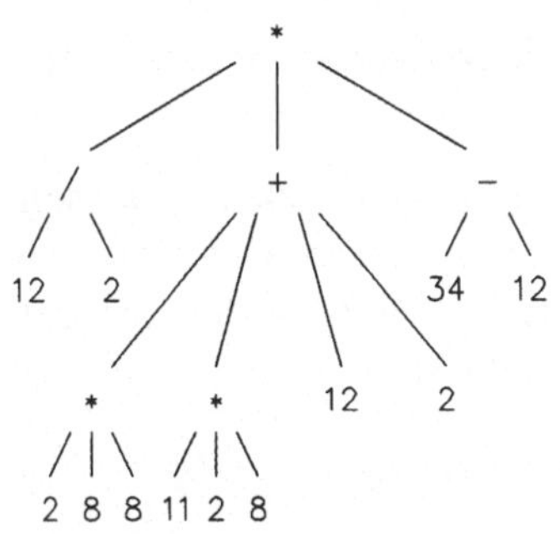

Bild 4.4. Baumstruktur eines arithmetischen Ausdrucks

Operanden sind Folgeknoten, wobei die Zuordnungen zwischen Operator und Operanden die Äste des Baumes bilden.

4.3.1 Symbole und Zuweisungen

Bislang haben wir nur arithmetische Ausdrücke betrachtet, die Zahlen enthielten. Zu jeder Programmiersprache gehört jedoch die Fähigkeit, eingegebene und berechnete Werte zu speichern und später abrufen zu können. Hierzu werden Variable definiert: Variable können mit Werten belegt werden, auf die jederzeit lesend zugegriffen werden kann.

Eine Variable besteht aus einem Variablennamen und einem Variablenwert, der beliebigen Typs sein darf. Variablennamen können sich aus Buchstaben, Ziffern und Sonderzeichen zusammensetzen, wobei das erste Zeichen des Namens ein Buchstabe sein muß. Beispiele für Variablenamen sind:

```
laenge, breite, ipe-100-traeger.
```

Dagegen wäre der Name

```
12ter
```

ungültig, da er mit einer Ziffer beginnt.

Die Zuweisung eines Wertes an eine Variable erfolgt mit dem *setq*-Schlüsselwort. Da die Zuweisung eine LISP-Anweisung darstellt, wird sie - analog zu arithmetischen Ausdrücken - ebenfalls als Liste dargestellt. So können etwa die beiden Variablen *laenge* und *breite*, die die Abmessungen eines Rechtecks darstellen mögen, mit den Werten 7 bzw. 10 belegt werden:

```
(setq laenge 7)        Resultat: 7

(setq breite 10)       Resultat: 10
```

Nach Ausführung der beiden Anweisungen hat somit die Variable *laenge* den Wert 7 und die Variable *breite* den Wert 10.

Wird einer Variable statt einer Zahl ein arithmetischer Ausdruck zugewiesen, wird dieser zunächst - soweit möglich - vereinfacht. So kann beispielsweise die Variable *umfang* mit dem Wert eines arithmetischen Ausdrucks belegt werden, der den Umfang eines Rechecks mit den Seitenlängen 7 und 10 darstellt:

```
(setq umfang (+ (* 2 7) (* 2 10)))      Resultat: 34
```

Wird bei Auswertung eines Ausdrucks ein Variablenname vorgefunden, wird der Wert der Variablen eingesetzt. Haben also etwa die Variablen *laenge* und *breite* die oben definierten Werte, kann der Umfang des zugehörigen Rechtecks auch wie folgt berechnet werden:

```
(setq umfang (+ (* 2 laenge) (* 2 breite)))     Resultat: 34
```

Nachdem wir arithmetische Ausdrücke in LISP kennengelernt haben, wenden wir uns nun den Funktionen zu.

4.3.2 Darstellung von Funktionen

Eine mathematische Funktion wird durch einen arithmetischen Ausdruck dargestellt, der eine (oder mehrere) Veränderliche enthält. Eine Veränderliche kann durch eine Variable (z.B. x) dargestellt werden. Der Wert der Funktion an einer bestimmten Stelle ist der Wert des zugehörigen arithmetischen Ausdrucks, wobei Variable zuvor entsprechend belegt werden müssen.

Betrachten wir beispielsweise die einfache lineare Funktion

```
f(x) = 3x - 7.
```

Zur vollständigen Beschreibung dieser Funktion benötigt man:

1.   den Namen der Funktion *(f)*,

2.   den Namen der Veränderlichen *(x)* sowie

3.   die Berechnungsvorschrift $(3x - 7)$.

Genau diese drei Angaben werden zur Definition von Funktionen mit der *defun*-Anweisung (*define function*, definiere Funktion) in LISP benötigt. Die obige Funktion *f* läßt sich somit schreiben als:

```
(defun f (x)
    (- (* 3 x) 7)
)
```

Um den Wert der Funktion an einer bestimmten Stelle (z.B. 5) zu bestimmen, wird der Funktionsname *f* als Operator verwendet. Damit:

```
(f 5)     Resultat: 8
```

Defun-Anweisungen können quasi als Erweiterung des Befehlsvorrates von LISP aufgefaß werden.

Die zur Auswertung einer Funktion benötigten Variablen nennt man die Argumente (oder Parameter) der Funktion. Eine Funktion kann auch mehrere Argumente haben. So hängt z.B. die Funktion M_1 des Demonstrationsbeispiels von der Variablen x, aber auch von den Größen q_1 und L (als Parameter) ab:

$$M_1(x,q_1,L) = \frac{q_1 x}{2}(L - x).$$

Die Beschreibung der Funktion M_1 kann somit mit drei Argumenten vorgenommen werden:

```
(defun M1 (x q1 L)
    (* q1 x 0.5 (- L x))
)
```

Bei Auswertung dieser Funktion müssen folglich auch drei Operanden angegeben werden. So hat beispielsweise die Funktion M_1 an der Stelle $x = L/2$, mit den Werten $q_1 = 10$, $L = 10$ den Wert 125:

```
(setq q1 10)           Resultat: 10
(setq L  10)           Resultat: 10
(M1 (/ L 2) q1 L)      Resultat: 125
```

Die *defun*-Anweisung hat also folgende allgemeine Form:

```
(defun <fname> (<arg-1> <arg-2> ... <arg-n>)
    <anw-1>
    <anw-2>
        .
        .
        .
    <anw-n>
)
```

Sie wird durch das Schlüsselwort *defun* und den zugehörigen Funktionsnamen *<fname>* eingeleitet, es folgt dann die Liste der Argumente *(<arg-1>,...   )*; anschließend werden die Anweisungen *<anw-1>,...* spezifiziert.

Funktionen sind nicht auf mathematische Funktionen beschränkt, in Verallgemeinerung der *defun*-Anweisung lassen sich beliebige LISP-Funktionen aufbauen. Mit der *defun*-Anweisung kann beispielsweise eine Gesamtmomentenfunktion M als Summe der Teilmomentenfunktion M_1, M_2 und M_3

$$M(x) = M_1(x) + M_2(x) + M_3(x)$$

relativ einfach umgesetzt werden:

```
(defun M (x)
    (+ (M1 x) (M2 x) (M3 x))
)
```

Zu beachten ist, daß Funktionsdefinitionen in LISP nicht „starr" sind, sondern bei jedem Aufruf neu ausgewertet (interpretiert) werden. Ändern wir also etwa nachträglich die Definition der Funktion M_1, so ändert sich auch der Wert der Funktion M ohne Neuübersetzung.

4.3.3 Bedingungen

Funktionen sind oftmals von bestimmten Bedingungen abhängig, die an die Argumente gestellt werden. Auch Regeln vom *wenn-dann*-Typ machen Bedingungskonstrukte erforderlich. LISP bietet für derartige Problemstellungen die Funktion *cond (condition)* an.

Das mit der Funktion *cond* verbundene Konzept wird am Beispiel einer stückweise stetigen Funktion (Momentenlinie eines mit zwei Einzellasten belasteten Einfeldträgers) erläutert (vgl. Bild 4.5)

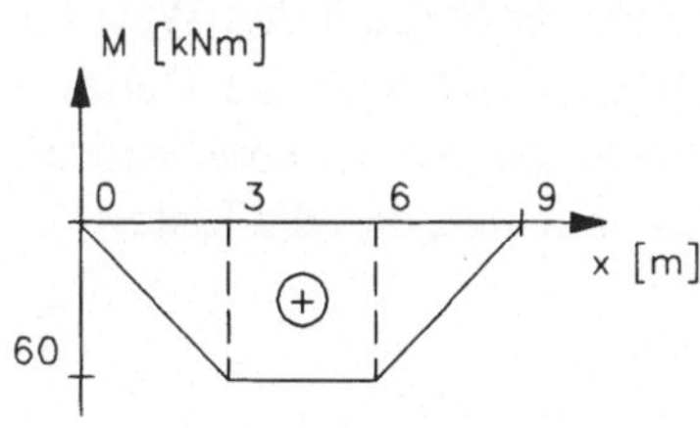

Bild 4.5. Momentenlinie

Die Funktion wächst im Intervall [0,3] linear von 0 auf 60, verläuft im Intervall [3,6] konstant und fällt im Intervall [6,9] linear von 60 auf 0 ab. Zur Bestimmung der Funktion M an einer beliebigen Stelle x muß somit eine Fallunterscheidung durchgeführt werden. Die Fallunterscheidung läßt sich durch folgende Anweisung mit der *cond*-Funktion realisieren:

```
(defun M (x)
   (cond
      ( (< x 0)      nil )
      ( (< x 3)      (* 20 x) )
      ( (< x 6)      60 )
      ( (<= x 9)     (- 180 (* 2 x)) )
      ( t            nil )
   )
)
```

Die *cond*-Anweisung besteht demnach aus beliebig vielen Bedingungen *<bed-1>*, *<bed-2>*, ... *<bed-n>*, denen jeweils eine Reihe von Anweisungen zugeordnet sind:

```
(cond
   ( <bed-1>    <anw-11> <anw-12> ... )
   ( <bed-2>    <anw-21> <anw-22> ... )
   ( <bed-3>    <anw-31> <anw-32> ... )
   .
   .
   .
   ( <bed-n>    <anw-n1> <anw-n2> ... )
)
```

Die Bedingungen werden in der angegebenen Reihenfolge überprüft, bis eine Bedingung zutrifft, d.h. den Wert „wahr" ergibt. Alle Anweisungen der zutreffenden Bedingung werden bearbeitet. Trifft keine Bedingung zu, wird keine Anweisung ausgeführt.

Im betrachteten Beispiel ergibt sich folgendes Bild: Die ersten vier Bedingungen der Funktion *M* sind numerische Vergleichsoperationen, wobei die Symbole < bzw. < = der mathematischen Notation entsprechen. Die letzte Bedingung enthält das Symbol *t* (*true*), das immer wahr ist. Somit führt das *cond*-Konstrukt immer auf den Gesamtwahrheitswert „wahr".

Ist also *x* kein zulässiger Wert, d.h., ist *x* kleiner 0 bzw. größer 9, so wird ein Fehlercode zurückgegeben, der in LISP üblicherweise *nil* ist. *Nil* ist ein vordefiniertes Symbol, das bei Aussagen dem Wahrheitsgehalt „falsch" entspricht, das aber auch dazu verwendet wird, eine leere Liste oder das Ende einer Liste zu markieren.

Die Funktion *M* unseres Beispiels hat beispielsweise an der Stelle 5 den Wert 60, da 5 zwischen 3 und 6 liegt und somit nach obiger Vorschrift das mittlere Definitionsintervall gilt. Da *(< 5 6)* die erste zutreffende Prüfbedingungen der *cond*-Anweisung ist, wird die zugehörige Anweisung ausgeführt. Das bedeutet, daß die Liste:

```
(M 5)
```

den Wert 60 zurückliefert.

4.4   Symbolische Ableitungen

Bezugnehmend auf das Demonstrationsbeispiel „Einzelträger" soll in diesem Abschnitt ein Programm entwickelt werden, das Funktionen einer Veränderlichen *symbolisch* ableitet. Die zugehörige LISP-Funktion mit dem Namen *leite-ab* und dem Argument *ausdruck*, der einen arithmetischen Ausdruck definiert, hat dabei folgende Struktur:

```
(defun leite-ab (ausdruck)
   ...
)
```

Um unser Ableitungsprogramm nicht unnötig kompliziert zu gestalten, beschränken wir die Menge der hier abzuleitenden arithmetischen Ausdrücke. Als arithmetische Operationen lassen wir nur die Addition, Subtraktion und Multiplikation zu. Darüber hinaus vereinbaren wir, daß die entsprechenden Operatoren nur zwei Operanden besitzen dürfen. Dies ist jedoch keine Einschränkung der Allgemeinheit, denn durch entsprechende Klammerung kann im Grunde jeder arithmetische Ausdruck in eine solche Form gebracht werden. So kann z.B. der Ausdruck

```
(* 2 x x)
```

äquivalent umgeformt werden in:

```
(* (* 2 x) x).
```

Arithmetische Ausdrücke lassen sich *rekursiv* definieren. Bei einer rekursiven Definition wird zur Definition eines Begriffes der Begriff selbst verwendet. Damit die rekursive Definition eines Begriffes Sinn macht und nicht zu einem Zirkelschluß führt, muß folgendes beachtet werden:

1. Die „einfachen" nicht-rekursiven Fälle müssen explizit definiert werden (z.B. durch Aufzählung).

2. Aus „einfachen" Fällen werden dann zusammengesetzte Fälle gebildet.

4.4.1 Ableitungsregeln

Für die hier zugelassenen arithmetischen Ausdrücke müssen nun die Differentiationsregeln definiert werden. Wir betrachten zunächst die Elementarfälle:

Ableitung einer Konstanten nach x:

$$\frac{dk}{dx} = 0, \quad k \text{ konstant.}$$

Ableitung einer Variablen nach sich selbst:

$$\frac{dx}{dx} = 1.$$

Weiterhin ist bekannt, daß die Ableitung einer Summe (bzw. Differenz) zweier Funktionen die Summe (bzw. Differenz) der Ableitungen ist. Also:

$$\frac{d(f+g)}{dx} = \frac{df}{dx} + \frac{dg}{dx},$$

$$\frac{d(f-g)}{dx} = \frac{df}{dx} - \frac{dg}{dx}.$$

Für die Ableitung eines Produktes gilt nach der Produktregel:

$$\frac{d(f \cdot g)}{dx} = \frac{df}{dx} \cdot g + f \cdot \frac{dg}{dx}.$$

Je nach Art des abzuleitenden arithmetischen Ausdrucks muß somit eine der obigen Ableitungsregeln angewendet werden, indem wir die fünf Fälle *konstante?*, *variable?*, *summe?*, *differenz?* und *produkt?* in eine *cond*-Funktion kleiden und diese in die Funktion *leite-ab* einbringen. (Der besseren Lesbarkeit wegen schreiben wir diese Funktionen mit einen Fragezeichen.) Die einzelnen Fälle werden dabei selbst als Funktionen aufgefaßt. Wir erhalten somit folgendes Konstrukt:

```
(defun leite-ab (ausdruck)
    (cond ( (konstante? ausdruck)   ( ... ) )
          ( (variable? ausdruck)    ( ... ) )
          ( (summe? ausdruck)       ( ... ) )
          ( (differenz? ausdruck)   ( ... ) )
          ( (produkt? ausdruck)     ( ... ) )
    )
)
```

4.4.2 Prüffunktionen

Die Funktionen für die Fälle *konstante?*, *variable?*, *summe?*, *differenz?* und *produkt?*
werden nacheinander behandelt und in LISP umgesetzt, wobei wir in diesem Abschnitt mit den beiden Funktionen *konstante?* und *variable?* beginnen. Die Funktionen *summe?*, *differenz?* und *produkt?* werden im nachfolgenden Abschnitt formuliert.

Um die Funktionen *konstante?* und *variable?* aufstellen zu können, sind einige
elementare LISP-Prüffunktionen erforderlich, die vorab kurz erläutert werden
sollen.

Ein Ausdruck soll dann eine Konstante sein, wenn er eine Zahl ist, d.h. wenn er
die „Zahleigenschaft" (in LISP als *number property, numberp* bezeichnet) besitzt:

```
(defun konstante? (ausdruck)
    (numberp ausdruck)
)
```

Die *numberp*-Anweisung ist ein von vielen in LISP eingebauten Standardfunktionen. Sie ist genau dann wahr, wenn das Argument ein numerisches Atom ist. Weitere Prüfanweisungen sind für andere Eigenschaften in der Tabelle 4.1 aufgeführt.

Tabelle 4.1. Prüfanweisungen in LISP

atom	Ist das Argument ein Atom?
symbolp	Ist das Argument ein Symbol (nicht-numerisches Atom)?
listp	Ist das Argument eine Liste?
null	Ist das Argument eine leere Liste?

Ein Ausdruck ist eine Variable, wenn er das „*x*"-Symbol ist, denn nur dieses Symbol
haben wir für unser Problem als Variable zugelassen. Um dieses zu prüfen, definieren wir die Funktion *variable?*:

```
(defun variable? (ausdruck)
    (equal ausdruck 'x)
)
```

Dabei wird eine weitere LISP-Standardfunktion, die Funktion *equal*, eingesetzt. Die *equal*-Anweisung ist genau dann wahr, wenn die beiden Argumente der Funktion gleich sind. In der Funktion *variable?* wird überprüft, ob der Ausdruck *ausdruck* identisch ist mit dem Symbol x. Da wir hier an den Namen des Symbols x und nicht an dessen (numerischen) Wert interessiert sind, wird vereinbarungsgemäß vor das x ein Apostroph geschrieben. Hätten wir dies unterlassen, würde der LISP-Interpreter das Symbol x auszuwerten versuchen, und wir würden den Ausdruck *ausdruck* mit dem Wert von x und nicht mit dessen Namen vergleichen. Das Apostrophzeichen ist die Kurzschreibweise für die LISP-Standardfunktion *quote*, mit der Argumentnamen angesprochen werden; *(quote x)* bedeutet x und nicht den Wert von x:

```
(quote x)      Resultat: x
```

Es gibt noch weitere Funktionen für die Überprüfung auf Gleichheit. Für uns ist noch die Funkton „=" wichtig, die zwei Zahlen auf numerische Gleichheit überprüft. So ist etwa die reelle Zahl „2.0" zwar als Atom anders als die ganze Zahl „2", ihre numerischen Werte sind jedoch gleich. Das heißt:

```
(equal 2 2.0)      Resultat: nil
```

da die Atome „2.0" und „2" unterschiedlich sind. Dagegen gilt:

```
(= 2 2.0)          Resultat: t (=true)
```

da die numerischen Werte „2.0" und „2" gleich sind

4.4.3 Funktionen zur Listenmanipulation

Damit die noch fehlenden Funktionen *summe?*, *differenz?* und *produkt?* in LISP-Form gebracht werden können, sind LISP-Standardfunktionen zur Listenmanipulation erforderlich. Da in LISP „Listen" Grundlage der Programmierung sind, wird eine Vielzahl von Funktionen (Listenanweisungen) zur Manipulation von Listen angeboten. Nur die wichtigsten Funktionen sollen hier kurz besprochen werden.

Mit der *car*-Funktion kann das erste Element einer beliebigen Liste bestimmt werden. So ist z.B. das erste Element der Liste *(1 2 3)* die Zahl 1:

```
(car '(1 2 3))     Resultat: 1
```

Ist der Operand dagegen keine Liste, so wird ein Fehlercode zurückgegeben:

```
(car 111)      Resultat: nil
```

Die *car*-Funktion kann somit für das hier betrachtete Beispiel dazu verwendet werden zu überprüfen, ob eine Liste eine Summe darstellt oder nicht. Das erste Element der Liste muß ein „+"-Symbol sein. Also:

```
(defun summe? (ausdruck)
   (equal (car ausdruck) '+)
)
```

Das Pendant zur *car*-Funktion ist die *cdr*-Funktion[1], die den Rest einer Liste (d.h. alle Elemente außer dem ersten) zurückliefert. Der Rest der List *(1 2 3)* ist beispielsweise die Liste *(2 3)*, die durch

```
(cdr (1 2 3))     Resultat: (2 3)
```

erzeugt wird.

Warum die Bezeichnungen *car* bzw. *cdr* gewählt wurden, hat historische Gründe: LISP wurde schon Ende der fünfziger Jahre auf einem (heute längst nicht mehr existierenden) IBM 704 Rechner entwickelt, dessen Hardware den Aufbau von LISP mitprägte. So wurde die *car*-Funktion dadurch realisiert, daß der Inhalt des Adreßteils eines Registers (<u>c</u>ontents of the <u>a</u>ddress portion of a <u>r</u>egister) ausgelesen wurde, bei der *cdr*-Funktion dagegen der Inhalt des Dekrementierungsteils (<u>c</u>ontents of the <u>d</u>ecrement portion of a <u>r</u>egister). Beide Funktionen gehören zwar zum Standard aller LISP Implementierungen, sie werden aber häufig durch einprägsamere Bezeichnungen abgelöst. So gibt es etwa im Commmon-LISP die Funktionen *first* und *rest* als Ersatz für *car* bzw. *cdr*.

Häufig wird auch das zweite, dritte oder vierte Element einer Liste benötigt. Das zweite Element einer Liste kann etwa dadurch bestimmt werden, daß man vom Rest der Liste das erste Element bestimmt. So ist beispielsweise das zweite Element der Liste *(1 2 3)* die Zahl 2. In LISP-Notation:

```
(car (cdr '(1 2 3)))     Resultat: 2
```

Zunächst wird die Anweisung *(cdr '(1 2 3))* ausgeführt, die die Liste *(2 3)* ergibt. Das erste Element dieser Liste ist dann das zweite Element der Ausgangsliste, nämlich die Zahl 2. Um das dritte Element einer Liste zu bestimmen, muß zunächst zweimal der Rest und davon das erste Element bestimmt werden. So ist das dritte Element der Liste *(1 2 3)* die Zahl 3; in LISP:

```
(car (cdr (cdr '(1 2 3))))     Resultat: 3
```

Da derartige Konstruktionen schnell unübersichtlich werden, bieten einige LISP-Implementierungen wieder entsprechende Ersatzfunktionen an, um das erste, zweite, dritte, usw. Element einer Liste zu bestimmen. Entsprechende Namen sind: *first, second, third* usw.

Das Erkennen eines Ausdrucks als Differenz bzw. Produkt kann völlig analog zur Summe durchgeführt werden - es muß lediglich überprüft werden, ob das erste Element der Liste ein „–"-Symbol bzw. ein „*"-Symbol ist. Also:

---

[1]   sprich: *kuder*

```
(defun differenz? (ausdruck)
   (equal (car ausdruck) '-)
)


(defun produkt? (ausdruck)
   (equal (car ausdruck) '*)
)
```

Mit dem Exkurs über Listenmanipulationen kann nunmehr unsere Funktion *leite-ab* weiter vervollständigt werden. Was noch fehlt ist die Formulierung der auf die Bedingung folgenden Anweisungen, die sich dabei nach den bereits diskutierten Differentiationsregeln richten.

Folgende Fälle müssen beachtet werden:

1.   Die Ableitung einer Konstante ist 0, d.h.:

```
( (konstante? ausdruck)    0 )
```

2.   Die Ableitung der Variable x ist 1, d.h.:

```
( (variable? ausdruck)    1 )
```

3.   Die Ableitung einer Summe ist die Summe der abgeleiteten Summanden.

     Zur LISP-Realisierung benötigen wir zwei Funktionen, *operand-1* und *operand-2*, die den ersten bzw. den zweiten Operand der abzuleitenden Summe definieren. Die Summe wird dabei als Liste betrachtet. Deshalb ist der erste Operand des Summenausdrucks das zweite Element der Liste, der zweite Operand das dritte Element der Liste. (Das erste Element der Liste ist ja der Operator des Ausdrucks.) Den ersten Operand, *operand-1*, erhalten wir also mit:

```
(defun operand-1 (ausdruck)
   (car (cdr ausdruck))
)
```

     den zweiten Operand, *operand-2*, mit:

```
(defun operand-2 (ausdruck)
   (car (cdr (cdr ausdruck)))
)
```

     Beide Operanden sind anschließend nach der Variablen x abzuleiten und zu summieren. Für die Summation schreiben wird eine neue Funktion mit dem Namen *bilde-summe*, wobei wir die von LISP zur Verfügung gestellte *list*-Funktion verwenden:

```
(defun bilde-summe (term1 term2)
    (list '+ term1 term2)
)
```

Die *list*-Funktion fügt alle ihre Argumente zu einer neuen Liste zusammen. So kann beispielsweise aus den Atomen +, 3 und 4 mit

```
(list '+ 3 4)
```

die Gesamtliste *(+ 3 4)* erstellt werden. Auch hier muß vor dem „+"-Symbol das Apostroph stehen, da wir an dem Namen des Symbols und nicht an seinem Wert (Additionsroutine) interessiert sind. Während also die *car*- bzw. *cdr*-Funktionen Listen zerlegen (analysieren), werden durch die *list*-Funktion Listen zuammengefügt (synthetisiert). Für die Ableitung der Summe zweier Funktionen erhalten wir nunmehr folgende, endgültige Formulierung:

```
  ...
( (summe? ausdruck)
   (bilde-summe (leite-ab (operand-1 ausdruck))
                (leite-ab (operand-2 ausdruck))
   )
)
```

4.   Die Ableitung einer Differenz erfolgt analog zur Ableitung einer Summe. An die Stelle der Funktion *bilde-summe* tritt lediglich die Funktion *bilde-differenz*:

```
(defun bilde-differenz (term1 term2)
    (list '- term1 term2)
)
```

Die Ableitung einer Differenz läßt sich damit schreiben zu:

```
  ...
( (differenz? ausdruck)
   (bilde-differenz (leite-ab (operand-1 ausdruck))
                    (leite-ab (operand-2 ausdruck))
   )
)
  ...
```

5.   Zur Ableitung eines Produkts muß die Funktion *bilde-produkt* erstellt werden:

```
(defun bilde-produkt (term1 term2)
    (list '* term1 term2)
)
```

Die Definition der Ableitung eines Produkts ist zwar etwa komplizierter
als die Ableitung einer Summe oder Differenz, sie kann aber unmittelbar
nach der bekannten Produktregel der Differentialrechnung in LISP umgesetzt werden:

```
...
( (produkt? ausdruck)
  (bilde-summe (bilde-produkt (operand-1 ausdruck)
                              (leite-ab (operand-2 ausdruck))
               )
               (bilde-produkt (leite-ab (operand-1 ausdruck))
                              (operand-2 ausdruck)
               )
  )
)
```

Damit haben wir das Programm zur symbolischen Ableitung vervollständigt und somit alle hier betrachteten Differentiationsregeln in LISP-Konstrukte umgewandelt.
Das Gesamtprogramm hat folgende Form:

```
(defun leite-ab (ausdruck)
   (cond
       ( (konstante? ausdruck) 0)
       ( (variable? ausdruck)  1)
       ( (summe? ausdruck)
         (bilde-summe (leite-ab (operand-1 ausdruck))
                      (leite-ab (operand-2 ausdruck))
         )
       )
       ( (differenz? ausdruck)
         (bilde-differenz (leite-ab (operand-1 ausdruck))
                          (leite-ab (operand-2 ausdruck))
         )
       )
       ( (produkt? ausdruck)
         (bilde-summe (bilde-produkt (operand-1 ausdruck)
                                     (leite-ab (operand-2 ausdruck))
                      )
                      (bilde-produkt (leite-ab (operand-1 ausdruck))
                                     (operand-2 ausdruck)
                      )
         )
       )
   )
)
```

4.4.4 Vereinfachung arithmetischer Ausdrücke

Betrachten wir ein Beispiel zur symbolischen Ableitung! Die Ableitung des Ausdrucks $x+6$ ergibt nach den Ableitungsregeln die Zahl 1. Mit unserem Ableitungsprogramm können wir die Ableitung wie folgt bestimmen:

```
(leite-ab '(+ x 6) )      Resultat: (+ 1 0)
```

(Auch hier muß vor dem arithmetischen Ausdruck wieder das Apostroph stehen, da wir an dem Ausdruck als Liste und nicht an seinem numerischen Wert interessiert sind.) Das Ergebnis der Ableitung, das durch „buchstabengetreue" Anwendung der LISP-Funktion *leite-ab* ermittelt wird, ist zwar im Prinzip richtig, die Ergebnisliste *(+ 1 0)* läßt sich aber vereinfachen, denn $1+0$ liefert 1. Ein zusätzliches Programm zur Vereinfachung arithmetischer Ausdrücke wäre folglich wünschenswert, insbesondere auch deswegen, weil die „sture" Anwendung der Differentiationsregeln schnell zu sehr umfangreichen Ausdrücken führt. Hierzu ein weiteres Beispiel:

```
(leite-ab '(* 7 x) )      Resultat: (+ (* 7 1) (* 0 X))
```

Auch hier ist das Ergebnis zwar wieder formal richtig, aber noch nicht ausreichend aufbereitet. Ähnliches gilt für:

```
(leite-ab '(* x x))       Resultat: (+ (* X 1) (* 1 X))
```

In beiden Fällen sollten weitere Vereinfachungen vorgenommen werden; *(* x 1)* bzw. *(* 1 x)* sollte zu *x* vereinfacht und der Ausdruck *(+ x x)* zu *(* 2 x)* umgeformt werden.

Ein entsprechendes Vereinfachungsprogramm sollte Additionen mit 0 bzw. Multiplikationen mit 1 erkennen. Auch konstante Ausdrücke sollten vereinfacht werden, z.B. die Liste *(+ 7 3)* zur Zahl 10.

Es kann aber nicht immer eindeutig geklärt werden, was die „einfachste" Form eines Ausdrucks ist. Je nach Situation können unterschiedliche, aber zueinander äquivalente Formen von Vorteil sein. Beispielsweise müssen wegen

$$a^2 - b^2 = (a-b)(a+b)$$

die beiden Ausdrücke

```
(- (* a a) (* b b))
```

und

```
(* (- a b) (+ a b))
```

als „äquivalent" erkannt werden, um je nach Fall entsprechende Vereinfachungen durchführen zu können.

4.4.5 Auswertung arithmetischer Ausdrücke

Um symbolische Ableitungen für bestimmte Variablenwerte numerisch auswerten zu können, gehen wir wie folgt vor: Da wir vorausgesetzt haben, daß nur die Variable x veränderlich ist, belegen wir die Variable x mit einem Wert und werten (evaluieren) anschließend den zugehörigen arithmetischen Ausdruck für diesen Wert aus.

Wollen wir beispielsweise den Wert des Ausdrucks *(* 3 x)* an der Stelle x = 4 berechnen, läßt sich dies durch folgende LISP-Funktion erreichen:

```
(setq x 4)          Resultat: 4
(eval '(* 3 x))     Resultat: 12
```

Die *eval*-Funktion wertet also das Argument *(* 3 x)* als LISP-Ausdruck aus. Da das Argument einen Multiplikationsausdruck darstellt und die Variable x den Wert 4 hat, ergibt die Auswertung die Zahl 12. Verallgemeinert: Wird eine Variable x in einem arithmetischen Ausdruck als Veränderliche definiert, kann dieser Ausdruck über eine entsprechende Auswertefunktion (z.B. *werte-aus* genannt) für jeden beliebigen Wert der Variablen x numerisch ausgewertet werden:

```
(defun werte-aus (ausdruck x-wert)
    (setq x x-wert)
    (eval ausdruck)
)
```

Für das obige Beispiel würde also die Funktion:

```
(werte-aus '(* 3 x) 4)
```

wieder den Zahlenwert 12 ergeben.

Noch einige Bemerkungen zur Programmiertechnik: Wir haben unser Programm *leite-ab* durch eine stufenweise Verfeinerung gewonnen. Ausgehend vom einem Grobziel haben wir Teilziele definiert und diese in LISP-Code umgesetzt. Diese Art der Programmentwicklung nennt man auch *top-down*-Entwurf. Desweiteren wurde das Prinzip der Datenabstraktion eingesetzt. Hierunter versteht man, daß zwischen dem Objekt als abstraktem Begriff (z.B. Summe über Summanden) und den mit ihm verbundenen konkreten Daten (z.B. LISP-Liste, dargestellt durch „+" und Summanden als Zahlen) unterschieden wird.

Durch die Trennung zwischen abstrakter und konkreter Darstellung gewinnt man an Flexibilität. So können wir beispielsweise nachträglich den Aufbau gültiger arithmetischer Ausdrücke anders definieren, ohne daß unser Programm *leite-ab* geändert werden muß, da dieses nur mit abstrakten Konzepten arbeitet.

Top-down-Entwurf und Datenabstraktion sind zwei wichtige Prinzipien der Programmierung, die beide für gut strukturierte, fehlerarme und wartungsfreundliche Programme sorgen.

4.5 Newton-Iteration

Wie schon bei der Diskussion der Momentenfunktion des Einfeldträgers angeklungen ist, wird zur Berechnung von Nullstellen von Funktionen häufig das Iterationsverfahren nach Newton eingesetzt. Durch das Iterationsverfahren, das quadratisch konvergiert, wird eine Folge von Zahlen x_0, x_1, x_2, x_3, ... generiert, mit der die gesuchte Nullstelle approximiert wird. Die auf den Ausgangswert x_0 folgenden Werte x_1, x_2, ..., werden durch eine Iterationsvorschrift berechnet, wobei die Iteration dann abgebrochen wird, wenn beispielsweise die Differenz zweier aufeinanderfolgender Stützwerte - absolut genommen - kleiner ist als ein vorgegebener kleiner Wert, z.B. 0,001.

Nach dem Newton-Verfahren geht in die Iterationsvorschrift zur Berechnung von Folgepunkten x_{n+1} neben dem Vorgänger x_n auch noch die gegebene Funktion f sowie deren Ableitung f' ein:

$$x_{n+1} = x_n - \frac{f(x_n)}{f'(x_n)}.$$

Als Anwendungsbeispiel sei hier die Berechnung der Nullstelle der Funktion

$$f(x) = x^2 - 2$$

betrachtet. Die Ableitung dieser Funktion ergibt:

$$f'(x) = 2x.$$

Eingesetzt in die Newton Formel erhält man:

$$x_{n+1} = x_n - \frac{x_n^2 - 2}{2x_n} = \frac{x_n}{2} + \frac{1}{x_n}.$$

Als Startwert wird die Zahl 2 gewählt, so daß $x_0 = 2$. Damit ergibt sich:

$$x_1 = \frac{2}{2} + \frac{1}{2} = 1,5.$$

Analog:

$$x_2 = 1,416667, \qquad |x_1 - x_2| = 0,083333$$

$$x_3 = 1,414216, \qquad |x_2 - x_3| = 0,002451$$

$$x_4 = 1,414214, \qquad |x_3 - x_4| = 0,000002$$

...

Da die Differenz $|x_3 - x_4| < 0{,}001$ ist, wird die Iteration abgebrochen und x_4 als Näherungswert akzeptiert (exakter Wert $x^2 = 2$ bzw. $x = \sqrt{2} = 1{,}4142135...$).

Soll das Newton-Iteratonsverfahrens als LISP-Programm formuliert werden, benötigt man drei Argumente: Die gegebene Funktion *ausdruck* (dargestellt als arithmetischer Ausdruck), ihre Ableitung *ableitung* (ebenfalls als arithmetischen Ausdruck) sowie den aktuellen Näherungswert *x-alt*, aus dem der Nachfolgewert *x-neu* berechnet wird. Die zugehörige LISP-Funktion hat prinzipiell folgendes Aussehen:

```
(defun newton (ausdruck ableitung x-alt)
    (setq x-neu ... )
)
```

Das noch fehlende Programmstück für den Folgewert *x-neu* wird gemäß der Iterationsvorschrift aus *x-alt*, *ausdruck* und *ableitung* gewonnen, wobei die oben bereits definierte Funktion *werte-aus* herangezogen wird (der Schrägstrich / stellt den Divisionsoperator dar):

```
(setq x-neu (- x-alt
               (/ (werte-aus ausdruck x-alt)
                  (werte-aus ableitung x-alt)
               )
            )
)
```

Die Iteration ist zu beenden, wenn der Absolutbetrag der Differenz zwischen *x-alt* und *x-neu* kleiner 0,001 ist. Der Absolutbetrag einer Zahl wird dabei mit der *abs*-Funktion (*absolute*) erzeugt. Die Abbruchbedingung selbst könnte wieder mit der bereits diskutierten *cond*-Funktion formuliert werden. Da hier aber nur eine zweifache Fallunterscheidung vorgenommen werden muß, verwenden wir die in LISP (und in den meisten anderen Programmiersprachen ebenfalls) eingebettete *if*-Anweisung. Somit:

```
(defun newton (ausdruck ableitung x-alt)
    (setq x-neu (- x-alt
                   (/ (werte-aus ausdruck x-alt)
                      (werte-aus ableitung x-alt)
                   )
                )
    )
    (if (< (abs (- x-alt x-neu)) 0.001)
        x-neu
        (newton ausdruck ableitung x-neu)
    )
)
```

Dem Schlüsselwort *if* folgen in LISP drei Ausdrücke: Eine Bedingung und zwei Anweisungen. Ergibt die Auswertung der Bedingung einen von *nil* unterschiedlichen Wert, wird die erste Anweisung (*x-neu*) ausgewertet. Liefert die Auswertung den Wert *nil*, wird die zweite Anweisung *(newton ausdruck ableitung x-neu)* ausgewertet. Die *if*-Konstruktion in LISP entspricht im Prinzip somit einer *if-then-else*-Anweisung im konventionellen Bereich. Ist die Abbruchbedingung erfüllt, wird der zuletzt berechnete Wert *x-neu* zurückgeliefert, andernfalls erfolgt eine weitere Newton-Iteration mit *x-neu* als Ausgangswert.

Wie schon erwähnt, setzt dieses Verfahren voraus, daß die erste Ableitung der gegebenen Funktion bekannt ist. Diese kann aber jetzt mit unserem Programm *leite-ab* eingebunden werden. Wir programmieren deshalb:

```
(setq ausdr-1 '(- (* x x) 2.0))       Resultat: (- (* x x) 2.0)
```

Wird jetzt die Funktion *newton* mit dem Argument *ausdr-1* aufgerufen, erhält man das oben gefundene Ergebnis:

```
(newton ausdr-1 (leite-ab ausdr-1) 2.0)      Resultat: 1.414214
```

In diesem Zusammenhang sei bemerkt, daß auf Vereinfachungen des abgeleiteten Ausdrucks verzichtet werden kann. Das liegt daran, daß die numerische Auswertung der Ableitung und nicht die äußere Form der Ableitung von Interesse ist.

Die Berechnung der Nullstelle für die Biegemomentenfunktion unseres Demonstrationsbeispiels „Einfeldträger" läßt sich wie folgt in LISP darstellen: Zunächst erzeugen wir mit der *setq*-Funktion den zur Funktion

$$M(x) = 67x - 5x^2 - \frac{x^3}{3}$$

gehörigen arithmetischer Ausdruck:

```
(setq M '(+ (+ (* 67 x)
               (* -5 (* x x))
            )
            (* -0.3333 (* (* x x) x))
         )
)
Resultat: (+ (+ (* 67 X) (* -5 (* X X))) (* -0.3333 (* (* X X) X)))
```

Den zur ersten Ableitung von *M* gehörenden arithmetischen Ausdruck erzeugen wir mit:

```
(setq M-erste-abl (leite-ab M))
Resultat:
(+ (+ (* 67 1) (* 0 X)) (+ (+ (* -5 (+ (* X 1) (* 1 X))) (* 0 (* X X))) (+
(* -0.3333 (+ (* (* X X) 1) (* (+ (* X 1) (* 1 X)) X))) (* 0 (* (* X X)
X)))))
```

Analog ergibt sich für die zweite Ableitung:

```
(setq M-zweite-abl (leite-ab M-erste-abl))
Resultat:
(+ (+ (+ (* 67 0) (* 0 1)) (+ (* 0 1) (* 0 X))) (+ (+ (+ (* -5 (+ (+ (* X
0) (* 1 1)) (+ (* 1 1) (* 0 X)))) (* 0 (+ (* X 1) (* 1 X)))) (+ (* 0 (+ (*
X 1) (* 1 X))) (* 0 (* X X)))) (+ (+ (* -0.3333 (+ (+ (* (* X X) 0) (* (+
(* X 1) (* 1 X)) 1)) (+ (* (+ (* X 1) (* 1 X)) 1) (* (+ (+ (* X 0) (* 1
1)) (+ (* 1 1) (* 0 X))) X)))) (* 0 (+ (* (* X X) 1) (* (+ (* X 1) (* 1
X)) X)))) (+ (* 0 (+ (* (* X X) 1) (* (+ (* X 1) (* 1 X)) X))) (* 0 (* (*
X X) X))))))))
```

Mit unserem Programm *newton* kann nunmehr die Nullstelle von *M* berechnet werden. Wir schreiben:

```
(newton M-erste-abl M-zweite-abl 0)
```

und erhalten das Resultat 4,591773, das mit dem bereits in Abschnitt 6.2 berechneten Wert übereinstimmt.

4.6   Überprüfung eines Extremwertes

Wie schon erwähnt, wird die Art des Extremums (Maximum oder Minimum) mit Hilfe der zweiten Ableitung bestimmt. Für den Fall, daß die zweite Ableitung verschwindet, müssen höhere Ableitung untersucht werden - was hier aber nicht weiter betrachtet wird.

Die zweite Ableitung einer Funktion ist als die Ableitung der ersten Ableitung der Funktion definiert. Diese Definition kann unmittelbar in LISP umgesetzt werden:

```
(defun leite-zweimal-ab (ausdruck)
    (leite-ab (leite-ab ausdruck))
)
```

Die Überprüfung, ob der gefundene Extremwert *x-stern* des Ausdrucks *ausdruck* z.B. Maximum ist, läßt sich mit Hilfe der gerade eingeführten Funktion *leite-zweimal-ab* und des *if*-Konstruktes als eigenständige LISP-Funktion (Name *ist-maximum?*) formulieren:

```
(defun ist-maximum? (ausdruck x-stern)
    (if (< (werte-aus (leite-zweimal-ab ausdruck) x-stern) 0)
        x-stern
        nil
    )
)
```

Liegt kein Maximum vor, wird der Wert *nil* übergeben.

4.7 Maximum einer Liste

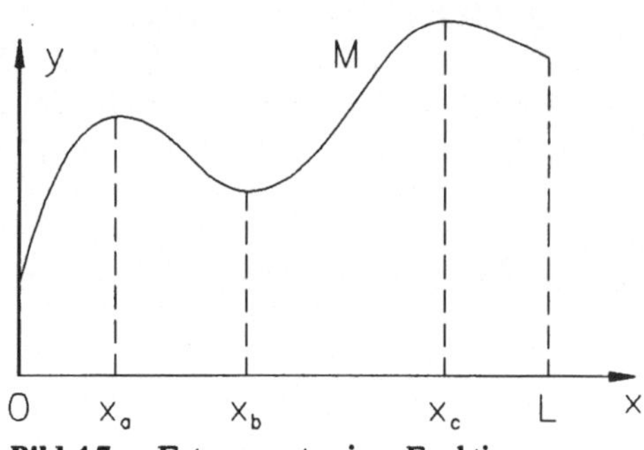

Bild 4.7. Extremwerte einer Funktion

Im allgemeinen kann eine Funktion mehrere Extrema (Maxima) besitzen. Die im Bild 4.7 dargestellte Funktion beispielsweise besitzt im Intervall [0,L] an den Stellen x_a und x_c ein lokales Maximum, bei x_b ein lokales Minimum.

Wird das *globale* Maximum gesucht, so ist zu beachten, daß mit den Regeln der Differentialrechnung nur Extrema mit horizontaler Tangente ermittelt werden können. Um sicherzustellen, daß das globale Maximum (bzw. Minimum) nicht am Rande eingenommen wird, müssen die Randwerte mit den über Ableitungen ermittelten Extrema verglichen werden.

So hat die Funktion M in Bild 4.7 ein globales Maximum an der Stelle x_c, dagegen befindet sich das globale Minimum an der Stelle 0. Das globale Minimum kann nicht mit den Regeln der Differentialrechnung gefunden werden.

Haben wir also wie im vorliegenden Fall die Stellen x_a und x_c als lokale Maxima erkannt, muß das Maximum der Werte bzw. Randwerte $M(0)$, $M(x_a)$, $M(x_c)$ und $M(L)$ bestimmt werden, um so das globale Maximum zu finden. Dies kann in LISP mit der Standardfunktion *max* durchgeführt werden, die das größte Element einer Liste bestimmt:

```
(max (M 0) (M x-a) (M x-c) (M L)).
```

Die Standardfunktion *max* soll hier durch eine benutzerseitig definierte Funktion nachgebildet werden. Diese Funktion habe den Namen *finde-max*, wobei von einer Liste von Zahlen die größte bestimmt werden soll. Der formale Aufbau der Funktion hat folgendes Aussehen:

```
(defun finde-max (zahlenliste)
   ...
)
```

Da wir die Anzahl der Elemente der Zahlenliste *a priori* nicht begrenzen wollen, müssen wir das Maximum der Liste schrittweise bestimmen. Hierzu verwenden wir eine in LISP erlaubte rekursive Definition für das Maximum einer Liste. Im einzelnen gilt:

1a. Das Maximum der leeren Liste ist *nil*, wobei eine leere Liste mit der Standardfunktion *null* erkannt werden kann.

1b. Das Maximum einer Liste, die nur ein Element (Zahl) enthält, ist das Element selbst.

2.   Das Maximum einer Liste mit mehreren Elementen (Zahlen) ist der größere Wert aus dem ersten Element und dem Maximum des Restes der Liste, d.h. das Maximum der Liste *(a b c d ...)* ist der größte Wert aus *a* und dem Maximum der Restliste *(b c d ...)*.

Bei der Umsetzung der rekursiven Definition wird außerdem mit der *cond*-Funktion gearbeitet. Wir erhalten für die Funktion *finde-max*:

```
(defun finde-max (liste)
   (cond ( (null liste)        nil )
         ( (null (cdr liste)) (car liste) )
         ( t                  (max-2 (car liste)
                                     (finde-max (cdr liste))
                              )
         )
   )
)
```

Hierzu folgende Erläuterungen: Die dritte Bedingung mit dem Atom *t* („true") wird gesetzt, um Fälle abzufangen, in denen die vorausgehenden Bedingungen nicht greifen. Über die ebenfalls zu definierende Funktion *max-2* wird schließlich der o.g. Fall 2 (der größere von zwei Werten) herausgefiltert. Die Funktion *max-2* hat folgende Form:

```
(defun max-2 (a b)
   (if (> a b)
       a
       b
   )
)
```

Soll beispielsweise das Maximum der Liste *(1 2 3)*, also 3, gefunden werden, läßt sich schreiben:

```
(finde-max '(1 2 3))     Resultat: 3
```

Im einzelnen werden dabei folgende Teilverarbeitungsschritte durchgeführt: Da die Liste *(1 2 3)* weder leer ist und auch nicht aus einem Element besteht, liegt der dritte Fall des *cond*-Konstruktes vor (Fall *t*). Da *(car (1 2 3))* den Wert 1 ergibt und *(cdr (1 2 3))* die Liste *(2 3)* erzeugt, folgt also:

```
...
(max-2 1
       (finde-max (2 3))
)
...
```

Bevor die Funktion *max-2* ausgeführt werden kann, müssen seine Argumente [also 1 bzw. *(finde-max (2 3))*] ausgewertet werden. Die Zahl 1 stellt sich selbst dar, dagegen erfordert das Argument *(finde-max (2 3))* einen erneuten rekursiven Aufruf von *finde-max* mit der Liste *(2 3)*. Da diese weder leer ist noch aus nur einem Element besteht, wird folgender *max-2*-Aufruf aktiviert:

```
...
(max-2 2
       (finde-max (3))
)
...
```

Für die nunmehr erzeugte Liste *(3)* kann das Maximum bestimmt werden, da sie nur aus einem Element (der Zahl 3) besteht. Somit ergibt sich:

```
...
(max-2 2
       3
)
...
```

Die Auswertung von *(max-2 2 3)* führt zu dem Wert 3, der damit gleichzeitig den Wert des Funktionsaufrufes *(finde-max (2 3))* bestimmt (siehe oben). Somit ist auszuführen:

```
...
(max-2 1
       3
)
...
```

was schließlich zum Endergebnis „3" führt.

Die Schritte zur Berechnung von *(find-max (1 2 3))* sind also:

```
Schritt 1:
   (finde-max (1 2 3))


Schritt 2:
   (max-2 1
          (finde-max (2 3))
   )
```

```
Schritt 3:
  (max-2 1
        (max-2 2
               (finde-max (3))
        )
  )


Schritt 4:
  (max-2 1
        (max-2 2
                  3
        )
  )


Schritt 5:
  (max-2 1
        3
  )


Schritt 6:
  3.
```

Bei rekursiven Aufrufen einer Funktion (hier *finde-max*) werden die Argumente der Funktion (hier *liste*) unterschiedlich belegt. Es muß folglich gewährleistet sein, daß bei jedem Funktionsaufruf ausreichend und eindeutig Speicherplatz für die Argumente reserviert ist. Eine Methode, die der verschachtelten Aufrufstruktur rekursiver Funktionen gerecht wird, und entsprechenden Speicherplatz zuweist, verwendet den sog. Speicherstapel. Der Speicher eines Rechners wird dazu als ein Stapel von Speicherelementen (ähnlich einem Stapel von Tellern) angesehen. Wird nun Speicherplatz benötigt, um die Argumente einer Funktion abzuspeichern, werden Speicherelemente vom oberen Ende des Stapels genommen und mit Variablen belegt. Werden Speicher nicht mehr gebraucht, werden sie wieder oben auf dem Stapel abgelegt. Somit ist gewährleistet, daß die Speicherverwaltung geordnet abläuft.

Anschaulich kann der Speicherstapel beim Ausführen der Anweisung *(finde-max (1 2 3))* wie in Tabelle 4.2 wiedergegeben werden.

Tabelle 4.2.   Speicherstapel zum Beispiel *(find-max (1 2 3))*

Schritt 1	Schritt 2	Schritt 3	Schritt 4	Schritt 5	Schritt 6
(1 2 3)	(2 3) 1	(3) 2 1	3 2 1	3 1	3

4.8 Zusammenfassung

Der Exkurs in die Programmiersprache LISP ist damit abgeschlossen. Auch wenn nur wenige der vielen möglichen LISP-Befehle behandelt wurden, konnte dennoch das für LISP typische funktionale Programmierparadigma herausgearbeitet werden. Anhand der hier behandelten Beispiele sollte auf folgende besonderen Eigenschaften von LISP hingewiesen werden:

- Algorithmen werden in LISP durch Funktionen, die auf den verschiedensten Datentypen operieren, beschrieben; hierbei wird eine Syntax verwendet, die sich an die Formulierung mathematischer Funktionen anlehnt.

- Der Rechenablauf wird durch ein Ineinanderschachteln von Funktionsaufrufen organisiert, d.h. Funktionen rufen andere Funktionen auf, von denen sie allgemeine Daten bzw. Werte erhalten; rekursive Funktionsaufrufe bilden dabei ein wesentliches Gestaltungselement der Programmierung.

- Programme werden schrittweise (inkrementell) konstruiert, indem - ausgehend von vorhandenen Funktionen und Konstrukten - neue Funktionen zum schon bestehenden Programm hinzugefügt werden.

- LISP arbeitet mit Symbolen als Daten generellen Typs, die in Listen (spezielle Form von Datenbäumen) abgebildet werden; da Symbole Grundlage einer allumfassenden Darstellungstechnik sind, läßt sich mit LISP ein breit gefächertes Problemspektrum abdecken; bemerkenswert ist insbesondere, daß in LISP Programme und Daten eine identische Struktur besitzen, so daß sich Programme selbst verändern können.

- Mit LISP verbindet sich eine automatische Speicherverwaltung, so daß Listen - je nach Bedarf - „wachsen" und „schrumpfen" können.

Aufgrund der Eigenschaften von LISP eignet sich diese Sprache besonders gut als Entwicklungsplattform für Expertensysteme. Die Formulierung von Regeln, die Darstellung von Objekten auf der Basis des Listenkonzeptes, die Realisierung von Inferenzkomponenten wird durch die funktionale, rekursve Arbeitsweise von LISP gut unterstützt. Bei der Übersicht über LISP wurde der Aspekt der Expertensystementwicklung ausgeklammert, da es hier darauf ankam, das Grundverständnis für die Programmierung in LISP zu wecken.

Im nächsten Kapitel, in dem die mit LISP konkurierende KI-Sprache PROLOG vorgestellt wird, soll deshalb mehr als in diesem Kapitel auf die Realisierung von Expertensystemen eingegangen werden.

5 Die Programmiersprache PROLOG

PROLOG (PROgrammieren in LOGik) ist eine Sprache, die auf der mathematischen Logik aufgebaut ist. Im Abschnitt *Prädikatenkalkül* wurde bereits angedeutet, daß mit Hilfe des Prädikatenkalküls definierte Aufgaben automatisch bewiesen (d.h. gelöst) werden können. PROLOG ist ein solcher Beweisfinder: Die Anweisungen in PROLOG sind nichts anderes als *Prädikatenformeln*, während die Verarbeitungsstrategie (der Beweisfinder) die *Resolution* und die Variablenbindung die *Unifikation* ist. Bekannte Sachverhalte erscheinen damit unter neuem Namen.

PROLOG läßt sich auch ohne den theoretischen Hintergrund des Prädikatenkalküls gut verstehen. Somit ist PROLOG auch für Neulinge im Programmieren gut geeignet, da man im Gegensatz zu anderen Programmiersprachen nur sehr wenig über den Aufbau und die Arbeitsweise eines Computers wissen muß. In gewisser Hinsicht kann es sogar nachteilig sein, bereits eine konventionelle Programmiersprache wie FORTRAN, PASCAL oder BASIC zu beherrschen, da der Programmierablauf in PROLOG völlig anders geartet ist und somit das „Umdenken" in PROLOG erschwert wird.

Bei herkömmlichen Programmiersprachen muß bekanntlich genau festgelegt werden, *wie* ein Problem zu lösen ist. Dazu muß ein Algorithmus aufgestellt werden, in dem die einzelnen Anweisungen zur Lösung der Aufgabe exakt spezifiziert werden müssen. Da Programmierbefehle (z.B. Zuweisung von Variablen, Aufruf von Unterprogrammen) im Vordergrund stehen, nennt man diese Sprachen *imperativ* (befehlsorientiert).

In PROLOG liegt die Betonung eher auf der Problembeschreibung: Durch Aussagen (bzw. „Klauseln") über den Problembereich wird das Problem so allgemein wie möglich spezifiziert (beschrieben), so daß ein PROLOG Interpreter diese Spezifikation auswerten und für eine konkrete Aufgabe eine Lösung aufzeigen kann. Aussagen haben dabei folgende Erscheinungsformen:

- Fakten (allgemein anerkanne Tatsachen)

- Regeln (Wenn-Dann-Konstrukte)

- Abfragen

PROLOG-Programme bestehen folglich nicht aus Anweisungen, wie man sie aus der konventionellen Programmierung her kennt. Das bedeutet auch, daß (im Prinzip) die Reihenfolge der Aussagen beliebig ist. Die beschreibende *(deklarative)* Art von PROLOG erfordert demnach eine andere Betrachtungsweise als es bei herkömmlichen Programmiersprachen üblich ist, da die Eigenschaften von Objekten und deren Abhängigkeiten untereinander formuliert werden müssen und keine Anweisungsfolgen erlaubt sind.

In Abschnitt 3.5 wurde bereits ein „Nachweis-Expertensystem" vorgestellt, bei dem das Wissen einer DIN-Norm regelbasiert über eine Wissensbank aufbereitet wurde und für ein gegebenes Problem ausgewertet werden konnte. In diesem Kapitel soll noch einmal das Beispiel Nachweis-Expertensystem aufgegriffen werden, um zu zeigen, wie wissensbasierte Programme mit PROLOG - also ohne Einsatz einer Expertensystemschale - erstellt werden können.

5.1. Fakten

Grundlage der Formulierung eines PROLOG-Programms sind einerseits Fakten, die das Basiswissen in einem PROLOG Programm darstellen, andererseits Regeln, die Beziehungen zwischen Fakten und anderen Regeln festhalten. Wir werden uns zunächst mit den Fakten beschäftigen, die auch als konstante Prädikate (Aussagen) aufgefaßt werden können.

So kann beispielsweise eine vorgegebene Menge verschiedener Querschnittsformen mit PROLOG Fakten beschreiben: Ein Rechteck etwa ist bekanntlich ein Objekt, das eine Relation zwischen zwei Zahlen (Länge und Breite des Rechtecks) definiert. Dies kann in PROLOG durch das Prädikat

```
rechteck( 10, 4).
```

beschrieben werden, wobei 10 bzw. 4 die Länge bzw. Breite des Rechtecks repräsentieren. Das Prädikat hat dabei zwei Argumente (die Zahlen 10 und 4).

Wir können weitere Rechtecke definieren, indem wir zusätzliche Fakten formulieren, z.B.:

```
rechteck( 12, 6).
rechteck( 6, 12).
rechteck( 5, 5).
rechteck( 112.45, 55.78).
```

Die ersten beiden Prädikate beschreiben dabei zwei ähnliche Rechtecke, mit den Seitenlängen 12 und 6. Jedoch sind die zugehörigen Fakten verschieden, denn die Argumente des Prädikates *rechteck* haben eine unterschiedliche Reihenfolge. Das dritte Faktum stellt den Sonderfall eines Rechtecks, nämlich ein Quadrat mit den

Seitenlängen 5, dar. Als letztes Faktum wird ein Rechteck definiert, dessen Seitenlängen (112,45 und 55,78) reelle Zahlen sind.

5.2. Anfragen

Ist Wissen in Form von PROLOG-Fakten in der Wissensbank - etwa in der oben beschriebenen Form - abgelegt, kann durch Anfragen über den Interpreter auf das eingegebene Wissen zugegriffen werden. Durch die Eingabe von

```
?- rechteck( 10, 4).
```

kann man beispielsweise nachprüfen, ob ein Rechteck mit den Seitenlänge 10 und 4 existiert. Dabei ist das „?-" Zeichen das Prompt-Symbol, also das Aufforderungszeichen zur Eingabe einer PROLOG-Anweisung. (Um die Eingabe von der Ausgabe deutlich zu unterscheiden, werden Ausgaben hier *kursiv* wiedergegeben.)

Im vorliegenden Fall würde das System mit *yes* antworten: Die Ausgabe *yes* zeigt an, daß ein erfragtes Faktum vorhanden ist. Würden wir dagegen etwa nach einem Rechteck mit umgekehrten Seitenverhältnis fragen, also:

```
?- rechteck( 4, 10).
```

würde die Antwort *no* lauten, da dieses Rechteck nicht in der Wissensbank eingetragen ist. Hier zeigt sich eine Einschränkung von PROLOG: Was mit *no* beantwortet wird, muß nicht unbedingt „falsch" sein; es wird nur zum Ausdruck gebracht, daß das entsprechende Faktum nicht in der Wissensbasis vorhanden ist, d.h. daß der PROLOG-Interpreter das Faktum nicht „beweisen" kann. Mit anderen Worten: Es ist nicht möglich die Wahrheit einer Aussage nachzuweisen, vielmehr ist es nur möglich die Beziehungen zwischen Aussagen zu überprüfen.

Bislang wurden nur Abfragen mit Konstanten formuliert. Die Antwort des Interpreters ist dabei entweder *yes* oder *no*, je nachdem, ob das eingegebenes Faktum in der Wissensbank enthalten ist oder nicht. Mit Hilfe von Variablen können wir auf mehrere Objekte unserer Wissensbank zugreifen. Variable beginnen in PROLOG mit einem Großbuchstaben, wie beispielsweise *Laenge* oder *Breite*, die Platzhalter für Objekte des Prädikats *rechteck* darstellen.

Wenn wir Anfragen mit Variablen an den PROLOG Interpreter richten, versucht dieser, die Variablen so zu belegen, daß eine Übereinstimmung mit den in der Wissensbank vorhandenen Prädikaten eintritt. Somit führt die Anfrage

```
?- rechteck( Laenge, Breite).
```

zu folgendem Ergebnis:

```
Laenge = 10
Breite = 4
```

„Gemeldet" werden also die Abmessungen des zuerst eingegeben *rechteck*-Prädikats. Wenn wir anschließend ein Semikolon (d.h. das Symbol „;") eingeben, veranlassen wir den Interpreter, nach weiteren Belegungsmöglichkeiten der Variablen zu suchen. In unserem Beispiel ergibt sich folgende Ausgabe:

```
Laenge = 12
Breite = 6;


Laenge = 6
Breite = 12;


Laenge = 5
Breite = 5;


Laenge = 112.45
Breite = 55.78;

no
```

Sind keine weiteren *rechteck*-Prädikate vorhanden, erscheint die Antwort *no*. Zu beachten ist, das *Laenge* und *Breite* zwei verschiedene Variablen darstellen und somit unabhängig voneinander belegt werden können. Kommt dagegen eine Variable in einer Anfrage mehrfach vor, muß sie natürlich immer mit dem gleichen Wert belegt werden. Wir können somit leicht Quadrate identifizieren, indem wir nur eine Variable für die Länge und Breite eines Rechtecks verwenden:

```
?- rechteck( Laenge, Laenge).

Laenge = 5;

no.
```

Es gibt also nur ein Quadrat in unserer Wissenbank, nämlich das Rechteck, dessen Länge und Breite 5 Einheiten beträgt.

Die Beispiele machen deutlich, daß Prädikate in PROLOG auf zwei verschiedene Arten verwendet werden können: Falls ein Argument variabel ist, versucht der PROLOG-Interpreter dieses Argument mit einem gültigen Wert zu belegen, d.h., das Prädikat verhält sich quasi wie eine Variablenzuweisung in konventionellen Programmen. Ist dagegen das Argument eine Konstante, wird geprüft, ob der Ausdruck mit dem gespeicherten Wissen übereinstimmt. In diesem Fall wirkt das Prädikat wie eine Prüfanweisung. Die Tatsache, daß die Art einer Operation vom Charakter der Variablen abhängt (belegt oder unbelegt), unterscheidet PROLOG deutlich von anderen Programmiersprachen.

Das oben vorgestellte Prädikat *rechteck* ist ein zweistelliges Prädikat, da zur Beschreibung eines Rechtecks zwei Argumente (Länge und Breite) verwendet werden. Ein kreisförmiger Querschnitt benötigt, wenn nur allein sein Flächenwert interessiert, einen Wert (z.B. Radius), so daß zur Beschreibung ein einstelliges Prädikat ausreichen würde:

```
kreis( 10).
kreis( 20).
kreis( 30).
```

Komplizierte Querschnittformen müssen durch Prädikate mit mehr als zwei Argumenten beschrieben werden. Für einen IPE-Träger wären etwa die wichtigsten Abmessungen Höhe, Breite, Stegdicke und Flanschdicke charakteristisch, so daß IPE-Träger sinnvollerweise durch vierstellige Prädikate beschrieben werden:

```
ipe( 80, 46, 3.8, 5.2).
ipe( 100, 55, 4.1, 5.7).
...
```

Die größtmögliche Stellenanzahl bei Objekten ist dabei vom eingesetzten Interpreter abhängig.

Der Wertebereich von Prädikatsargumenten ist nicht nur auf Zahlen beschränkt: Ähnlich wie in LISP können beliebige Atome benutzt werden. So lassen sich etwa die Abmessungen der Rechteck- und Kreisquerschnitte zu einem Prädikat *(querschnitt)* zusammenfassen, wenn die Symbole *rechteck* bzw. *kreis* die Art der Querschnittsform bezeichnen, wobei das Prädikat *querschnitt* sowohl zwei- als auch dreistellig definiert wird:

```
querschnitt( rechteck, 10, 4).
querschnitt( rechteck, 12, 6).
querschnitt( rechteck, 6, 12).
querschnitt( rechteck, 5, 5).
querschnitt( rechteck, 112.45, 55.78).
querschnitt( kreis, 10).
querschnitt( kreis, 20).
querschnitt( kreis, 30).
```

Atome in PROLOG sind Zeichenfolgen, die „elementare Bausteine" darstellen und nach einer der folgenden Vorschriften aufgebaut werden können:

- Die Zeichenfolge beginnt mit einem Kleinbuchstaben, gefolgt von Buchstaben, Ziffern oder Unterstriche (_).

- Die Zeichenfolge besteht nur aus Sonderzeichen, wie beispielsweise der Plusoperator (+) oder das Gleichheitszeichen (==).

- Es steht ein beliebiger Text zwischen zwei einfachen Anführungszeichen (Beispiel: *'Dies ist ein Atom')*.

Neben den Atomen gibt es noch die (ganzen und reellen) Zahlen, die in der üblichen Notation verwendet werden. Zahlen und Atome werden in PROLOG zu Konstanten zusammengefaßt.

Während Konstante, wie der Name schon andeutet, ihren Wert im Lauf eines Programms beibehalten, können Variable mit beliebigen Werten belegt werden. Dabei wird, wie in LISP auch, nicht zwischen „numerischen" und „symbolischen" Variablen unterschieden; Variable sind also typfrei.

Variablennamen beginnen - wie erwähnt - mit einem Großbuchstaben, alternativ mit einem Unterstrich (z.B. *Laenge* oder *_breite*). Variable bekommen nicht unmittelbar Werte zugeordnet, wie dies etwa in LISP mit der *setq*-Funktion geschieht, vielmehr werden Variable mit Werten „unifiziert", d.h. sie werden vom Interpreter nach einem Schema (Unifikationsalgorithmus) mit Werten belegt, so daß alle Bedingungen zur Erfüllung eines Prädikats gegeben sind.

Neben den elementaren Atomen gibt es noch zusammengesetzte Datenobjekte, die in PROLOG Strukturen heißen. So ist das schon bekannte Prädikt *rechteck* gleichzeitig auch ein Beispiel für eine Struktur. Allgemein bestehen Strukturen aus:

- dem Namen der Struktur, auch Funktor genannt, und

- eine Aufzählung der Komponenten der Struktur.

Die Komponenten werden durch Kommata voneinander getrennt und ummittelbar hinter dem Funktor in runde Klammern eingeschlossen. Die Anzahl der Komponenten nennt man die Stelligkeit der Struktur. So ist etwa der Funktor *rechteck* zweistellig, der Funktor *kreis* einstellig und der Funktor *querschnitt* sowohl zwei- als auch dreistellig. Funktoren müssen Atome sein, d.h. variable Prädikate sind in PROLOG nicht erlaubt (Prädikatenprädikate würden eine Prädikatenlogik II. Stufe definieren). Komponenten können dagegen aus Atomen, Zahlen oder weiteren Strukturen bestehen.

Betrachten wir hierzu die Prädikate

```
kreis( 10).
kreis( 20).
kreis( 30).
```

zur Definition dreier Kreisquerschnitte. Bei der Definition ist nicht genau klar, ob Radius oder Durchmesser gemeint ist. Um den Sachverhalt zu präzisieren, ändern wir die Prädikate wie folgt ab:

```
kreis( radius(10) ).
kreis( radius(20) ).
kreis( radius(30) ).
```

Wir haben somit die Zahlen (10, 20, 30) durch einstellige Prädikate (*radius(10)*, *radius(20)*, *radius(30)*) ersetzt, die selbstverständlich aussagekräftiger sind.

Statt des Prädikats *radius* hätten wir auch das Prädikat *durchmesser* verwenden können, wobei Durchmesser dem doppelten Radius entspricht:

```
kreis( durchmesser(20) ).
kreis( durchmesser(40) ).
kreis( durchmesser(60) ).
```

Eine Anfrage an das Prädikt *kreis*

```
?- kreis( X).
```

ergibt:

```
X = radius(10)
```

Wie man erkennt, belegt die Variable X das Prädikat *radius(10)*, da dieses das Argument des zuerst auftretenden *kreis*-Prädikats ist. Sind wir dagegen am Zahlenwert des Durchmessers eines Kreisquerschnitts interessiert, modifizieren wir unsere Anfrage:

```
?- kreis( durchmesser(X) ).
```

Das Resultat lautet jetzt:

```
X = 20
```

Jetzt wird also die Variable X mit der Zahl 20 belegt, denn dies ist die Größe, die unsere Anfrage dem ersten Prädikat *kreis(durchmesser(20))* in Übereinstimmung bringt.

Bislang bestand unsere „Wissensbank" nur aus einfachen Fakten, d.h. Prädikate mit konstanten Argumenten. Die Stärke von PROLOG wird jedoch erst sichtbar, wenn Regeln ins Spiel kommen, mit denen kompliziertere Wissensverknüpfungen vorgenommen werden können. Die Definition von Regeln, also Vorschriften der Wissensverknüpfung, bildet die eigentliche Basis von PROLOG-Programmen.

5.3. PROLOG Regeln

Wie schon erwähnt, beruht PROLOG auf den Grundlagen der Prädikatenlogik. So können in PROLOG Regeln aufgestellt werden, die den logischen Zusammenhang zwischen Objekten festhalten. Aus den Regeln können Schlußfolgerungen gezogen werden, um so über Anfragen zu Antworten zu kommen.

Der Zusammenhang zwischen Quadrat und Rechteck beispielsweise kann durch eine Regel formuliert werden:

```
WENN Länge und Breite eines Rechtecks gleich sind,
DANN ist das Rechteck ein Quadrat.
```

Im Gegensatz zur Umgangssprache und zu der bei INSIGHT 2 kennengelernten Schreibart (vgl. Abschnitt 3.2-3.4) wird in PROLOG zuerst die Konklusion angegeben. Auf die Konklusion folgen die Prämissen.

Damit können wir die obige Regel wie folgt äquivalent umordnen:

```
              Ein Rechteck ist ein Quadrat
WENN GILT     Länge und Breite des Rechtecks gleich sind.
```

Diese Formulierung kann nunmehr unmittelbar in PROLOG- Notation umgesetzt werden:

```
quadrat( L) :-
    rechteck( L, L).
```

In Worten: Ein Quadrat mit Kantenlänge L liegt dann vor, wenn es ein Rechteck mit Länge und Breite L gibt. Das „wenn-gilt-Symbol" :- trennt also die Konklusion vom Prämissenteil. Entscheidend ist, daß die Variable L im gesamten Ausdruck immer mit dem gleichen Wert belegt wird.

Mit Aufnahme dieser Regel in unserer Wissensbank führt die Anfrage:

```
?- quadrat( X).
```

zu der Antwort:

```
X = 5
```

Wir erhalten den Wert 5, weil das Prädikat *rechteck(5,5)* die Regel für Quadrate erfüllt.

In der PROLOG-Schreibweise bestehen Regeln aus einem Kopf und einem Rumpf, wobei Kopf und Rumpf durch das „:-" Zeichen getrennt werden. Der Kopf stellt die jeweilige Konklusion einer Regel dar, der Rumpf bildet den Prämissenteil einer Regel ab. Während der Kopf aus einem einzigen Term bestehen muß, kann der Rumpf mehrere Terme enthalten, die ihrerseits mit Boolschen Operatoren verknüpft werden können: Das logische *und (Konjunktion)* wird dabei durch ein Komma, das logische *oder (Disjunktion)* durch ein Semikolon dargestellt. (Diese spezielle Regelform nennt man auch *Hornklausel*, so daß ein PROLOG-Programm als eine Menge Hornklauseln aufgefaßt werden kann). Das Schlüsselwort *not* entspricht der Negation einer Aussage.

Hierzu als Beispiel eine Regel, deren Prämisse eine Konjunktion enthält: Ein Rechteck soll ein „Langeck" sein, wenn das Verhältnis von Länge zu Breite mindestens 2 beträgt. Also:

```
              Ein geometr. Objekt ist "Langeck" mit Länge L und Breite B
WENN GILT Es gibt ein Rechteck mit Länge L und Breite B
UND       L / B >= 2.
```

oder, in PROLOG-Notation:

```
langeck( L, B) :-
    rechteck( L, B),
    L / B >= 2.
```

Die beiden Prädikate

```
rechteck(L, B)
```

und

```
L / B >= 2
```

sind - entsprechend der *und*-Verknüpfung - durch ein Komma getrennt. Das Prädikat *rechteck(L,B)* läßt sich hierbei als „Datenzugriff" interpretieren, das Prädikat $L/B > = 2$ als arithmetische Prüfbedingung, die dann erfüllt ist, wenn das Verhältnis von L zu B größer-gleich 2 ist.

Da wir bislang die *rechteck*-Prädikate

```
rechteck( 10, 4).
rechteck( 12, 6).
rechteck( 6, 12).
rechteck( 5, 5).
rechteck( 112.45, 55.78).
```

definiert haben, lassen sich mit einer Anfrage leicht alle „Langecke" herausfinden:

```
?- langeck( L, B).

L = 10
B = 4;

L = 12
B = 6;

L = 112.45
B = 55.78;

no
```

Betrachten wir den Ablauf dieser Anfrage etwas genauer: Wir haben das Prädikat *langeck(L,B)* eingegeben, das der PROLOG Interpreter analysiert. Da dieses Prädikat Variable enthält (L und B), müssen zur Erfüllung des Prädikats passende Werte gefunden werden. Zwar haben wir keine Fakten zum Prädikat *langeck* definiert, in unserer Wissensbank ist allerdings eine Regel enthanden, die der Interpreter auswerten kann. Hierzu muß der Rumpf (Prämisse) der Regel abgearbeitet bzw. „bewiesen" werden. Das erste Prädikat des Rumpfes ist *rechteck(L,B)*, dessen Variablen belegt werden müssen. Da das erste *rechteck*-Prädikat in unserer Wissensbank das Prädikat *rechteck(10,4)* ist, werden die Variablen *L* bzw. *B* mit 10 bzw. 4 belegt. (Die Reihenfolge der Abarbeitung von Prädikaten wird also durch deren Anordnung in der Wissensbank bestimmt.)

Die Belegung der Variablen *L* bzw. *B* wird auch im zweiten Prädikat des Rumpfes verwendet, so daß folgende arithmetische Prüfbedingung auszuführen ist:

```
10 / 4 > 2
```

Da diese Bedingung zutrifft, sind beide Prädikate des Rumpfes mit der Belegung

```
L = 10
B = 4
```

erfüllt; diese Belegung wird dann auch angezeigt.

Da wir nach der ersten Ausgabe ein Semikolon eingegeben haben, sucht der Interpreter nach weiteren Belegungen von *L* und *B*. Hierzu muß der Rumpf der Regel neu ausgewertet werden. Da sich der Interpreter gemerkt hat, welches *rechteck*-Prädikat zuletzt überprüft wurde, wird bei der weiteren Suche auf das nachfolgende *rechteck*-Prädikat zugegriffen. In diesem Fall werden die Variablen *L* bzw. *B* mit 12 bzw. 6 belegt. Da das Verhältnis von 12 zu 6 exakt 2 und damit die Regel erfüllt ist, werden auch diese Werte ausgegeben.

Das Setzen eines weiteren Semikolons führt zum dritten Abgleich: Zunächst werden *L* und *B* mit 6 bzw. 12 belegt (drittes *rechteck*-Prädikat). Hier ist aber die arithmetische Prüfbedingung nicht erfüllt, da *6 / 12 < 2*. Da somit das zweite Prädikat „falsch" ist, wird keine aktuelle Variablenbelegung ausgegeben, vielmehr versucht der Interpreter weitere passende Variablenbelegungen zu finden. Es wird also das nächste Faktum überprüft, *L* und *B* mit dem Wert 5 belegt, was wieder nicht zum Erfolg führt, da *5 / 5* erneut kleiner als 2 ist. Dagegen führt das nächstfolgende Faktum zum Erfolg, da *L* mit *112,45* und *B* mit *55,78* belegt wird, so daß das Verhältnis *L/B* größer zwei ist. Die beiden Werte für *L* und *B* werden deshalb auch ausgegeben. Da keine weiteren *rechteck*-Prädikate in unserer Wissensbank mehr vorhanden sind, wird schließlich *no* ausgegeben.

Wie schon erwähnt, dient das Semikolon zur Realisierung von Disjunktionen. Auch hierzu ein Beispiel: Wenn etwa unter „Rundteilen" Kreisquerschnitte verstanden werden, die entweder mittels Radius oder Durchmesser definiert sind, so können wir diesen Sachverhalt durch eine Regel mittels Disjunktion bilden. Wir formulieren in PROLOG-Notation:

```
rundteil( X) :-
    kreis( radius( X) );
    kreis( durchmesser( X) ).
```

In Worten: Ein Rundteil hat die Abmessung *X*, falls es einen Kreisquerschnitt mit Radius *X oder* Durchmesser *X* gibt.

Im Rumpf einer Regel dürfen sowohl Konjunktionen als auch Disjunktionen vorkommen, d.h. es darf sowohl das Komma als auch das Semikolon als Verknüpfungsoperator auftreten. Derartige Regeln sind aber schwer zu verstehen und zu warten, so daß man - von Spezialfällen abgesehen - auf die Disjunktion verzichten und statt dessen mehrere Einzelregeln schreiben sollte. Die Regel *rundteil* wird deshalb wie folgt umformuliert:

```
rundteil( X) :-
    kreis( radius( X) ).
```

```
rundteil( X) :-
    kreis( durchmesser( X) ).
```

Die systematische Suche in der Wissensbank nach Regeln und Fakten, die einer geforderten Variablenbelegung genügen, wird *Backtracking* genannt: Der PROLOG-Interpreter merkt sich, welche Regeln und Fakten während einer Auswertung schon abgearbeitet worden sind bzw. welche als nächste anzuwenden sind. Da im Rumpf einer Regel weitere Prädikate (Regeln) auftreten können, die ihrerseits auf andere Prädikate verweisen, wird die Suche nach geeigneten Prädikaten *rekursiv* durchgeführt. Die Aufgabe des Interpreters ist es somit, den Bearbeitungsstand der Wissensbank zu protokollieren und dafür zu sorgen, das die Ausführung der Prädikate in einer geordneten Reihenfolge geschieht.

Der Auswertemechanismus von PROLOG kennt also keine aus dem konventionellen Programmiersprachen bekannten Kontrollelemente, wie GOTO-Sprünge oder Verzweigungen bzw. Iterationen. Zur Steuerung des Programmablaufs in PROLOG werden eingesetzt:

* sequentielle Abarbeitung von Fakten und Regeln,

* Rücksetzen und Wiederanlaufen der sequentiellen Abarbeitung sowie

* Abbrechen der regulären Abarbeitungsfolge durch den *cut*-Operator, der nachfolgend beschrieben wird.

5.4. Der cut-Operator

Der Backtracking-Mechanismus liefert manchmal „zu viele" Ergebnisse und kann damit sehr zeitaufwendig sein bzw. sogar zu falschen Lösungen oder Endlosschleifen führen. So kann es in der Praxis angebracht sein von mehreren möglichen Alternativen prinzipiell nur *eine* zu untersuchen. Es kann aber auch vorkommen, daß eine Suche gezielt abgebrochen werden muß: Beispielsweise dann, wenn die Voraussetzungen einer Aufgabe verletzt sind, darf nicht nach weiteren Lösungen gesucht werden.

Die reguläre Steuerung des Ablaufs eines PROLOG-Programms kann deshalb mit dem *cut*-Operator, der durch das Ausrufezeichen (!) dargestellt wird, unterbrochen werden.

Hierzu ein Beispiel: Für die durch Buchstaben abstrahierte Regel

```
a(X) :-
    b(X), c(X), !, d(X), e(X).
```

sei eine Belegung der Variablen X gesucht, die den Prädikaten $b(X)$, $c(X)$, $d(X)$ und $e(X)$ genügt. Dabei steht der *cut*-Operator zwischen den Prädikaten $c(X)$ und $d(X)$. Bei Abarbeitung der Regel wird zuerst versucht, das Prädikat $b(X)$ zu erfüllen. Gelingt dies, d.h. kann die Variable X entsprechend $b(X)$ belegt werden, wird als nächstes versucht, das Prädikat $c(X)$ zu erfüllen, wobei die Variable X nun schon belegt ist. Falls das Prädikat $c(X)$ nicht erfüllt werden kann, versucht der PROLOG-Interpreter durch Backtracking das Prädikat $b(X)$ auf anderer Art zu erfüllen, d.h. er sucht in der Wissensbank nach einem anderen Wert für X. Ist die Variable X im Prädikat b neu belegt worden, wird auch das Prädikat $c(X)$ erneut überprüft. Nur wenn die ersten beiden Prädikate ($b(X)$ und $c(X)$) entsprechend erfüllt sind, wird der *cut*-Operator ausgeführt. Konnten bisher durch den Backtracking- Mechanismus die Prädikate $b(X)$ und $c(X)$ mit Werten für X belegt werden, schließt der *cut*-Operator ab der gesetzten Stelle weitere Belegungsmöglichkeiten der Variable X aus.

Sind jedoch $b(X)$ und $c(X)$ erfüllt und ist der *cut*-Operator ausgeführt, versucht der PROLOG-Interpreter das Prädikat $d(X)$ und danach $e(X)$ zu erfüllen. Gelingt auch dies, ist das gesamte Prädikat $a(X)$ erfüllt und somit ein Wert für die Variable X gefunden. Gelingt dies nicht, würde der reguläre Backtracking-Mechanismus ohne den *cut*-Operator das Prädikat $c(X)$ neu belegen. Der *cut*-Operator stellt folglich eine Schranke dar, über die der Backtracking-Mechanismus nicht hinwegkommt: Es wird ein Abbruch erzwungen mit der Folge, daß die Konklusion $a(X)$ als nicht erfüllbar erkannt wird.

Der *cut*-Operator wird hauptsächlich für 3 Anwendungsfällen eingesetzt:

1. Der *cut*-Operator zeigt an, daß nach Erfüllen einer Regel weitere richtige Lösungen nicht zu erwarten sind und deshalb die reguläre Suche abgebrochen werden kann.

    Beispiel:

```
wandstaerke(2) :- !.
wandstaerke(3) :- !.
wandstaerke(5) :- !.
```

Sobald eines der drei Prädikate erfüllt werden kann, wird eine weitere Suche abgebrochen, da nur eine Wandstärke zutreffen kann.

2. Zusammen mit dem *fail* Prädikat, welches niemals erfüllbar ist, können Fehlerfälle aufgefangen werden.

Beispiel:

```
festigkeit(X) :- X < 44.5, !, fail.
```

Falls die Variable X einen Wert kleiner 44.5 annimmt, kann das erste Prädikat ($X < 44.5$) erfüllt werden, so daß der *cut*-Operator als nächstes Prädikat wirksam wird. Nachfolgend wird das *fail*-Prädikat bearbeitet, das per Definition keine Lösung hat. Da aber vor *fail* der *cut*-Operator steht, wird durch diese Konstruktion erreicht, daß das Prädikat insgesamt nicht erfüllbar ist und somit als Fehlerfall beendet wird.

3. Der *cut*-Operator soll alternative Lösungen verhindern: Oft werden PROLOG Programmteile so geschrieben, daß ein Teil mögliche Lösungen generiert und ein anderer Teil ihre Zulässigkeit überprüft. Ist eine generierte Lösung als zulässig erkannt worden, soll die Generierung abgebrochen werden. So werden beispielsweise durch das Prädikat *moeglicheLoesung* Vorschläge generiert, die das Prädikat *testMoeglichkeit* überprüft:

```
start:-
    moeglicheLoesung( X),
    !,
    testMoeglichkeit( X).
```

Noch ein Wort zur Notation: PROLOG ist - wie LISP auch - eine freiformatierbare Programmiersprache, d.h. der Programmtext darf beliebig mit Leerzeichen versehen oder mittels Tabulatoren eingerückt werden. Es dürfen auch Zeilenumbrüche gemacht werden, ohne daß der Sinn des Programms verändert wird. So haben wir zwecks besserer Lesbarkeit den Kopf einer Regel und die jeweiligen Prädikate des Rumpfes in eine separate Zeile geschrieben, wobei die Prädikate des Rumpfes zusätzlich eingerückt worden sind.

5.5. Arithmetik

Abschließend soll auf die Realisierung arithmetischer Operatoren in PROLOG eingegangen werden, wozu wiederum konkrete Beispiele betrachtet werden. Im vorangehenden Abschnitt wurden die Regeln *rundteil* definiert, die zum Erkennen kreisförmiger Querschnitte dienen:

```
rundteil( X) :-
    kreis( radius( X) ).
```

```
rundteil( X) :-
    kreis( durchmesser( X) ).
```

Das Prädikat *rundteil* ist zwar „logisch" korrekt, es unterscheidet aber nicht zwischen Abmessungen, die aus Radien und Durchmesser stammen. Wenn wir beispielsweise davon ausgehen, daß die Abmessungen von Rundteilen grundsätzlich durch ihren Durchmesser angegeben werden sollen, müssen wir „Radius-Angaben" entsprechend umrechnen:

```
rundteil( D) :-
    kreis( durchmesser( D) ).
```

```
rundteil( D) :-
    kreis( radius( R) ),
    D is 2 * R.
```

Der Operator *is* bewirkt eine numerische Auswertung des auf *is* folgenden Ausdrucks, so daß in PROLOG auch „Rechnen" möglich ist.

Arithmetische Anweisungen gehören zum sogenannten *nicht-logischen* Bestandteil von PROLOG. So wäre es nicht sinnvoll, etwa die Rechenoperation *3+4* logisch zu beweisen, da es sich um eine einfache, numerische Addition und nicht um eine Logikoperation handelt. Links vom Operator *is* steht eine Variable bzw. bei evtl. durchzuführendem Zahlenvergleich eine Zahl, rechts ein arithmetischer Ausdruck, der nur Zahlen oder mit Zahlen belegte Variable enthalten darf. Der arithmetische Ausdruck wird ausgewertet und der links stehenden Variablen zugewiesen bzw. mit der links stehenden Zahl verglichen.

Man erkennt daran wieder den dualen Charakter von PROLOG Anweisungen: *is* entspricht sowohl der *Zuweisung* als auch der *Prüfanweisung* herkömmlicher Programmiersprachen, je nachdem, ob der Wert links vom *is*-Operator konstant oder variabel ist! Während also die Anfrage

```
?- Flaeche is 12 * 10.
```

eine Zuweisung an die Variable *Flaeche* bewirkt, hat die Anfrage

```
?- 9 is 3 + 4.
```

den Charakter eines Tests auf Gleichheit.

Desweiteren ist der Ergibtoperator „=" definiert, der Belegungen allgemeiner Art durchführt. So wird die Variable *X* durch die Belegung

```
X = rechteck( 10, 4).
```

mit der Struktur *rechteck(10,4)* belegt (falls die Variable *X* noch keinen Wert besitzt) bzw. mit der Struktur *rechteck(10,4)* verglichen. Zu beachten ist, daß durch die Belegung

```
X = 3 + 4.
```

die Variable X nicht den Wert 7 erhält, sondern mit der Struktur *3 + 4* belegt wird.

Es gibt somit in PROLOG einen deutlichen Unterschied zwischen der Struktur „*3 + 4*" und dem Ergebnis der Addition 3 + 4, also dem Zahlenwert 7, der durch den Operator *is* durch numerische Auswertung von 3 + 4 gewonnen werden kann.

5.6. „Nachweis-Expertensystem"

Mit den nunmehr erworbenen Grundkenntnissen in PROLOG läßt sich ein einfaches „Nachweis-Expertensystem" erstellen, das Teile des in der DIN 18800 vorhandenen „Ingenieurwissen" erfaßt und auswertet. Damit die Erstellung des Programms übersichtlich bleibt, werden wir nur einen sehr kleinen Teil der Norm realisieren und zwar den Unterabschnitt 3.2.1, Teil 2 der DIN 18800 (vgl. auch Abschnitt 3.5.1). Dieser Unterabschnitt regelt den Nachweis eines Einzelstabes nach der Elastizitätstheorie I. Ordnung. Der Stab wird mit einer Normalkraft belastet, die Versagensart ist Biegeknicken.

Der eigentliche Nachweis besteht in der Berechnung der Größe *Nquer*, die aus dem Verhältnis der mit dem Abminderungsfaktor *Kappa* multiplizierten plastischen Normalkraft zur vorhandenen Normalkraft gebildet wird. Je nachdem ob *Nquer* größer oder kleiner als 1 ist, ist die Tragsicherheit gegeben oder nicht. Zur Bestimmung der plastischen Normalkraft bzw. des Abminderungsfaktors sind dabei im Unterabschnitt 3.2.1 der DIN 18800, Teil 2, Formeln definiert, die ihrerseits auf weiteren Formeln aufbauen.

Die Aufbereitung des Unterabschnitts 3.2.1 besteht somit im wesentlichen in der systematischen Aufbereitung definierter Formeln, die in geordneter Reihenfolge auszuwerten sind. Dabei ist zu gewährleisten, daß alle Variable einer Formel vor ihrer Auswertung entweder berechnet oder vom Benutzer eingegeben worden sind.

Soll der Unterabschnitt 3.2.1 unmittelbar in PROLOG programmiert werden, müssen wir zunächst alle diejenigen Eingabegrößen ermitteln, die zu Beginn einer Konsultation eingegeben werden müssen. In Bild 5.1 sind die Abhängigkeiten der beteiligten Variablen gemäß DIN 18800 als gerichteter Graph dargestellt. Die Knoten des Graphen sind die Namen der Variablen, die Abhängigkeiten sind die Kanten des Graphen. (Die Bedeutung der Variablen ist dabei der Tabelle 5.1 zu entnehmen.) Wie zu ersehen ist, ergibt sich ein relativ komplexes Beziehungsgeflecht.

Aus Bild 5.1 ist im Detail zu entnehmen, welche Variable berechnet werden können und welche einzugeben sind: Knoten, die keine Nachfolgeknoten besitzen, stellen nicht weiter berechenbare Variablen dar - sie sind somit vom Benutzer einzugeben und unterstrichen dargestellt.

Im vorliegenden Fall müssen also die Größen *Querschnittsform*, *Eulerfall*, *Sys_L*, *Emodul*, *Material*, *A*, *Gamma_M* und *N* bekannt sein, bevor eine Auswertung beginnen kann. Die Auswertung muß „von unten nach oben" durchgeführt werden: So können wir beispielsweise den Eulerbeiwert *Lambda_q* aus dem jeweiligen *Eulerfall* bestimmen. Aus *Lambda_q* und der Systemlänge *Sys_L* kann die Knicklänge *Sk* berechnet werden, die - zusammen mit dem Trägheitsradius *Iy* - den Schlankheitsgrad *Lambda* bestimmt. (Die Variable *Iy* muß zuvor aus der *Querschnittsform* ermittelt werden.) Dieser Prozeß der Variablenberechnung wird solange ausgeführt, bis die Größe *Nquer* belegt ist.

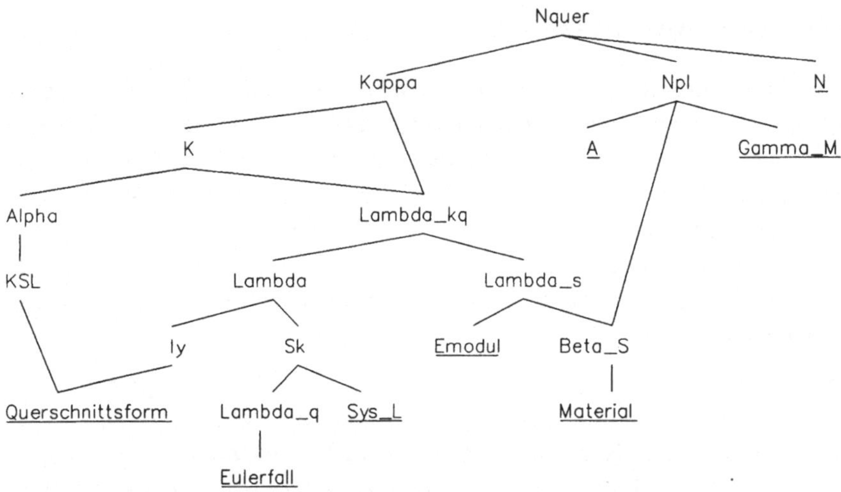

Bild 5.1.   Abhängigkeiten der Variablen des Unterabschnitts 3.2.1 der DIN 18800

Tabelle 5.1.   Bedeutung der Variablen des Unterabschnitts 3.2.1 der DIN 18800

Variable	Bedeutung
A	Querschnittsfläche
Alpha	Abminderungsfaktor (Tab. 301 der DIN 18800)
Beta_S	Streckgrenze
Emodul	Elastizitätmodul
Gamma_M	Teilsicherheitsbeiwert f. d. Widerstand
Iy	Trägheitsradius
K	Beiwert (Formel 302b der DIN 18800)
Kappa	Abminderungsfaktor (Formel 301 der DIN 18800)
KSL	Knickspannungslinie)
Lambda	Schlankheitsgrad
Lambda_kq	bezogener Schlankheitsgrad
Lambda_q	Eulerbeiwert
Lambda_s	Bezugsschlanksheitsgrad
N	vorhandene Normalkraft
Npl	plastische Normalkraft
Nquer	Tragsicherheitsgröße (Formel 301 der DIN 18800)
Sk	Knicklänge
Sys_L	Systemlänge

Wünschenswert wäre eine flexible Umsetzung des Unterabschnitts 3.2.1. Insbesondere sollte der vorhandene hierarchische Aufbau der DIN 18800 berücksichtigt werden, da dieser gut als Grundlage für eine Programmierung herangezogen werden kann. Es sollte vor allem auch möglich sein, Formeln, Tabellen und Texte der Norm schrittweise in die „Wissensbank" einzugeben. Vorhandenes Wissen muß dabei seine Gültigkeit behalten, d.h. monoton sein, auch wenn neues „Wissen" hinzugefügt wird. Weiter sollte das System erkennen, ob Variable entweder einzugeben oder auf andere Größen zurückzuführen sind.

Aufbauend auf diesen Überlegungen soll nun der Prototyp eines Expertensystems in PROLOG erstellt werden, das den skizzierten Anforderungen genügt.

5.6.1. Unterabschnitt 3.2.1 der DIN 18800 als PROLOG-System

Der mit dem Unterabschnitt 3.2.1 der DIN 18800, Teil 2 verbundene Nachweis wird durch folgende PROLOG-Regel erfaßt:

```
abschnitt_321 :-
    wert( nquer, Nquer),
    pruefeObAusreichend( Nquer).
```

Das als Konklusion definierte Prädikat *abschnitt_321* ist dabei eine Art „Stammprädikat", mit dem wir unser PROLOG-Programm später aufrufen können.

Im wesentlichen sind zwei Schritte zu erledigen: Zuerst muß der Wert *Nquer* bestimmt werden. Hierzu wird ein Prädikat *wert(nquer,Nquer)* eingesetzt, daß einige Zeilen weiter ausführlich beschrieben wird. Anschließend wird mit einer Prüfbedingung getestet, ob der Wert der Tragsicherheitsgröße *Nquer* größer oder gleich 1 ist. Die Prüfbedingung nimmt folgende Form an:

```
pruefeObAusreichend( Nquer) :-
    Nquer >= 1.0,
    write( 'Tragsicherheit ist ausreichend: nquer = '),
    write( Nquer),
    write( ' >= 1.'), nl.
```

Hierbei sorgt das Prädikat *write* dafür, daß sein Argument als Text auf dem Bildschirm ausgegeben wird, das Prädikat *nl (new line)* bewirkt einen Zeilenvorschub.

Ist *Nquer* dagegen kleiner 1, ist die Tragsicherheit nicht ausreichend. Deshalb wird dieser Fall durch die Regel

```
pruefeObAusreichend( Nquer) :-
    Nquer < 1.0,
    write( 'Tragsicherheit ist nicht ausreichend: nquer = '),
    write( Nquer),
    write( '< 1.'), nl.
```

erfaßt. Das oben bereits eingeführte Prädikat *wert* wirkt als allgemein gültiges „Wertermittlungs-" bzw. „Wertüberprüfungsprädikat" und ist zweistellig: Es hat folgende allgemeine Form:

```
wert( konstante, Variable) :-
    prämisse 1,
    prämisse 2,
    ...
    prämisse n.
```

Das erste Argument stellt dabei den Namen einer Größe dar und ist eine PROLOG-Konstante, das zweite Argument ist eine PROLOG-Variable, die den (numerischen) Wert der Größe enthält. Das Prädikat *wert* hat insgesamt vier verschiedene Aufgaben zu erledigen, die unter Punkt 1 formulierte Aufgabe entspricht dabei den Festlegungen in der DIN, die restlichen Aufgaben sind programmtechnischer Natur:

1. Stellt die gegebene Größe eine Variable dar, die mit Hilfe einer Formel berechnet werden soll, so hat das Prädikat *wert* die numerische Auswertung durchzuführen. Die in dieser Formel vorkommenden Variablen sind dabei natürlich vor Auswertung zu belegen, wozu das Prädikat *wert* ebenfalls eingesetzt werden kann.

    Beispiel: Die Größe *Nquer* läßt sich aus den Größen *Kappa*, *N* und *Npl* mit der Formel *(Kappa * Npl) / N* berechnen. Also:

    ```
    wert( nquer, Nquer) :-
        wert( abminderungsfaktor, Kappa),
        wert( normalkraft, N),
        wert( plastische_Normalkraft, Npl),
        Nquer is (Kappa * Npl) / N.
    ```

2. Kann eine Größe nicht formelmäßig berechnet werden (wie beispielsweise die qualitative Größe *Querschnittsform*), so muß eine Anforderung an den Benutzer generiert und der „*wert*" der Größe interaktiv eingelesen werden:

    ```
    wert( Name, Wert) :-
        write( Name), write( ': '),
        read( Name),
        asserta( bekannt( Name, Wert)).
    ```

In diesem Fall wird der Name der anzufordernden Größe *Name* ausgegeben und ihr Wert *Wert* eingelesen (mit dem Prädikat *read*). Hierbei ist es sinnvoll, die vom Benutzer eingegebenen Werten abzuspeichern, damit Größen, die eventuell auch in anderen Formeln vorkommen, nur einmal abgefragt werden. Deshalb wird das PROLOG Standardprädikat *asserta* verwendet, das ein neues Faktum in der Wissensbank ablegt. Das neue Faktum, hier als *bekannt* bezeichnet, besteht dabei aus Name und Wert der geforderten Größe.

3.   Das Prädikat *wert* dient desweiteren dazu zu überprüfen, ob eine Größe schon als bekanntes, vom Benutzer eingegebenes Faktum, vorliegt. Eine solche „Existenzprüfung" läßt sich mit der Regel

```
wert( Name, Wert) :-
    bekannt( Name, Wert), !.
```

durchführen. Falls der Wert der Größe bekannt ist, brauchen keine weiteren Schritte eingeleitet zu werden (z.B. Regelüberprüfungen), deshalb wird der *cut*-Operator gesetzt. Das Prädikat *wert* wird hierbei wiederum in zweifacher Hinsicht verwendet: Ist das zweite Argument nicht belegt, stellt die Ausführung des *wert*-Prädikats eine Zuweisung dar, ist es dagegen belegt, wirkt die Ausführung als Prüfanweisung.

Der Fall, daß eine Größe schon bekannt ist, aber einen „falschen" Wert hat, muß ebenfalls abgefangen werden. Hat die Größe *Querschnittsform* etwa den Wert *rechteck*, so soll der Aufruf *wert(querschnittsform,kreis)* den Wert *fail* zurückliefern. Dies führt zur vierten und letzten Funktion des Prädikates *wert*:

4.   Falls das zweite Argument von *wert*-Prädikaten zwar belegt ist, aber nicht mit einem schon bekannten Wert übereinstimmt, muß ein *fail* („Fehler") generiert werden:

```
wert( Name, Wert) :-
    bekannt(Name, Wert2),
    Wert \= Wert2,
    !,
    fail.
```

Mit dem Prädikat *wert* wird zunächst untersucht, ob die Größe *Name* schon bekannt ist. Dazu wird das Prädikat *bekannt* aufgerufen, um die Größe *Name* mit dem Wert *Wert2* zu belegen. Trifft dies zu und sind *Wert* und *Wert2* verschieden, wird die in PROLOG vordefinierte Anweisung *fail* ausgeführt („\=" bedeutet *ungleich*). Der *cut*-Operator verhindert, das nach weiteren *wert*-Prädikaten gesucht wird.

Da das Prädikat *wert* auch mit belegtem zweiten Argument aufgerufen werden kann, muß noch die Einleseroutine entsprechend geändert werden: Bei Erfassung einer unbekannten Größe ist ein neuer Wert zunächst in eine Hilfsvariable einzulesen, die dann mit dem aktuellen Wert verglichen wird:

```
wert( Name, Wert) :-
    write( Name), write( ': '),
    read( Eingabe),
    asserta( bekannt( Name, Eingabe)),
    !,
    Wert = Eingabe.
```

Ist die Variable *Wert* belegt, findet ein Vergleich zwischen den Variablen *Wert* und
Eingabe statt, sonst wird der Variablen *Wert* der Inhalt von *Eingabe* zugewiesen.

Wir beginnen nunmehr mit der Umsetzung der Formeln des Unterabschnitts 3.2.1
der DIN 18800. Die erste zu berechnende Größe ist dabei *Nquer.* Hierzu ist der Abminderungsfaktor *Kappa* in Abhängigkeit vom bezogenen Schlankheitsgrad
Lambda_kq zu bestimmen. Ist *Lambda_kq* kleiner-gleich 0,2, so hat *Kappa* den Wert
1:

```
wert( abminderungsfaktor, Kappa) :-
    wert( bezog_Schlankheitsgrad, Lambda_kq),
    Lambda_kq =< 0.2,
    Kappa = 1.
```

andernfalls muß *Kappa* nach einer Formel berechnet werden, die die Quadratwurzelfunktion *(sqrt)* und den Hilfswert *K* enthält:

```
wert( abminderungsfaktor, Kappa) :-
    wert( bezog_Schlankheitsgrad, Lambda_kq),
    Lambda_kq > 0.2,
    wert( k, K),
    Kappa = 1 / (K + sqrt(K*K - Lambda_kq*Lambda_kq)).
```

Der Hilfswert *K* läßt sich seinerseits aus der Größe *Alpha* und dem bezogenen
Schlankheitsgrad *Lambda_kq* berechnen:

```
wert( k, K) :-
    wert( alpha, Alpha),
    wert( bezog_Schlankheitsgrad, Lambda_kq),
    K is 0.5 * (1 + Alpha * (Lambda_kq - 0.2) + Lambda_kq*Lambda_kq).
```

wobei die Größe *Alpha* von der Knickspannungslinie *KSL* abhängig ist (vgl. Tabelle
5.2).

Tabelle 5.2. Abhängigkeit der Größe *alpha* von der Knickspannungslinie

Knickspannungslinie	Alpha
a	0,21
b	0,34
c	0,49
d	0,76

Das Prädikat *wert* hierzu ist:

```
wert( alpha, Alpha) :-
    wert( knickspannungslinie, KSL),
    ksl_alpha( KSL, Alpha).
```

mit dem Prädikat *ksl_alpha*, das die vier Fakten der obigen Tabelle umsetzt. Im einzelnen:

```
ksl_alpha( a, 0.21).
ksl_alpha( b, 0.34).
ksl_alpha( c, 0.49).
ksl_alpha( d, 0.76).
```

Das erste Argument ist ein Kennwert für die Knickspannungslinie, das zweite Argument ist der Wert von *Alpha*.

Die Knickspannungslinie hängt von der Art der Querschnittsform ab. Damit unser Beispiel nicht zu umfangreich wird, beschränken wir uns ausschließlich auf die Querschnittsformen *rechteck*, *kreis* und I-Träger *(traeger)*, wie sie in Tabelle 5.3 aufgeführt sind.

Tabelle 5.3. Knickspannungslinien (KSL) in Abhängigkeit der Querschnittsformen

Querschnittsform	Knickung	V	KSL
rechteck			c
kreis			c
traeger	y-Achse	>1.2	a
traeger	z-Achse	>1.2	b
traeger	y-Achse	=<1.2	b
traeger	z-Achse	=<1.2	c

V = Verhältnis von Trägerhöhe zu Trägerbreite

Die Tabelle 5.3 können wir in drei *wert*-Prädikate umsetzen. Die Knickspannungslinie Typ *c* gilt für die Querschnittsformen *rechteck* und *kreis*, deshalb ergibt sich:

```
wert( knickspannungslinie, c) :-
    wert( querschnittsform, rechteck).
wert( knickspannungslinie, c) :-
    wert( querschnittsform, kreis).
```

Für die Querschnittsform *traeger* muß unterschieden werden, ob Knicken rechtwinklig zur *y*- oder *z*-Achse stattfindet, und ob das Verhältnis von Trägerhöhe zur Trägerbreite größer oder kleiner 1,2 ist. Das bedeutet:

```
wert( knickspannungslinie, KSL) :-
    wert( querschnittsform, traeger),
    wert( traegertyp, T),
    i_traeger( typ(T), hoehe(H), breite(B), _, _),
    Verhaeltnis is H / B,
    wert( knickung, Achse),
    knickspannung( Verhaeltnis, Achse, KSL).
```

Das Prädikat *i_traeger* ist fünfstellig. Da uns hier aber nur die ersten drei Argumente interessieren (*typ, hoehe, breite*), wurden für das vierte und fünfte Argument sog. *anonyme Variable* eingesetzt, was durch Unterstriche kenntlich gemacht wird: Der einfache Unterstrich (_) hat die besondere Bedeutung, daß er den Platz einer Variablen einnehmen kann, ohne daß er mit einem Wert belegt werden muß. Mit dem

Prädikat *i_traeger* lassen sich die für den Nachweis wichtigen Informationen *typ*, *hoehe*, *breite*, *flaeche* und *iy* (Trägheitsradius) als Fakten darstellen. Hier speichern wir jedoch nur Fakten für 3 mittelbreite und 3 breite I-Träger, leichte Ausführung, in unserer Wissensbank (alle Längeneinheiten in cm) ab:

```
i_traeger(typ(ipe120),hoehe(12.0),breite(6.4),flaeche(13.3),iy(4.90)).
i_traeger(typ(ipe140),hoehe(14.0),breite(7.3),flaeche(16.4),iy(5.74)).
i_traeger(typ(ipe160),hoehe(16.0),breite(8.2),flaeche(20.1),iy(6.58)).
i_traeger(typ(hea120),hoehe(11.4),breite(12.0),flaeche(25.3),iy(4.89)).
i_traeger(typ(hea140),hoehe(13.3),breite(14.0),flaeche(31.4),iy(5.73)).
i_traeger(typ(hea160),hoehe(15.2),breite(16.0),flaeche(38.8),iy(6.57)).
```

Das Prädikat *knickspannung* belegt den Wert für die Knickspannungslinie *KSL* in Abhängigkeit von der Knickfigur und dem Verhältniswert *V*:

```
knickspannung( V, yAchse, a) :-  V  > 1.2 .
knickspannung( V, zAchse, b) :-  V  > 1.2 .
knickspannung( V, yAchse, b) :-  V =< 1.2 .
knickspannung( V, zAchse, c) :-  V =< 1.2 .
```

Damit sind alle Variablen berechnet, die zur Bestimmung von *Kappa* in der Formel für *Nquer* benötigt werden. Unbekannt sind noch die Variablen für die plastische Normalkraft *Npl* und die vorhandene Normalkraft *N*. Während die letzte Variable direkt eingelesen wird, wird die Größe *Npl* wie folgt bestimmt:

```
wert( plastische_Normalkraft, Npl) :-
    wert( flaeche, A),
    wert( streckgrenze, Beta_S),
    wert( sicherheitsbeiwert, Gamma_M),
    Npl is A * Beta_S / Gamma_M.
```

Die auftretende Querschnittsfläche *A* hängt ihrerseits von der gewählten Querschnittsform ab: Für die geometrischen Formen Rechteck und Kreis können einfache Formeln angegeben werden, die Querschnittfläche für die I-Träger sind dagegen dem Prädikat *i_traeger* zu entnehmen:

```
wert( flaeche, A) :-
    wert( querschnittsform, rechteck),
    wert( hoehe, H),
    wert( breite, B),
    A is H * B.


wert( flaeche, A) :-
    wert( querschnittsform, kreis),
    wert( radius, R),
    A is 3.14159 * R * R.
```

```
wert( flaeche, A) :-
    wert( querschnittsform, traeger),
    wert( traegertyp, T),
    i_traeger( typ(T), _, _, flaeche(A), _).
```

Im letztgenannten Prädikat werden wieder die oben beschriebenen anonymen Variablen eingesetzt, da für unsere Anwendung neben dem Trägertyp nur die Querschnittsfläche benötigt wird.

Die ebenfalls auftretende Streckgrenze *Beta_S* hängt vom gewählten Material ab:

```
wert( streckgrenze, Beta_S) :-
    wert( material, Material),
    beta_S( Material, Beta_S).
```

Zieht man die Stahlsorten St37, St52 und StE355 in Betracht, sind die Streckgrenzen 24, 36 bzw. 36 kN/cm^2 zu berücksichtigen. Damit erhält man:

```
beta_S(    st37, 24.0).
beta_S(    st52, 36.0).
beta_S( ste355, 36.0).
```

Schließlich ist noch der Sicherheitbeiwert *Gamma_M* zu bestimmen, der hier als konstanter Wert betrachtet wird:

```
wert( sicherheitsbeiwert, 1.1).
```

5.6.2. Erste Prüfung des PROLOG-Programms

An dieser Stelle soll die weitere Eingabe von Formeln in unser „Nachweis-Expertensystem" unterbrochen werden, um das bisher spezifizierte PROLOG-Programm zu testen. Ein solches, inkrementelles Arbeiten ist ein großer Vorteil von PROLOG, das ein schnelles Prototyping erlaubt. Anders als bei traditioneller Software muß kein vollständiges Programm erstellt werden, vielmehr erlaubt PROLOG jederzeit das Testen von Arbeitsversionen des endgültigen Programms. Unter der Annahme, daß der PROLOG-Interpreter gestartet ist, soll der Ablauf des bisher erstellen Programms überprüft werden. Dazu starten wir das PROLOG-Programm mit dem Stammprädikat *abschnitt_321*:

```
?- abschnitt_321.
```

Zunächst werden die Eingabegrößen (Längen in cm, Kräfte in kN) abgefragt, wobei die Reihenfolge durch die Anordnung der Prädikate in der Wissensbank gegeben ist. Im einzelnen ergibt sich folgender Frage-Antwort-Ablauf:

```
bezog_Schlankheitsgrad: 1.1 .
querschnittsform: kreis.
normalkraft: 100.
radius: 2.
material: st37.
```

Der Nachweis bezieht sich also auf einen kreisförmigen Stab (Durchmesser 4 cm),
der aus St37 besteht und mit 100 kN belastet wird. Für den bezogenen Schlankheitsgrad wurde 1,1 angegeben.

Als Ergebnis erhalten wir:

```
Tragsicherheit ist ausreichend: nquer = 1.327685 >= 1.
```

```
yes
```

Die Benutzereingaben werden mit dem Prädikat *bekannt* protokolliert. Die Eingaben können mit der PROLOG-Anweisung *listing* nachgeprüft werden. Deshalb setzen wir ab:

```
?- listing( bekannt).
```

und erhalten als Ausgabe:

```
bekannt(material,st37).
bekannt(radius,2).
bekannt(normalkraft,100).
bekannt(querschnittsform,kreis).
bekannt(bezog_Schlankheitsgrad,1.100000).
```

(Wir haben zur Speicherung der *bekannt*-Prädikate die Anweisung *asserta* benutzt,
die Prädikate am Anfang der Wissensbank abspeichert - deshalb steht das zuletzt
eingegebene Faktum an erster Stelle. Analog gibt es die Anweisung *assertz*, die Prädikate am Ende der Wissensbank anfügt.)

Starten wir eine weitere Konsultation, erhalten wir sofort wieder das gleiche Ergebnis, da die Eingaben noch gespeichert sind:

```
?- abschnitt_321.
```

```
Tragsicherheit ist ausreichend: nquer = 1.327685 >= 1.
```

```
yes
```

Mit der *retract*-Anweisung lassen sich einzelne Fakten und Regeln aus der Wissensbank löschen. Wollen wir etwa das Faktum, das die Querschnittsform beschreibt,
eliminieren, so wird folgende Aktion eingeleitet:

```
?- retract( bekannt(querschnittsform, kreis))
```

yes.

Bei einer erneuten Konsultation wird dann nur noch nach der Querschnittsform - und den davon abhängigen Größen - gefragt. Nehmen wir beispielsweise an, daß unser Stab ein IPE-120 Träger ist, ergibt sich folgender modifizierter Ablauf beim Nachweis. Mit der Eingabe:

```
?- abschnitt_321.
```

querschnittsform: traeger.
traegertyp: ipe120.
knickung: yAchse.

erhält man:

Tragsicherheit ist ausreichend: nquer = 1.729506 >= 1.

yes

Auch dieser Träger ist folglich ausreichend dimensioniert.

Unser „Expertensystem" hat verständlicherweise noch einige Mängel: Zum einen ist die Eingabe recht unvollkommen - neben der Überprüfung von Eingaben auf mögliche Fehler, sollte zu jeder Eingabe eine Liste der möglichen Eingabewerte angegeben werden. Desweiteren wurde der Wert des bezogenen Schlankheitsgrades nicht berechnet, er wurde einfach als Zahlenwert angefordert. Die DIN 18800, Teil 2, stellt jedoch im Unterabschnitt 3.2.1 Formeln bereit, um diese Größe aus dem jeweilig maßgebenden Größen Eulerfall, Systemlänge, E-modul und Steckgrenze zu berechen. Beide Mängel sollen durch entsprechende Ergänzungen und Verfeinerungen behoben werden.

5.6.3. Verbesserung der Eingabekomponente

Zunächst soll die Eingaberoutine ergänzt werden, indem der Wertebereich von Eingabegrößen als Liste ausgegeben wird Dies geschieht durch:

```
wert( Name, Wert) :-
    write( Name), write( ': '),
    wertebereich( Name, Bereich),
    write( Bereich), write( ' '),
    read( Eingabe),
    asserta( bekannt( Name, Eingabe)),
    !,
    Wert = Eingabe.
```

Das Prädikat *wertebereich* hält dabei die Eingabealternativen fest:

```
wertebereich( querschnittsform, [kreis, rechteck, traeger]).
wertebereich( material, [st37, st52, ste355]).
wertebereich( knickung, [yAchse, zAchse]).
wertebereich( traegertyp, [ipe120,ipe140,ipe160,hea120,hea140,hea160]).
wertebereich( _, '').
```

Mit dem letzten Prädikat werden alle Eingaben (wie beispielsweise *radius*) abgefangen, die keine Auswahlliste benötigen. Das zweite Argument von *wertebereich* stellt eine PROLOG-Liste dar: Die Elemente einer Liste werden durch Kommata abgetrennt und stehen zwischen eckigen Klammern.

Durch Verbesserung der Eingaberoutine verbessert sich auch die Qualität der Konsultation. Nach Aufruf von:

```
?- abschnitt_321.
```

sieht die Eingabe jetzt wie folgt aus:

```
bezog_Schlankheitsgrad: 1.1 .
querschnittsform: [kreis, rechteck, traeger] kreis.
normalkraft: 100.
radius: 2.
material: [st37, st52, ste355] st37.
```

Nach Absetzen des letzten Eingabewertes erhalten wir die Meldung:

```
Tragsicherheit ist ausreichend: nquer = 1.327685 >= 1.

yes
```

5.6.4. Verfeinerung der Berechnungkomponente

Nach Verbesserung der Eingabekomponente soll auch die Berechnung des bezogenen Schlankheitsgrades wirklichkeitsnäher gestaltet werden. Wir erreichen dies durch:

```
wert( bezog_Schlankheitsgrad, Lambda_kq) :-
    wert( schlankheitsgrad, Lambda),
    wert( bezugsschlankheitsgrad, Lambda_s),
    Lambda_kq is Lambda / Lambda_s,
    !.
```

(Der *cut*-Operator wird eingesetzt, weil die Größe *Lambda_kq* in beiden Formeln für *Kappa* vorkommt, aber nur einmal berechnet werden soll.)

Der Schlankheitsgrad läßt sich aus Knicklänge und Trägheitsradius berechnen mit:

```
wert( schlankheitsgrad, Lambda) :-
    wert( knicklaenge, Sk),
    wert( traegheitsradius, Iy),
    Lambda is Sk / Iy.
```

Die Knicklänge wird aus dem Eulerbeiwert und der Systemlänge bestimmt:

```
wert( knicklaenge, Sk) :-
    wert( eulerbeiwert, Lambda_q),
    wert( systemlaenge, Sys),
    Sk is Lambda_q * Sys.
```

wobei der Eulerbeiwert vom Eulerfall abhängig ist. Wir formulieren deshalb:

```
wert( eulerbeiwert, Lambda_q) :-
    wert( eulerfall, EF),
    eulerfall( EF, Lambda_q).
```

mit

```
    eulerfall( 1, 2.0).
    eulerfall( 2, 1.0).
    eulerfall( 3, 0.7).
  . eulerfall( 4, 0.5).
```

Zusätzlich soll noch der Wertebereich für den Eulerfall angeben werden:

```
    wertebereich( eulerfall, [1, 2, 3, 4]).
```

Der Bezugsschlankheitsgrad ergibt sich aus Elastizitätmodul und Streckgrenze:

```
wert( bezugsschlankheitsgrad, Lambda_s) :-
    wert( emodul, E),
    wert( streckgrenze, Beta_S),
    Lambda_s is 3.14159 * sqrt(E / Beta_S).
```

Da der Elastizitätsmodul konstant gehalten werden soll, schreiben wir:

```
wert( emodul, 21000).
```

Schließlich muß noch der Trägheitsradius in Abhängigkeit von der Querschnittsform (Kreis, Rechteck, I-Träger) bestimmt werden:

```
wert( traegheitsradius, Iy) :-
    wert( querschnittsform, kreis),
    wert( flaeche, A),
    wert( radius, R),
    Iy is (A * R * R) / 4.
```

```
wert( traegheitsradius, Iy) :-
    wert( querschnittsform, rechteck),
    wert( flaeche, A),
    wert( hoehe, H),
    Iy is (A * H * H) / 4.

wert( traegheitsradius, Iy) :-
    wert( querschnittsform, traeger),
    wert( traegertyp, T),
    i_traeger( typ(T), _, _, _, iy(Iy)).
```

Unser prototypisches „Nachweis-Expertensystem" ist damit abgeschlossen. Es wurde nur ein kleiner Teil der DIN 18800, Teil 2, realisiert, da es hauptsächlich darauf ankam, das Prinzipielle am Umsetzungsprozeß in ein PROLOG-Programm deutlich zu machen.

5.6.5. Eingabeüberprüfung mit Listen

Unser PROLOG-Prototyp kann eigentlich nicht als „richtiges" Expertensystem bezeichnet werden, da beispielsweise keine Erklärungskomponente vorhanden ist. Ein weiterer Nachteil ist, daß sämtliches Wissen unstrukturiert ist, so daß die Wissensbank bei Eingabe weiterer Regeln schnell unübersichtlich werden kann.

Auch die Benutzerschnittstelle sollte noch komfortabler und vor allem robuster sein. Er wurde schon vermerkt, daß hierzu eine Überprüfung der Benutzereingaben auf ihre Gültigkeit gehört. Um eine solche Überprüfung zu erreichen, definieren wir ein Prädikat *istEnthaltenIn*, das nachprüft, ob ein Wert (Benutzereingabe) in einer Liste (Wertebereich) vorkommt. Listen wurde bereits angesprochen; beispielsweise ist:

```
[st37, st52, ste355]
```

eine Liste mit drei Elementen. Um Listen bearbeiten zu können gibt es in PROLOG die Möglichkeit, auf das erste Element einer Liste *(Listenkopf)* und den Rest einer Liste zuzugreifen: Der senkrechte Strich (|) trennt dabei den Listenkopf vom Listenrest. Die obige Liste ließe sich demnach wie folgt schreiben:

```
[st37 | [st52, ste355] ]
```

Listenkopf ist dann die Konstante *st37*, während die Liste *[st52, ste355]* den Listenrest darstellt.

Die Entscheidung darüber, ob ein bestimmter Wert W in einer Liste vorkommt, kann wie folgt (rekursiv) getroffen werden:

a)   Der Wert W ist das erste Element der Liste.

b)   Wenn nicht, kann sich der Wert *W* evtl. im Rest der Liste befinden. In diesem Fall muß der Rest der Liste gemäß a) überprüft werden, ob er den Wert *W* enthält.

Die rekursive Definition dient als Grundlage für die Formulierung des Prädikats *istEnthaltenIn*:

```
istEnthaltenIn( W, [W|_]).

istEnthaltenIn( W, [_|Rest]) :-
    istEnthaltenIn( W, Rest).
```

In Worten ausgedrückt ergibt sich folgender Sachverhalt:

1.   In der ersten Prädikatdefinition wird überprüft, ob das erste Argument *(W)* gleich dem Listenkopf der im zweiten Argument definierten Liste ist. Da hierfür der Listenrest ohne Bedeutung ist, wird der Listenrest durch die anonyme Variable (_) erfaßt. Falls *W* dem ersten Listenelement entspricht, ist das Prädikat erfüllt.

2.   Falls es ein solches *W* nicht gibt, wird versucht, die zweite angebotene Prädikatdefinition zu erfüllen. Es wird dann versucht, das erste Argument *W* im Listenrest zu finden. Zu diesem Zweck wird mit Hilfe des Listenseparators (|) das zweiten Argument aufgeteilt in den Listenkopf, der in dieser Definition uninteressant ist (und deshalb mit der anonymen Variable (_) belegt wird) und in den Listenrest, hier mit der Variable *Rest* gekennzeichnet. Anschließend wird das Prädikat *istEnthaltenIn* erneut mit *W* als erstem Argument und der Restliste *Rest* als zweitem Argument aufgerufen. Nur wenn sich das Argument *W* in der Liste *Rest* befindet, ist der Regelrumpf erfüllt die Überprüfung erfolgreich.

Um den Ablauf zu verdeutlichen, wird als Beispiel die Anfrage:

```
?- istEnthaltenIn( b, [a, b]).
```

betrachtet. Die Antwort lautet:

```
yes.
```

Im einzelnen geschieht folgendes: Im ersten Prädikat wird das Argument *W* mit dem Wert *b* belegt. Das zweite Argument, die Liste *[a, b]*, hat dagegen den Listenkopf *a*. Da die beiden Konstanten *a* und *b* nicht identisch sind, trifft die erste Definition (Faktum) nicht zu. Somit wird zur zweiten Definition (Regel) übergegangen. Die Variable *W* hat weiterhin den Wert *b*, die Variable *Rest* erhält den Wert *[b]*, da dies der Listenrest der Liste *[a, b]* ist. Der Rumpf der Regeldefinition hat nun folgende Form:

```
istEnthaltenIn(b, [b]).
```

Hieraus folgt, daß die Regel erfüllt ist.

Mit Hilfe des *istEnthaltenIn* Prädikats kann somit überprüft werden, ob ein Element in einer Liste enthalten ist oder nicht. Die Anfrage:

```
?- istEnthaltenIn( st52, [st35, st52, ste355]).
```

erbringt demnach:

yes

als Antwort, da *st52* in der Liste vorkommt. Dagegen würde die Anfrage:

```
?- istEnthaltenIn( c35n, [st35, st52, ste355]).
```

zur Antwort

no

führen, da *c35n* nicht in der Liste enthalten ist.

Ist das erste Argument des Prädikats *istEnthaltenIn* eine Variable, wird es mit verschiedenen Werten belegt. Bei einer entsprechenden Anfrage werden dann durch Eingabe des Semikolons die Elemente der Liste ausgegeben. Die Anfrage:

```
?- istEnthaltenIn( Mat, [st35, st52, ste355]).
```

mit der Variable *Mat* als erstes Argument erbringt dann folgende Ausgabe:

```
Mat = st35;
Mat = st52;
Mat = ste355;
```

no

5.6.6. Durchführung von Fallstudien

Unser „Nachweis-Expertensystem" wurde so aufgebaut, daß die Benutzereingaben auch nach einer Konsultation gespeichert bleiben. Ändern wir nun gezielt eine Größe, z.B. die Querschnittsform, lassen sich Fallstudien durchführen, mit denen man die Auswirkungen einer Größe auf die Bemessung untersuchen und eine gewisse Optimierung erreichen kann. Wir müssen hierzu lediglich das Prädikat *abschnitt_321* durch einen *cut*-Operator ergänzen, der verhindert, daß nach erfolgreicher Nachweisführung weitere Lösungsmöglichkeiten gesucht werden. Wir modifizieren deshalb:

```
abschnitt_321 :-
    wert( nquer, Nquer),
    !,
    pruefeObAusreichend( Nquer).
```

Um die Wirkung der in unserer Wissensbank enthaltenen IPE-Träger auf die Qualität des Nachweises ausprobieren zu können, formulieren wir folgendes Konstrukt:

```
test( X):-
    istEnthaltenIn( X, [ipe120,ipe140,ipe160]),
    asserta( bekannt(traegertyp,X)),
    abschnitt_321,
    retract( bekannt(traegertyp,X)).
```

Hierdurch wird folgender Ablauf in Gang gesetzt: Zuerst wird die Variable X mit
dem Wert *ipe120* belegt. Dann wird das Faktum *bekannt(traegertyp,X)* „vorweg" in
die Wissensbank abgelegt. Anschließend wird das Prädikat *abschnitt_321* ausgeführt,
d.h. der Nachweis für diesen Einzelstab geführt, und das Faktum *be*
kannt(traegertyp,X) für den Träger wieder aus der Wissensbank gelöscht.

Wenn wir die Anfrage

```
?- test( X).
```

starten und die übrigen Eingabewerte eingeben:

```
eulerfall: [1,2,3,4] 2.
systemlaenge: 100.
querschnittsform: [kreis,rechteck,traeger] traeger.
material: [st37,st52,ste355] st37.
knickung: [yAchse,zAchse] yAchse.
normalkraft: 300.
```

erhalten wir zunächst die Mitteilungen, daß die Tragsicherheit nicht ausreichend und
der aktuelle Träger ein *ipe120* ist:

```
Tragsicherheit ist nicht ausreichend: nquer = 0.963107 < 1.

X = ipe120
```

(Da die Variable X als Argument im Kopf des Prädikats *test* vorkommt, wird der
Wert dieser Variable ausgegeben.) Wollen wir weitere Möglichkeiten ausprobieren,
muß ein Semikolon eingeben werden:

Tragsicherheit ist ausreichend: nquer = 1.192727 >= 1.

T = ipe140;

Tragsicherheit ist ausreichend: nquer = 1.461818 >= 1.

T = ipe160;

no

In Rahmen unserer vereinfachten Annahmen wäre somit ein IPE-140 Träger optimal (*Nquer* = 1.19...), ein IPE-120 unter-, ein IPE-160 Träger dagegen überdimensioniert.

5.6.7. Bewertung von PROLOG

Abschließend sollen drei wichtige Aspekte von PROLOG herausgestellt werden:

1. PROLOG Anweisungen können als *intelligente Befehle* einer Datenbank verwendet werden. Das gelingt dadurch, daß an entsprechenden Stellen Variable eingesetzt werden, wodurch auf das in die Datenbank eingegebene Wissen zugegriffen werden kann.

2. Durch PROLOG kommt auch die prozedurale Interpretation zur Geltung. Diese prozedurale Interpretation entspricht dabei noch am ehesten der Logik konventioneller Programmiersprachen.

3. Durch die Allgemeinheit des Variablenkonzepts (*Unifikation*) ist eine *Mustererkennung und -anpassung* über grundsätzlich beliebig komplexe Datenstrukturen möglich. Somit können schwierige Suchalgorithmen in PROLOG sehr elegant und effizient implementiert werden.

4. PROLOG stellt eine natürliche und gut lesbare Form der Wissensrepräsentation dar, wenn Wissen in From von Fakten bzw. Regeln vorliegt.

6 Auswirkungen auf das Ingenieurwesen und Perspektiven

In den vergangenen Jahren ist es gelungen, in den einzelnen Teilbereichen des Computer Aided Engineering (CAE) ausgereifte DV-Systeme zu etablieren. Ein typisches Beispiel hierfür ist der Bereich der strukturanalytischen Berechnung von Konstruktionen; selbst für komplizierte Problemstellungen existieren leistungsfähige Programmsysteme, wobei die Finite Element Methode als Berechnungsmethode dominiert. In zunehmendem Maße werden auch Systeme des Computer Aided Design (CAD) eingesetzt, so daß die Anfertigung technischer Zeichnungen weitgehend mit Computern durchgeführt werden kann. Aber auch in vielen anderen Bereichen, in denen sich Lösungskonzepte auf wohldefinierten Algorithmen aufbauen lassen, kann qualitativ gute Software eingesetzt werden.

6.1 CIM-Strategien / Integrierte CAE-Systeme

Alle Lösungen sind jedoch dadurch gekennzeichnet, daß sie mehr oder weniger Insellösungen darstellen und somit keine adäquate Verbindung zueinander haben. Erst in letzter Zeit ist man - nachdem Computer bei rückläufigen Kosten immer mehr leisten und damit die Ansprüche steigen - dazu übergegangen, einzelne Insellösungen miteinander zu koppeln, um so eine durchgängigere Computerunterstützung zu erreichen.

Im Maschinenbau beispielsweise intensiviert man das Computer Integrated Manufacturing (CIM), dessen Ziel es ist, den gesamten Informations- und Datenfluß bei der Planung, Entwicklung, Herstellung und beim Vertrieb eines Produktes per Computer zu steuern. In anderen Ingenieurdisziplinen sind ähnliche Entwicklungen festzustellen wie im Maschinenbau, dem Vorreiter der CIM-Philosophie. So etwa auch im Bauwesen, wo ebenfalls alles daran gesetzt wird, eine möglichst durchgängige, ganzheitliche Aspekte berücksichtigende Computerunterstützung zu erreichen. Im Bauwesen kommt dabei erschwerend hinzu, daß Bauabläufe hochgradig komplex sind, da die an der Erstellung eines Bauwerkes beteiligten Partner nicht in einem Unternehmen beschäftigt sind, sondern über ein heterogenes Beziehungsgeflecht miteinander kooperieren. Zu beachten ist auch, daß Bauwerke keine Serienartikel sind, sondern Unikate , für die - abhängig vom gewählten Material und von regionalen Gegebenheiten - höchst unterschiedliche Normen, Vorschriften und Randbedingungen einzuhalten sind.

Eine konsequente, durchgängige Computerunterstützung konnte bislang nirgendwo voll erreicht werden. Dies liegt einerseits daran, daß die richtigen Integrationswerkzeuge fehlten, erst noch entwickelt werden mußten bzw. noch entwickelt werden; andererseits gab es innerhalb der Kette der miteinander zu verkoppelnden CAE-Bereiche „weiße Flecken", die mit traditionellen, auf Algorithmen basierenden Konzepten nur unzulänglich oder gar nicht abgebildet werden konnten.

Der Einsatz von wissensbasierten Techniken und Expertensystemen wirkt sich in diesem Zusammenhang in ganz entscheidender Weise aus: Durch wissensbasierte Techniken besteht die Möglichkeit, bislang bestehende Lücken der Computerisierung im CAE zu schließen und vorhandene Defizite bei der Realisierung von CIM-Strategien abzubauen.

Bestehende Lücken der Computerisierung sind vor allen Dingen da zu finden, wo bislang kognitive Leistung menschlicher Fachexperten erforderlich war, um Lösungen zu erarbeiten. Es sind dies diejenigen Bereiche, die typischerweise für technische Expertensystem-Applikationen geeignet sind, also die Bereiche Planung, Entwurf, Konstruktion, in denen Erfahrungswissen und Expertenwissen das Lösungsverhalten entscheidend bestimmen. Da diese Bereiche - wie Bild 6.1 zeigt - Glieder in einer horizontal verlaufenden Integrationskette sind, bewirkt der Einsatz von Expertensystemen eine horizontale Integrationsleistung.

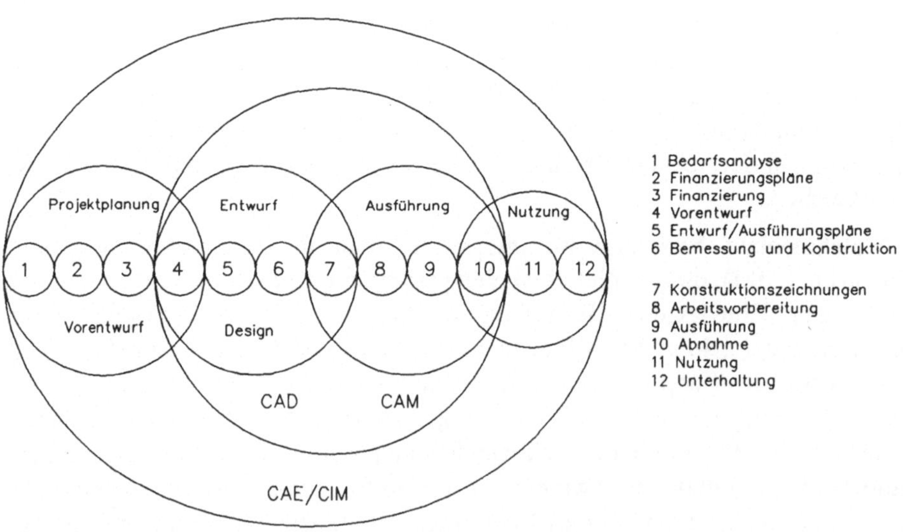

Bild 6.1.   CIM im Bauwesen

Daneben gibt es eine Reihe von Aktivitäten innerhalb der einzelnen horizontal ablaufenden Phasen bzw. Prozesse, die ebenfalls stark wissensbasiert sind. Es sind dies die bereits mehrfach angesprochenen Aktivitäten wie:

- Beraten,

- Modellieren/Konfigurieren,

- Auswählen/Selektieren,

- Steuern/Lenken,

- Überwachen/Kontrollieren,

- Simulieren,

- Evaluieren/Interpretieren,

- Verifizieren,

- Neu- bzw. Nachmodellieren, usw.

Die Repräsentation dieser Aktivitäten durch wissensbasierte Systeme führt somit zu einer vertikalen Integrationsleistung in den einzelnen Bereichen der CIM-Kette.

Ebenfalls stark wissensbasiert ist auch die Kopplung von einzelnen, separaten CAE-Prozessen untereinander - eine Aufgabe, die bislang allein von Fachexperten aufgrund ihrer Fachkompetenz und Wissen - meistens manuell und auf den Einzelfall abgestimmt - vorgenommen wurde. Durch die Schaffung intelligenter Schnittstellen *(intelligent interfaces)* läßt sich die Kopplung weitgehend automatisieren.

Den wissensbasierten Systemen kommt somit innerhalb des CIM eine tragende Rolle als mehrstufig einsetzbares Repräsentations- und Integrationswerkzeug zu. Im Gegensatz zu Datenbanksystemen, die als Kommunikationsmedium für den Datenaustausch zwischen Prozessen gleichfalls wichtige Integrationsfunktionen zu übernehmen vermögen, sind wissensbasierte Systeme „aktive Systeme": Da sie mit „Basiswissen" über die Verwendung, Anwendung und Verarbeitung von Daten versehen sind, muß von ihnen logischerweise eine höhere Integrationsleistung ausgehen als von „passiven" Datenbanksystemen. (Sie ersetzen diese sogar teilweise!)

Um zu konkretisieren, welche Auswirkungen sich im Detail ergeben, werden nachfolgend zwei Bereiche aus der CIM-Kette herausgegriffen und näher analysiert - Bereiche, die als exemplarisch für die momentane Entwicklung angesehen werden können. Angestellte Überlegungen und Konzepte sind somit auf andere, ähnlich strukturierte Bereiche übertragbar.

Zum einen ist dies der Bereich „strukturanalytische Berechnung von Tragwerken und Konstruktionen", wobei heute hauptsächlich finite Berechnungsmethoden (in erster Linie Finite-Element-Methoden, aber auch Finite-Randelement-Methoden und Differenzenmethoden) zum Einsatz kommen. In diesem Bereich werden verstärkt wissensbasierte Techniken eingesetzt, um verbesserte Berechnungsmodelle aufzubauen *(modelling)*, Berechnungen zu steuern und zu lenken *(monitoring)*, sowie Resultate zu evaluieren und zu verifizieren *(verification)*.

Zum anderen werden die Bereiche „Planung und Konstruktion" betrachtet, die in Bezug auf die Wissensverarbeitung zueinander analog sind. Beide Bereiche sind von ihrer inneren Logik her ganz wesentlich nicht-numerisch orientiert. Es geht darum, eine Folge von Handlungen festzulegen, um ein gegebenes, an die Erfüllung von Bedingungen gebundenes Plan- bzw. Entwurfsziel zu erreichen. Da hierbei normalerweise viele Kombinationsmöglichkeiten entstehen, Lösungen zum Teil konfliktiv sind und Lösungsansätze unvollständig sowie auf unsicherem Wissen gegründet sind, handelt es sich bei dem Problemlösungstyp „Planung/Konstruktion" um wissensbasierte Problemstellungen des höchsten Schwierigkeitsgrades. Insofern ist dieser Bereich besonders gut geeignet, momentan noch bestehende Schwachstellen und Unzulänglichkeiten aufzudecken, gleichzeitig aber auch - bei Behebung entsprechender Defizite - Perspektiven für die Zukunft aufzuzeigen.

6.2 Auswirkungen im Bereich Strukturanalyse

Mit dem Expertensystem SACON, das bereits im Abschnitt 1.5 vorgestellt wurde, konnte erstmals der Nachweis erbracht werden, daß wissensbasierte Techniken geeignet sind, Anwender numerischer Berechnungsprogramme gezielt zu beraten und zu unterweisen. Die Realisierung eines solchen Beratungsexperten ist dabei vom Standpunkt der Wissensverarbeitung relativ unproblematisch, da die Beratungskompetenz von SACON keine Rückkopplung mit dem numerischen Berechnungsprozeß (im Falle von SACON eine Finite Element Berechnung mit dem System MARC) aufweist: Man spricht von einem Front-End-System.

Aufbauend auf den Erfahrungen mit SACON entstanden inzwischen weitere Front-End-Systeme für die Strukturanalyse, die auch als „intelligente Prozessoren" bezeichnet werden. Handelt es sich dabei um Systeme, die den Anwender bei der Erstellung und Vorbereitung eines Finite Element Programmes unterstützen, spricht man von „intelligenten Präprozessoren"; handelt es sich um Systeme, die zur Interpretation und Verifikation von Resultaten eingesetzt werden, spricht man von „intelligenten Postprozessoren".

So wurde beispielsweise in Anlehnung an SACON ein Expertensystem in FORTRAN erstellt, das als Front-End-System auf der Grundlage einer Problembeschreibung automatisch die Eingabe für das Finite Element Programm MARC erstellt und das auch - allerdings entkoppelt von der Numerik - bestimmte Resultate von MARC auswertet [6.1].

In jüngster Zeit geht man jedoch einen Schritt weiter. Vielerorts entstehen Expertensysteme, die direkt mit den numerischen Berechnungskomponenten verzahnt sind. So haben Zumsteg und Flaggs [6.2] das Expertensystem „Buckling Analysis" entwickelt, das „Erfahrungswissen" über das gesamte Gebiet der Stabilitätsberechnung akkumuliert. Das System koppelt direkt wissensbasierte Konzepte mit Numerikteilen der Strukturanalyse. Folgende Leistungen werden erbracht:

1)   Einbau von Regeln, die Wissen darüber enthalten, wie das Tragverhalten des mechanischen Systems einzuschätzen ist, welches Berechnungskonzept sinnvoll ist, oder ob das vorgegebene Problem überhaupt lösbar ist;

2)   Einbau von Regeln zur gezielten Auswahl bestimmter Optionen für das verwendete Analyse-Programmsystem;

3)   Einbau von Regeln und Wissen darüber, wie die Eingabe für den Analyseteil (Geometrie-, Struktur-, Materialdaten, usw.) zu gestalten ist;

4)   Schaffung einer Schnittstelle zwischen dem Expertensystem und bestimmten algorithmischen Komponenten mit dem Ziel, bei der Auswertung bestimmter Regeln numerische Berechnungen „anstoßen" zu können;

5)   Einbau von Regeln, die es erlauben, den Finite-Element-Code zu aktivieren;

6)   Schaffung einer Schnittstelle, mit deren Hilfe numerische Resultate an das Expertensystem zur weiteren Auswertung übergeben werden können;

7)   Einbau von Regeln, die aufgrund der Resultate genauen Aufschluß über das Tragverhalten geben;

8)   Einbau von Regeln, mit denen die Qualität der Tragwerkstruktur beurteilt werden kann, und ggf. Verbesserungsvorschläge gemacht werden können.

Auf ähnlichen Konzepten basiert das Expertensystem GENIUS, das von Tarnow und Wriggers [6.3] aufgebaut wurde. Auch dieses System stellt eine direkte Verkopplung zwischen dem algorithmischen Finite-Element-Berechnungsprozeß und der Expertensystemkomponente her. Die Wissensbasis besteht aus Produktionsregeln und Metaregeln (Regeln über Gruppen von mehreren Regeln); als Inferenzstrategie stehen Rückwärts- und Vorwärtsverkettung zur Verfügung. Die vom Finite-Element-Programm (hier PCFEAP) berechneten numerischen Daten werden über einen Konverter in qualitative Aussagen (Fakten) umgewandelt (vgl. Bild 6.2).

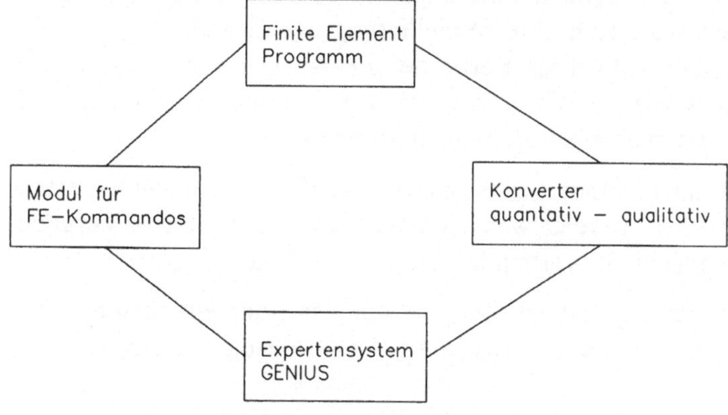

Bild 6.2   Kopplung FE-Programm/Expertensystem

Das Expertensystem wurde für drei unterschiedliche Problemstellungen erprobt. Im einzelnen wurden durchgeführt:

- Untersuchungen zum Konvergenzverhalten bei der Lösung nichtlinearer Gleichungssysteme,

- Steuerung und Überwachung einer Stabilitätsberechnung (elastostatisches Problem),

- Auswahl und Überprüfung der Zeitschritte für dynamische Berechnungen nach dem Newmark-Verfahren (vgl. hierzu auch das Expertensystem von Ramirez und Belytschko [6.4]).

Zu einer konsequenten Umgestaltung der traditionellen Finite Element Analyse - und damit zu einer verbesserten Leistungsfähigkeit im interaktiven Einsatz - kommen Forde und Stiemer [6.5]. Wie bereits bei der Herstellung des Expertensystemkonzeptes aus traditionellen Ansätzen gezeigt (vgl. Kap. 1.4.2), bestehen konventionelle Algorithmen, und damit auch Finite Element Algorithmen, aus einem Logikteil und einem Steuerungsteil, wobei beide - wie wir wissen - untrennbar miteinander verzahnt sind. Forde und Stiemer lösen die traditionell übliche Verzahnung auf und stellen das in der „Logik" enthaltene Wissen über unabhängige Regeln (Heuristiken) dar. Beispielsweise kann die Berechnung der unbekannten Verschiebungen im Rahmen einer linear-elastischen Analyse eindeutig über die Regel

```
IF    vorhanden_Steifigkeitsmatrix K
AND   vorhanden_Lastvektor P
THEN  berechne_Verschiebungsvektor V
```

organisiert werden. Eine solche Regel bringt zum Ausdruck, daß beide Matrizen **K** und **P** vorhanden sein müssen, bevor **V** berechnet werden kann. Dabei ist es in Bezug auf das regelbasierte Vorgehen unerheblich, ob zuerst **K** oder **P** berechnet wurde, während bei der algorithmischen Vorgehensweise beide Alternativen (zuerst **K** vorhanden, dann **P** bzw. umgekehrt) genauestens unterschieden werden müssen. Die damit eintretende Flexibilitätserhöhung ist auch bei anderen Regeln festzustellen, so daß die wissensbasierte Vorgehensweise eine natürlichere und effizientere Formulierung interaktiver FE-Prozesse (d.h. ihre Modellierung und Evaluierung) erlaubt. Numerische Prozesse bleiben jedoch als Kerne der FE-Analyse voll erhalten. Die Regeln der Wissensbasis werden durch Rückwärts- bzw. Vorwärtsverkettung aktiviert und steuern somit die numerischen Berechnungsprozesse.

Es ist unschwer zu erkennen, daß mit dem Einsatz und Vordringen von Expertensystemen in den Finite-Element-Bereich weitreichende Konsequenzen und Veränderungen für die Arbeit des Ingenieurs verbunden sind. Im einzelnen:

- Es ist weniger Einarbeitungszeit erforderlich, um sich (falls ein entsprechendes Expertensystem vorhanden ist) in ein Analyse-Programm einzuarbeiten.

- Das Arbeiten mit einem System kann gezielt trainiert werden (bzgl. Fehlererkennung, Erklärungsmöglichkeiten, usw.).

- Spezialprobleme, die bislang einigen wenigen Spezialisten vorbehalten waren, lassen sich - gute Grundkenntnisse vorausgesetzt - leichter lösen, da gezielte Hinweise möglich sind. (Spezialwissen steht einem breiten Anwenderkreis zur Verfügung).

- Fachwissen kann sukzessiv akkumuliert, ergänzt und verbessert werden.

- Wissen kann permanent gemacht werden und steht somit auch bei Ausfall oder Abwesenheit von Spezialisten zur Verfügung.

- Erprobung von „Was-wäre-wenn-Szenarios" erlaubt qualitativ bessere Lösungen.

- Aufgrund der Erklärungskomponenten werden Probleme transparenter und besser nachprüfbar.

- Grobe Fehler und kostspielige Fehlberechnungen werden leichter vermieden.

6.3 Planung und Konstruktion technischer Systeme

Die Planung/Konstruktion technischer Systeme und Prozesse mit wissensbasierten Methoden und Techniken ist komplex; von gewissem Vorteil ist jedoch, daß technische Bereiche im Prinzip vollständig verstanden werden und sich gut vom Allgemeinwissen, dessen Repräsentation heute noch unüberwindliche Schwierigkeiten bereitet, abgrenzen lassen.

Die Erforschung und Erprobung insbesondere umfangreicher Aufgabenstellungen zeigt dabei eindeutig, daß nachhaltige Erfolge nur dann erzielbar sind, wenn die im Ingenieurwesen auftretenden vielfältigen Wissensformen angemessen auf Rechnern abgebildet werden können. Zu einer angemessenen Darstellung gehört es, die unterschiedlichen Wissensformen vor allem explizit darstellen zu können, das heißt, das Wissen darf nicht in Programmkonstrukten versteckt sein (vgl. z.B. konventionelle FORTRAN-Programme), in denen eine Identifizierung des Wissens nicht mehr direkt möglich ist. Das bedeutet, daß die wissensbasierte Modellierung von technischen Systemen mit Prozessen auf Dauer nur mit entsprechenden hybriden Werkzeugen erfolgreich sein wird. Hierzu gehören die bereits behandelten Repräsentationsmechanismen (vgl. auch Abschnitt 2.4) wie:

- Regelparadigmen, die zur Abbildung des Erfahrungswissens in heuristischer Form unentbehrlich sind;

- objektorientierte Paradigmen zur Beschreibung der Merkmale und Eigenschaften von technischen Sachverhalten, Systemen, Prozessen udgl., inklusive ihrer Funktionalität (z.B. Verhalten der Objekte bei Veränderung und gegenüber anderen Objekten);

- Prädikate (Aussageformen), die helfen Transformationen zwischen Objekten zu definieren (z.B. Prädikate wie: *besteht_aus*, *ist_in*, *hat_als_Struktur*, *ist_verbunden_mit*, usw.);

- prozedurale Paradigmen (Prozeduren, Methoden), die im Zusammenhang mit Objekten eingesetzt werden (*procedural attachement*, bzw. *demons*);

- graphische Repräsentationen von Objekten (z.B. Icons, Pictogramme, Skizzen, Graphiken, usw.);

aber auch neue, bislang noch nicht diskutierte

- Repräsentationsmechanismen höherer Stufe (Constraints, nichtmonotone Wissensformen, temporales Wissen).

Um zukünftige Perspektiven aufzuzeigen, soll auf diese nachfolgend kurz eingegangen werden. Zunächst jedoch noch einige Bemerkungen zum Hybridkonzept. Der hybride Ansatz führt zu Systemen, die in ihrer Grundarchitektur für jeden der genannten Wissensformen eigenständige Teilsysteme (d.h. Wissensbasis mit zugehöriger Inferenzkomponente) bilden. So hat beispielsweise das hybride System BABYLON (GMD-Bonn) eigene Prozessoren für Regeln, Objekte, Prädikate, Constraints, usw., die miteinander kooperieren. Ausdrücklich erwähnt sei auch, daß der hybride Ansatz, dem prozeduralen Programmierstil - wenn auch in anderer Ausprägung - wieder zu seinem Recht verhilft: einerseits durch die an Objekte geknüpfte Methoden/Prozeduren, andererseits durch Constraints, die nun kurz erläutert werden sollen.

Constraints dienen zur Repräsentation von Beziehungen zwischen Variablen, wie sie bei Planungs- bzw. Konstruktionsaufgaben häufig auftreten. Im Gegensatz zu den bekannten Regeln, die klar gerichtete Zusammenhänge ausdrücken, sind die Zusammenhänge bei Constraints ungerichtet. Beispielsweise kann das Ausrechnen von Gleichungen bei unterschiedlichen Ausgangsbedingungen als Constraint aufgefaßt werden.

Einfaches Beispiel einer Constraint-Repräsentation: Die Abhängigkeiten zwischen den Größen A, B und C, die mit der Beziehungsgrundlage

```
A = B + C
```

in Verbindung stehen, können über einen Satz Regeln (Constraints) definiert werden:

```
IF bekannt(B) and bekannt(C) THEN A = B + C
IF bekannt(C) and bekannt(A) THEN B = A - C
IF bekannt(A) and bekannt(B) THEN C = A - B
```

Das Ausrechnen des Gleichungssystems je nach Fall entspricht dabei der Inferenzleistung, hier als Constraint-Propagierung bezeichnet. Constraints sind aber nicht nur auf Gleichungen bzw. Gleichungssysteme beschränkt, auch Ungleichungen,

Differentialgleichungen, ja sogar nicht-numerische Szenarien können Gegenstand der Constraint-Repräsentation sein. Hierbei sind neben der oben dargestellten Ansammlung von Regelformen auch andere Darstellungen möglich - zum Beispiel Tabellen, Funktionen oder allgemein beliebige Programme. Die Verarbeitung per Propagierung basiert auf der Eingabe der beteiligten Variablen und den definierten Constraint-Beziehungen (Constraint-Netzwerk), wobei unterschiedliche Propagierungsformen denkbar sind. Propagiert werden können entlang der Variablen zum Beispiel:

- feste Werte (z.B. $A = 5$)

- Wertemengen (z.B. $A = \{1, 2, 3, 4\}$)

- symbolische Ausdrücke (z.B. $A = X^*X$), was dann allerdings einen symbolischen Manipulator (vgl. MACSYMA, Abschnitt 1.2.4) voraussetzt.

Die mit den Constraints aufgespannte Mannigfaltigkeit ist vorzüglich geeignet, funktionale, kausale und auch zeitliche Zusammenhänge von Komponenten oder Prozessoren in einem technischen System zu modellieren. Das bezieht sich sowohl auf quantitative wie auf qualitative Modelle. Quantitative Modelle definieren räumliche oder zeitliche Zusammenhänge zwischen Größen (z.B. Beziehungen zwischen Differentialgleichungssystemen von Größen), qualitative Modelle verwenden zur Beschreibung von Abhängigkeiten Aussageformen wie *größer_als, proportional, monoton_anwachsend, negativ, positiv*, usw. Infolgedessen erlauben Constraints, nicht nur „Oberflächenwissen" sondern auch „tiefer gehendes Wissen" abzubilden, dessen Repräsentation vornehmlich Ziel der sog. Expertensysteme II. Generation ist.

Die Beschreibung mit tiefen Modellen über netzartig verknüpfte Relationen (Constraint-Netzwerke) bietet dabei die Chance, bislang aufgetretene Unzulänglichkeiten abzumildern oder sogar ganz zu beseitigen. Beispiele:

- Es kann eine bessere Erklärungsfähigkeit erreicht werden, da nicht nur einfache Verkettungen von Regeln erklärt werden können, sondern tiefe kausale Strukturen verfügbar sind.

- Es lassen sich nicht-monotone bzw. zeitliche Wissensformen, die zu einer Korrektur oder Revision von bereits vorgenommenen Schlußfolgerungen führen können, realisieren (man spricht von Belief-Revision-Systemen).

Der Vollständigkeit halber muß jedoch erwähnt werden, daß die Realisierung von hybriden Prozessoren - wie sie in BABYLON zu finden sind - zu Effizienzverlusten führt, ebenso wie die Realisierung von nicht-monotonen bzw. temporalen Wissensformen. Die Gründe hierfür sind darin zu sehen, daß der Einsatz von auf die jeweiligen Wissensformen zugeschnittenen Prozessoren (wie in BABYLON) die Kommunikation untereinander erforderlich macht, was sehr aufwendig sein kann. Nicht-monotone bzw. temporale Inferenz ist dabei von Natur aus schwer realisierbar, da vielerlei Abhängigkeiten berücksichtigt werden müssen, wozu eine komplizierte „Buchhaltung" des Verarbeitungsablaufs mitgeführt werden muß. Ein echter Durchbruch höherer Techniken wird deshalb wohl erst dann zu erwarten sein, wenn die heute noch hauptsächlich sequentiell arbeitenden von-Neumann-Rechner durch parallel arbeitende Systeme mit mehreren CPUs (z.B. Transputersysteme oder Mehrprozessorcomputer) abgelöst bzw. ergänzt werden, und somit Expertensysteme bzw. Expertensysteme und konventionelle DV-Anwendungen parallelisiert werden können.

Folgende Auswirkungen sind jedoch schon jetzt erkennbar: Statt eines CAE (Computer Aided Engineering) bildet sich ein wissensbasiertes Engineering, also ein KAE (Knowledge Aided Engineering) heraus. Das bedeutet, daß ingenieurspezifische Computersysteme entstehen, die über mehrere KI-Komponenten (z.B. Expertensysteme verschiedener Ausprägung, Sprachverstehenskomponente, usw.) verfügen, gleichzeitig aber auch mit mindestens einer weiteren konventionellen Komponente (z.B. Finite-Element-Systeme, Datenbankkomponente, allgemeine Berechnungsalgorithmen, Graphikkomponente, o.ä.) verkoppelt sind. Das Zusammenwirken der einzelnen KAE-Teile ist Bild 6.3 zu entnehmen.

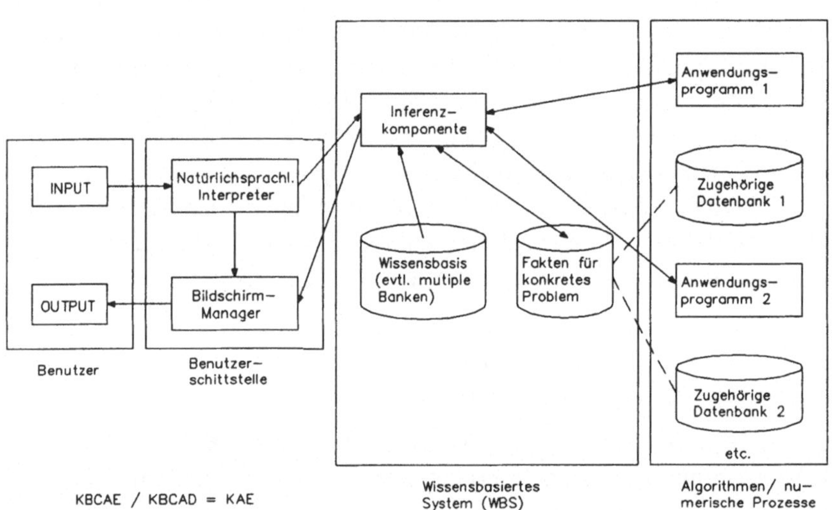

Bild 6.3.   Wissensverarbeitung gekoppelt mit CAE

Hiernach ergibt sich folgendes Zukunfts-Szenario: Der Ingenieur wird mit einem kognitiven System über eine intelligente Benutzerschnittstelle kommunizieren, die (hoffentlich) natürlich-sprachliche Eingaben versteht und diese Eingaben an ein hybrides Expertensystem/wissensbasiertes System (WBS) mit einer, evtl. mehreren Wissensbasen überträgt. Das WBS ist seinerseits mit zugehörigen Anwendungsprogrammen sowie Datenbanken verbunden und liefert Lösungsvorschläge und Resultate - unter Einsatz von Visualisierungsmethoden - an die Benutzerschnittstelle zurück. Ein derartiges Instrumentarium ist anzustreben, wenn komplexe, hochgradig kognitive Problemstellungen, wie es allgemeine Planungs- und Konstruktionsaufgabe darstellen, gelöst werden sollen.

Aber selbst wenn man weniger euphorisch ist, da die Realisierung höherer Techniken sicherlich auf sich warten läßt, die bislang erprobten und bewährten Paradigmen und Techniken - insbesondere der abgestimmte, kombinierte Einsatz von Regeln, Objekten, Prädikaten sowie einfachen Graphikkomponenten - machen die heutigen Vorteile der Expertensystemtechnologie sichtbar:

- Das in einzelnen Expertensystemen gebündelte Wissen liegt in formalisierter, größtenteils expliziter Form vor. Auf diese Weise lassen sich Widersprüche, Ungereimtheiten, Unschärfen besser als bislang aufdecken; gleichzeitig lassen sich eingespielte Denk- und Lösungsprozesse besser analysieren und kontrollieren.

- Durch gezielten Einsatz einzelner wissensbasierter Systeme lassen sich besser als bisher Schulungs- und Ausbildungsaufgaben wahrnehmen; hierdurch läßt sich die kognitive Leistungsfähigkeit der Ingenieure verbessern, was wiederum Rückkopplungseffekte auf die Expertensysteme selbst hat (Stichwort „aktive Lernfähigkeit").

- Das mit Expertensystemen verfügbare Spezialwissen erweitert das Leistungspotential von Ingenieurbüros bzw. -teams; es lassen sich Problemstellungen angehen, für die bislang nur wenig Know-how vorhanden war; hierdurch vergrößern sich die Auftrags- und Verdienstmöglichkeiten.

- Wissen entwickelt sich also zu einem Produktionsfaktor, vergleichbar mit den Produktionsfaktoren Kapital, Arbeit, usw.

Expertensysteme bzw. wissensbasierte Systeme gehören somit zum unabdingbaren Repertoire der Ingenieure von heute und morgen.

Literatur

Kapitel 1

1.1   Forsyth R., (Editor), *Expert Systems - Principles and Case Studies*, Chapman and Hall, London, New York, 1984

1.2   Feigenbaum E., Barr A., Cohen P.R., *The Handbook of Artificial Intelligence*, Volumes 1-3, 1982, Verlag W. Kaufmann, Inc., USA

1.3   Schnupp, P., Leibrandt, U., *Expertensysteme - Nicht nur für Informatiker*, Springer Verlag, Berlin, 1986

1.4   Kierner, G. "Nichtnumerischer Einsatz eines Rechners in der Baustatik", *Bauingenieur*, Nr. 63, 507-512, Springer Verlag, Berlin, 1988

1.5   Chang, T. Y., Saleeb, A. F., Wang, P. S., Tan, H., Q., "On the Symbolic Manipulation and Code Generation for Elasto-Plastic Material Matrices", *Engineering with Computers*, Vol. 1, 205-215, Springer Verlag, Berlin, 1986

1.6   Hartmann, D., "Application of AI-Tools for Re-analysis within Structural Optimization", *Engineering Optimization*, Vol. 11, 355-367, Gordon and Breach Publisher, 1987

1.7   Bennent, J., Creary, L., Englemore, R., Melosh R., "A Knowledge-Based Consultant for Structural Analysis", Report MDA 903-77-C-0322, Advanced Research Projects Agency, Sep. 1978

1.8   Garett, J. H., Fenves, S. J., "A Knowledge Based Standards Processor for Structural Component Design", Report #R-86-157, Carnegie Mellon Univ., Dept. of Civil Engineering, Pittsburgh, PA, USA, Sept. 1986

Kapitel 2

2.1   Lenat, D. B., "AM: An Artificial Intelligence Approach to Discovery in Mathematics as Heuristic Search," in *Knowledge-Based Systems in Artificial Intelligence*, R. Davis & D. B. Lenat (Eds.), McGraw-Hill, New York, 1982

2.2   Erman, L.D., F. Hayes-Roth, V. R. Lesser, D. R. Reddy, "The HEARSAY II Speech Understanding System: Integrating Knowledge to Resolve Uncertainty," *Computing Surveys*, Vol. 12, No. 2, 213-253, June 1980

2.3   Garrell, J. H. Jr. S. J. Fenves, "A Knowledged Based Standards Processor for Structural Component Design," Report #R-86-157, Carnagie Mellon University, Pittsburgh, PA, USA

Kapitel 3

3.1   Alen, R.H., Boarnet, M.G., Ceilbert, C.J., Saveley, R.T., "Using Hybrid Expert System Approaches for Engineering Applications", in *Engineering with Computers*, Vol. 2, 95-110, Springer Verlag, Berlin, 1987

3.2   Adeli, H. "Expert System Shells" in *Expert Systems in Construction and Structural Engineering*, 33-44, Chapman and Hall, London, New York, 1988

3.3   DIN 18800, Teil 2, Stahlbauten; Stabilitätsfälle; Knicken von Stäben und Stabwerken, Deutsches Institut für Normung e.V., Berlin

Kapitel 4

4.1   Weiss, S.M. und Kulikowski, C.A., *A Practical Guide to Designing Expert Systems*, Rowman and Allanheld Pub., Totowa, NJ, USA

4.2   Winston, P. H. und Horn, B. K. ,*LISP*, Addison-Wesley Pub. Co., Reading, Mass., USA, 1989

4.3   Müller, D., *LISP, Eine elementare Einführung in die Programmierung nichtnumerischer Aufgaben*, Band 628, B.I.-Wissenschaftsverlag, 1985

4.4   Hamann, C.M., *Einführung in das Programmieren in LISP*, de Gruyter, 1982

Kapitel 6

6.1   Rivlin, J. M., Hsu, M. B. und Marcal, P. V., "Knowledge Based Consultation for Finite Element Structural Analysis", Report AFWAL-TR-80-3069, US Air Force Flight Dynamics Lab., Wright Patterson Air Force Base, 1980

6.2   Zumsteg, J. R., Flaggs, D. L., "Knowledge-Based Analysis and Design Systems for Aerospace Structures", ASME Winter Annual Meeting, Miami, Florida, Nov. 1985

6.3   Tarnow, N., Wriggers. P., "Interaktive Steuerung von nichtlinearen Finite-Element-Algorithmen mittels eines Expertensystems," *Bauingenieur* (64), 1989, 57-65, Springer Verlag, Berlin.

6.4   Ramirez, M.R., Belytschko, T., "An Expert System for Setting Time Steps in Dynamic Finite Element Programs," *Engineering with Computers* 5, 205-219 (1989), Springer Verlag, New York.

6.5   Forde, W.R., Stiemer, S.F., "Knowledge-Based Control für Finite Element Analysis," *Engineering with Computers* 5, 195-204 (1989), Springer Verlag, New York.

Register

U. Meißner, A. Menzel

Die Methode der finiten Elemente

Eine Einführung in die Grundlagen

1989. 145 Abb. XI, 286 S. Brosch. DM 58,– ISBN 3-540-50162-2

Inhaltsübersicht: Vorbetrachtungen zur Methode der finiten Elemente. – Fehlerabgleichsverfahren. – Deformationsmethode. – Arbeitsprinzipe. – Diskretisierte Systeme. – Schlußbemerkungen. – Lösungen zu den Übungsaufgaben. – Literaturverzeichnis. – Sachverzeichnis.

Die Methode der finiten Elemente ist ein flexibles numerisches Verfahren zur umfassenden Berechnung von komplizierten mechanischen Strukturen. Das Buch führt den Leser in die theoretischen Grundlagen der Methode ein, macht ihn mit den Eigenschaften dieses Approximationsverfahrens vertraut und befaßt sich ausführlich mit der Umsetzung in numerische Algorithmen und deren Zuverlässigkeit. Am Beispiel der Stabtragewerke werden alle grundlegenden Berechnungsschritte ausführlich erläutert. Das Buch ist entstanden aus einem Kurs des „Weiterbildenden Studiums Bauingenieurwesen (WBBau)" der Universität Hannover, der sich an praktizierende Ingenieure wendet. Daraus ergibt sich auch die praxisnahe Darstellung ohne Aufgabe der mathematischen Exaktheit und ohne Einschränkung der Allgemeinheit der theoretischen Grundlagen. Das Buch wendet sich an Ingenieure in der Praxis und an Studenten an Technischen Universitäten und Fachhochschulen. Es eignet sich besonders gut zum Selbststudium.

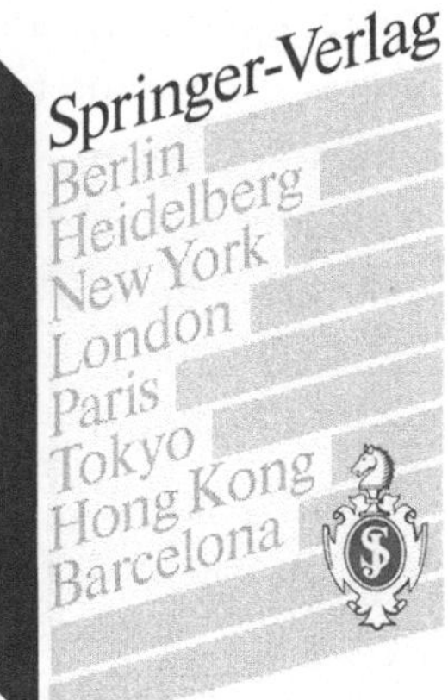

H. Rothert, V. Gensichen

Nichtlineare Stabstatik
Baustatische Methoden
Grundlagen und Anwendungen

1987. XIII, 335 S. 206 Abb., 38 Tab. Geb. DM 138,– ISBN 3-540-17021-9

Inhaltsübersicht: Einführung. – Beispiele für lineares und nichtlineares Verhalten. – Sicherheitsbetrachtungen. – Geometrische Nichtlinearität. – Stabilitätsprobleme der Elastostatik. – Werkstoff-Nichtlinearität (physikalische Nichtlinearität). – Geometrische und physikalische Nichtlinearität. – Ergänzende Betrachtungen zum Tragsicherheitsnachweis, Näherungsverfahren. – Literaturverzeichnis. – Sachregister.

Tragverhalten und Sicherheit von Bauwerken können durch Berücksichtigung nichtlinearer Einflüsse wirklichkeitsnäher erfaßt werden. Das Buch liefert hierzu eine fundierte Darstellung der nichtlinearen Stabstatik unter besonderer Berücksichtigung der Belange baupraktischer Berechnungen. Die Autoren beschränken sich dabei gezielt auf Methoden und Lösungswege, die es erlauben, Probleme der nichtlinearen Stabstatik alternativ zu den rechner-orientierten Verfahren anschaulich und grundsätzlich einzuordnen und abzuschätzen. Es werden die in den letzten Jahren entwickelten Methoden zusammengestellt und auch Aufbereitungen für die Handrechnung geliefert. Die Demonstration der grundsätzlichen Unterschiede der linearen und der nichtlinearen Theorie sowie deren Ergebnisse sind ebenso Teil der Darstellung wie auch die Grenzen nichtlinearer Berechnungsmethoden.

Zu jedem Schwerpunktthema werden Beispiele mit ausführlichen Musterlösungen angegeben, die auch das Selbststudium ermöglichen.

Das Buch eignet sich gleichermaßen als Lehrbuch für Studenten an Universitäten und Fachhochschulen wie auch für Ingenieure in der Praxis.